TRANSFORMATIVE EDUCATION

A SHOWCASE OF SUSTAINABLE AND INTEGRATIVE ACTIVE LEARNING

整合性教学设计

如何整合STEAM教育、项目式学习、具身学习和审辨思维训练，实现可持续的自主学习

[瑞典] 夏洛特·格雷厄姆 Charlotte Graham
菲利普·朗尚 Philippe Longchamps 著

徐娟 徐娥 译

中国青年出版社

图书在版编目（CIP）数据

整合性教学设计：如何整合STEAM教育、项目式学习、具身学习和审辨思维训练，实现可持续的自主学习 /（瑞典）夏洛特·格雷厄姆，（瑞典）菲利普·朗尚著；徐娟，徐娥译.—北京：中国青年出版社，2024. 5
书名原文：Transformative Education: A Showcase of Sustainable and Integrative Active Learning
ISBN 978-7-5153-7243-3

Ⅰ. ①整… Ⅱ. ①夏… ②菲… ③徐… ④徐… Ⅲ. ①教学设计—研究 Ⅳ. ①G42

中国国家版本馆CIP数据核字（2024）第047449号

Transformative Education: A Showcase of Sustainable and Integrative Active Learning
ISBN: 978-1-032-23194-5

整合性教学设计：如何整合STEAM教育、项目式学习、具身学习和审辨思维训练，实现可持续的自主学习

作　　者：［瑞典］夏洛特·格雷厄姆　菲利普·朗尚
译　　者：徐　娟　徐　娥
责任编辑：肖妩嫔
文字编辑：侯雯洁
美术编辑：佟雪莹
出　　版：中国青年出版社
发　　行：北京中青文文化传媒有限公司
电　　话：010-65511272 / 65516873
公司网址：www.cyb.com.cn
购书网址：zqwts.tmall.com
印　　刷：大厂回族自治县益利印刷有限公司
版　　次：2024年5月第1版
印　　次：2024年5月第1次印刷
开　　本：787mm × 1092mm　1/16
字　　数：300千字
印　　张：19
京权图字：01-2023-2497
书　　号：ISBN 978-7-5153-7243-3
定　　价：69.90元

CONTENTS

目录

序一

让学校成为重新发现快乐社区的中心

本书精彩纷呈，写就于巨大的环境变化、教育变革和政治变革的背景之下。每天都有报道指出，气候变化对土壤、生物多样性和海平面等都会产生影响，从而对地球上全人类繁荣的未来前景提出了挑战。此外，我们看到大批年轻人接连不断地讨论某些政治（和教育）选择，因为这些选择似乎损害了他们的前途和享有健康环境的权利，也侵蚀了他们的民主参与权利。相比于简单的“异议”而言，热议更有力量，它明确表达的是拒绝普遍的假设和信念，即使这些假设和信念被认为对所有人都有利且真实。与教师和学习者一样，在社会公正和解放教育实践的生产和政治方面，这本及时而富有见地的书借助了特定的变革场所，独特地展示了可持续的自主学习的创新、融合和整体方法的发展。

本书鼓舞人心，核心观点清晰明了、简明扼要，其中提出并实施了明确的定义和变革议程，涵盖催生变革和协商学习环境的方法以及支持可持续教育的方式，同时涉及以学习者为中心、自主学习、具身认知以及STEAM教育重新配置所提供的机遇等诸多方面。变革的中心地位至关重要，因为当今日新月异的世界节奏和发展之快，需要我们不断改进工作方式，利用多样化的创造力来创造变革，以实现“新常态”。

在21世纪，成为一名教师是一段鼓舞人心的旅程，但也变得日益复杂。由于复杂的社会挑战，例如全球健康危机、气候变化、破坏性地缘政治问题以及不断加剧的不平等现象，教育儿童及年轻人的重要性日益凸显，将他们培养成为积极、健康、参与、活跃的全球公民，并且能够应对未来的不确定性，变得空前重要。迎接这一挑战需要新的实践、新的空间和新的领导形式。教师及其做出的贡献也需要得到赞誉。教师们可以通过自身的创造力赋予变革新力量，有助于打造全新的教育前景。但是具体该如何做呢?

本书呼吁教师们更多地利用研究推动变革，共同创造方法，共同开启研究，共同实现变革。这些创新研究的迭代展开可推动跨学科实践发生改变，至少需要教师在思维方式、行为方式和为师方式上进行彻底突破，以期加速变革。因此，仅仅对我们的专业实践“缝缝补补”是不够的，我们还需要通过在内外层面重新工作、重新定位和助推教师来提升伦理及政治意识，以推动教育变革。这就是这本重点突出、层次多样、方向多元的好书的核心所在。这项多重理论叠加的、从教师角度关注可持续的整合性自主学习项目的教学设计成果，我们期待已久。

为吸引学习者在相互关联的孕育未来的土壤上进行关系接触和知识生产，需要设计不同的课程、使用不同的教学方法以及发展不同的学习方式，但要从何着手呢？阅读本书，读者可以了解到教师可以实现什么，教师可以通过制定一个更大胆的未来愿景来转变教师的文化定义，从而使得教师这个职业更自信、更知情地发展，使得教师群体的思考能力、反应能力以及真正将学习放在首位的能力得到认可，在此过程中，教师自身的创造力和想象力也得到充分发挥。

本书展望了教师这个职业未来引人注目的愿景。从终身职业学习的概念来看，这是我们应该共同拥有的愿景。本书的二位合著者夏洛特·格雷厄姆和菲利普·朗尚提出了一种重新审视教师角色富有复杂性和挑战性的新方法，其无法在早期职业教育和经验中得到解决。在教育领域中未来教育的整合、开放、互联和协作的呼声越来越高。本书还指出了人工智能、虚拟现实（VR）、增强现实（AR）和混合现实（MR）在跨学科、学科间、多学科和交叉学科4D Frame学习中的飞速发展，以及教师们通过学习、协作、讨论和研究，超越直觉、建立实践智慧的可能性。为了解放教育并实现多种多样的创造性，教师需要有内在的驱动力，而非一味等待来自外部的批准和评判。两位作者指出，一旦为教师职业生涯中的深度学习和反思提供机会，教师的内在驱动力就会建立起来。为此，教育工作者需要充满希望、想象力和无限可能性的思考。

要培养教师具备有利于他人学习的个人专长，同时也要帮助教师建立自信，这种自信不仅来自对教学内容的了解，更重要的是来自对教学原因和教学方法的了解，这绝非易事。这就要求从事教育行业的每个人都能以挑战现状的方式去思考、去作为、去行动，并通过这种方式承担起自己的职业责任。在此，本书的两位作者揭示并定义了创造性伦理领导力的特征，提供了一种洞察教育界所需的邀请模式（invitational approach）[1]；通过信任、合作、包容和学科间的联系，树立深度整合性学习的核心目标，从而建立起与每个孩子的真正联系。

格雷厄姆和朗尚在书中展现了他们对各种观念、可能性和惊喜的开放态度。这与相对保守的教学法形成了鲜明的对比，传统教学法认为只有一种正确方法，结果应该是可知且可预测的。二位作者将权力视为一种多层次的质疑，即保持一种理解不断寻求改进所带来的不安的倾向，并谦逊地将其理解为一种挑战，这意味着在前进途中要携他人同行。要质疑就要避免依赖他人的确定性和现成的解决方案，否则我们怎能找到创造性的前进道路呢？以这种方式进行教学和领导，需要我们以持之以恒的态度一以贯之，需要我们以专业的勇气去追求自己认为正确的东西并做出改

[1] 这是在20世纪80年代，出现于欧美中小学的一种全新的学校心理辅导模式。该模式强调尊重人的潜能和价值，充分利用教育工作者、教育环境、教育政策、教育计划和教育过程等教育资源，为学生创设良好的心理环境，促进学生身心健康发展。邀请模式的出现表明学校心理辅导正在由辅助性工作转变成为学校教育工作的中心。邀请模式的理论思想和实践经验对改进我国学校心理辅导工作具有借鉴意义。——编者注

变，需要我们拒绝简单的解决方案，转而支持伦理和价值观主导的行动。

随着学校开始从当代世界危机的影响中逐渐恢复，我们需要确保在学校社区中提倡使用跨学科和整体的方法来教学和学习，鼓励冒险，鼓励尝试新想法、新探索、新玩法，有时甚至还鼓励失败。当然，与此相反的，是让学校成为一个标签化的场所，让人心生愧疚，需要补救。格雷厄姆和朗尚邀请我们重新思考，在重建未来生活的过程中，对于孩子、我们的同事、孩子的父母和照顾者来说，学校代表着安全空间，教师如何才能成为这个安全空间的守护者。相较于“你争我赶”，我们需要更加关注消除不平等现象。学校应该通过体育、艺术、舞蹈、戏剧等活动，成为重新发现快乐社区的中心，就像一场管弦乐表演一样，会将我们紧紧联系在一起。

创造力的形式、类型、类别和背景丰富多样。本书颂扬了对未来教育、教师和学校角色，进行多元化、雄心勃勃的思考。作者邀请教育界的同仁一起工作，并希望我们在这一旅程中能够相互支持，因为我们不仅仅要做我们应做的事情，还要做让我们心动的事情。学校领导和行政人员也可以加入其中，共同促进教师和学生发展可持续的整合性自主学习，为迎接明天的新挑战做好充分的准备。

帕梅拉·伯纳德（Pamela Burnard）

英国剑桥大学艺术、创意和教育学教授

序二

未来学校需要的行动路径

当下，学校教育正面临着一个全新的挑战，我们必须扪心自问，学校是否在为学生赋能，让他们能够可持续地领导一个以高速网络为基础的超级互联的未来社会？在一个高科技的工业社会中，智能机器的出现让生产效率和生产力都得到了极大的提高，在机器和人类共存的情况下，教育是否做好了充分的准备，以提升人类的个性和价值？

社会变革的步伐急剧加快，但目前的教育应对形势仍然有些严峻。即使在今天，学生可以通过各种社交媒体和其他网络途径轻松获得必要的知识，而与此同时，迄今建立的知识的持久性已大大降低，许多课堂上仍在进行以获取零散的知识和技能为重点的教育。教育的首要目标应该是培养智慧的、有思想的劳动力，他们具备创造性解决问题的能力、挑战的能力、冒险精神，同时拥有开放的思想，能用新的价值观和技能来综合其他意见，为生活和职业服务。

教育领域需要做出许多改变，而最重要的一点就是必须重塑学校系统，因为在当前的学校系统中，所有的东西都是在分门别类的情况下运作。智慧思维是在经过对知识产生的背景和前提进行激烈讨论后，通过各种知识的比较和联结的融合过程培养的。在这方面，最近备受关注的STEAM教育应是变革的必要起点。此外，教育工作者应为学生设计适当的教育教学内容和顺序，帮助他们具备必要的技能，这样才能在新型工作环境中智慧地使用虚拟物理系统，如人工智能、物联网、增强现实和虚拟现实等新兴技术。例如，人们对大数据的兴趣如今正呈指数级增长。许多政府、企业和研究机构正在利用人工智能技术的潜力来捕捉和分析大数据。在当前的数字时代，统计思维过程不再遵循传统的PPDAC（问题—计划—数据—分析—结论）循环，大多数可用数据并非特意发现的，而是在机会来临时偶然发现的。新时代统计思维的关键是在庞大的数据库中方便地自行查找问题，这也意味着统计教育也必须进行彻底的改革。

当学生能在学校提供的每一个教学过程中都找到意义时，他们会更快乐。以解释和说服为导向的教育不仅不能带来快乐，还会从根本上阻碍个人才能的实现。相反，我们应该强调以设计为基础的教育，让学习者自己设定目标并设计解决问题的过程，而不是简单地让他们完成给定的任务。学习者通过对具体操作的探索，考虑解决方案的效率和美学等方面，以此来激发学习过程的意义。在合作学习中，学生在与他人合作解决问题的同时向他人的想法妥协，这一点也至关重要，因为这个世界上很多知识都是通过与他人讨论和交流获得的。

教育材料和资源的交付模式也必须改变，要变成更有活力的模式。首先，几十年来一直一成不变的静态纸质教科书在创造动态课堂环境方面有其局限性。由于纸质教科书通常组织规范，教师往往认为只需按照教科书的顺序来教就好，相对容易。教师讲授和展示、学生观看和听讲的做法，很大程度上源于纸质教科书。比起纸质教科书，我们更应该认真考虑开发和引进智能、动态的教科书，因为在技术发展的支持下，可以轻松联结各种材料的尖端工程的时代已经到来。

如何培养具有综合课堂管理技能和方法的教师，这一问题也应该认真讨论。目前的高等师范教育体系旨在维持一个统一的制度，以培养具有促进经济快速发展所需知识和技能的工作者。因此，在这种综合背景下，很难培养出高度专业化的教师，尽管这类教师既能融合教育，又具有协调课堂各种关系的同理心、国际意识、对多元文化学生的兴趣、丰富的课堂管理经验、对未来教育环境的全面认识。考虑到教育质量不会超过教师素质，因此必须从认识论和方法论上构建一种新型的教师教育。

现在应该采取何种行动路径？除了学习入学考试、资格认证和日常生活的功能之外，师范教育还应该培养未来的教育从业者看到各种看似杂乱的现象背后的秩序和规律，以及理解、预测和控制周围环境的能力。本书提供了具体的方法和经验，以指导教育工作者和管理者在课程设置、教育方法、评价方法、教育材料以及未来教育展望等各个方面开展教育创新。

本书的主要关键词是可持续、整合性、自主学习。这些都是这个时代迫切需要的举措。现代社会需要的一个重要美德是创造力，但这种创造力不是突然凭空冒出的，而是从现有思想的整合中发展而来的。社会长期维持的就业市场将在短短几年时间内迅速重组。培养适应工作变化的能力在教育中非常重要。此外，在信息无比丰富的现代社会，培养学生自主学习、能够根据自己的梦想和活力选择及欣赏信息的能力也至关重要。

这些关键词并非最近才突然浮出水面。在整个20世纪，皮亚杰、派珀特、弗赖登塔尔、维果茨基和布鲁纳等教育先驱都已经强调过它们在教育中的重要性。尽管如此，实际的课堂变化并不像理论所建议的那样引人注目，因为它看起来并不那么紧迫。然而，时代已经改变，社会结构的变化如此之快，这些创新措施不能仅仅局限于理论框架。为了社会的可持续发展，教室和学校现在应该进行彻底变革。对教育发展的迫切需要可能会改变世界的未来。

最后需要强调的是，教育研究的国际合作也是未来教育的一大挑战。目前尚不清楚我们的讨论是否朝着正确的方向进行，因为社会瞬息万变，一切都充满了不透明性和不确定性。在这样的时刻，更有必要让更多的人集思广益，相互学习，而无须考虑他们的背景。我真诚地希望这本书能搭建出一个共同的平台，成为公众讨论这种合作的论坛。我很高兴这本书为具有不同教育传统的不同社会提出了许多富有成效的建议，发展了涵盖多方面的通用教学方法。

刘熙灿（Hee-Chan Lew）

韩国教员大学教授

第1章 前言

过去，人们对教育需要如何变革或即将如何变革做出无数预测，人们期待许多不同的发明和发展会显著改变教育实践的未来。我们（两位笔者）认为，从传统上讲，教育的变革非常缓慢，许多公认的世界范围内学校的普遍因素，如学科、课程、学生坐着学习、教师站着授课的情况，即使在今天，仍然基本保持现状。关于调整当今教学方法和学习材料的必要性，国际上正在进行着激烈的辩论，为了对该辩论做出有意义且重要的贡献，我们为教育工作者、积极参与的教师团队和学校领导者提供了多种灵感来源，使世界青年更好地为新兴和快速变化的现实做好准备。本书并没有提供包罗万象的教条式教育方法的野心，而是分享经验，通过提供广泛的成功教学经验，提供回归到个人和教学团队的实际案例；这些经验已经被证明有用且行之有效，并且在许多情况下提供了长期的能力，我们在本书中称之为可持续学习方法。本书的目的并非要批评过去的专业化教育方式和传统的教育体系，因为学科教学在过去确实培养了大量的天才和创新者。我们想要指出一条优化合作的路径，以发展可持续的整合性自主学习。

具体来说，我们要解决的问题是如何让学校更好地为未来的新挑战做好准备。此外，我们旨在促进教师协作方法的发展，因为他们也在为学生树立参与集体学习策略的榜样。我们认为，在可持续的自主学习环境中发展团队建设能力可能为未来的就业市场提供一些重要的技能，如自律、审辨思维能力、团队建设能力、多面手具备的创造力和自我学习能力（autodidacticism，也称自主学习）等。此外，我们还将讨论教育中不同层次的整合，从传统的学科内部到更加综合的教育形式，如多学科、跨学科和整体学习。我们反对碎片化，以使教育更加共生，因为自主学习的方法正在开拓新的形式以鼓励与教师协作规划。我们建议通过整合主题的方式来消除学校课程的分裂现象，以让学生获得更多可持续的学习体验，学生将在每个主题之间找到明确的联系，并学会看到更大的图景。

我们提出了多种融合的教学方法，建议将“文化理解与传承”放在21世纪教育5C中的首位，即历史和文化意识以及对我们过去的深刻了解。另外几种已经确立的未来教学的必要能力是审辨思维、协作能力、创造力和沟通能力。任何名副其实的核心课程都必须采用整合方法，以便通过时间叙事更好地将变化和连续性概念化，使学生能够理解所处的不断变化的世界，并防止碎片化。这将使学生看到更加宏大的故事情节，但为了能够验证这些叙事的准确性，审辨思维必不可少。我们将论证，解决问题的能力和创造力这些备受追捧的素养仍然是学校培养的最重要的一些能力，但近来的全球政治动荡、信息疫情（infodemic）[1]危机和健康危机带来的范式转变，提升了审辨思维能力发展的重要性，使其成为终身学习最重要的方面之一。

在本书的各个章节中，我们将尝试用不含专业术语且接地气的例子来提供落在实处的建议，不仅可以为教师个人提供指导，也可以为整个工作团队寻找改善协作的技巧。这些想法可能会引起教师、学校领导、教育研究人员和政策制定者的兴趣，因为他们发现自己正在寻找灵感，来发展一种更加整合的主动教学法。此外，我们倡导学校领导要为其组织中的教师创造合适的环境。来自世界各地的政策制定者也是我们试图接触和激励的受众。我们提出的理念方法的适用范围广泛，能轻松地应用到地方、区域、国家乃至国际层面。我们希望为教育工作者提供更多的想法和案例，为他们已经成功实施的教学方法锦上添花。有些读者可能会发现本书的一些案例与他们自己的教学实验有很多相似之处，并因此产生共鸣。鉴于每个国家都有成千上万真正有能力的教师，我们相信他们可能会利用各种经验，进一步为发展本书中倡导的整合性教学设计做出贡献。

[1] 是指在传染病传播期间，与疫情有关的真假不一的信息通过以社交网络为主的网络通信技术向全球公众即刻、过多传播，导致人们在需要信息帮助时找不到正确可靠的信息指引，反而可能被虚假信息所误导，对疫情的正确防控造成重大妨碍。——编者注

事实上，我们鼓励教师在他们的组织和工作团队之间进行建设性的对话。我们发自内心地希望激励学界对我们在本书中寻求的疑问进行研究。我们鼓励世界各地的教师以开源的方式分享他们自己的可持续自主学习经验，希望全球教育工作者和学校领导者最终能真正促进自主学习方法的融合网络的发展。通过强调教育的一些新趋势，我们试图预见增强现实、虚拟现实等新兴技术的适当应用，并研究远程学习或混合式学习如何有潜力在不久的将来重新定义教育。

我们所提倡的教育目标很明确，即培养多才多艺的复合型人才、多面手、全面发展的全才。在此目标之下，具有适当集体专业知识水平、足智多谋的教师可以协作创造一个适应性强的学习环境，超越传统的学校课程和学科划分。我们还认为，未来世界的就业市场将呼唤新一代的博学多才之士，就像过去文艺复兴时期的代表人物那样，如列奥纳多·达·芬奇（科学家、艺术家、哲学家、作家和发明家），阿基米德（天文学家、工程师、发明家、数学家和物理学家），胡安娜·伊内斯·德拉克鲁斯（作家、哲学家、作曲家和诗人），艾萨克·牛顿（天文学家、数学家、物理学家、哲学家和炼金术士），伽利略·伽利莱（科学家、哲学家、作家和发明家），或是本杰明·富兰克林（作家、政治家、发明家和科学家）等等。

早期专业化的理念通常是受到马尔科姆·格拉德威尔（Malcolm Gladwell）的一万小时定律所启发，与捍卫早期专业化理念的假设相反，大卫·爱泼斯坦（David Epstein）在其《成长的边界》一书中，反对早期教育中的超专业化理念。爱泼斯坦认为，与早期的专业化相比，当今在多个能力领域中广泛而多样的经验更为重要，这一点与我们将在本书中讨论的内容类似。在他看来，普遍存在的推动年轻人在早期就为专业化付出努力是没有道理的，在孩子们还小的时候，在他们被要求努力达到什么专业水平之前，鼓励发展通才更好。因此，前面提到的培养多面手的理念就坚持了这种通才的方法。

他在书中简单回顾了“老虎”泰格·伍兹的故事，泰格·伍兹在很小的时候就开始打高尔夫球，而罗杰·费德勒则与之形成鲜明对比，他很晚才开始专注于网球，而在此之前，他在其他认知、智力和运动领域都打下了坚实的基础。爱泼斯坦令人信服地证明，一般来说，当人们观察那些成功地发展出非凡专业水平的人才时，像泰格·伍兹这样的单维专家才是例外，而“多面手”罗杰·费德勒则是常规。根据爱泼斯坦的说法，早期专业化可能被证明有益的唯一之处是他所说的友善的（而非恶劣的）学习环境。所谓友善的学习环境是指所有的信息都是可用的，模式是重复的，反馈是即时且百分之百准确的，比如国际象棋或高尔夫。恶劣的学习环境要动态得多，学习者需要适应性和灵活性，需要能够处理其他人的输入，而且可以意识到可能只有部分信息是可用的。爱泼斯坦巧妙地捍卫了这一观点，他表明，对于绝大多数人来说，将多样化的知识与几个兼而有之的领域的各种经验积累相结合，能提供比早期的专业化更好的指导。事实上，他证明了晚期专业化使个人能够发展出联结新思想的能力，并在不断变化的不同环境中工作，他将此归功于这一事实，即通才素质为更加强化且更加灵活的概念推理能力打开了大门，使大多数人在发展的后期走上专业化的道路，从而获得发展多维方面的能力。

相应地，我们想提供一种理念，即我们总是可以提高自己，任何人都有能力在任何方面变得更好。这需要一种不同的努力，尽管一开始可能看起来令人生畏，但在学术上和实践上继续保持终身学习，而不是停滞不前或满足于我们早年所学的知识，对于任何愿意从事这项事业的人来说，都将大有裨益。特别是对教育机构从业者的我们来说，我们需要以身作则，向学生展示我们仍在学习，学习和自我提升是我们能做的最激动人心的事情。学习新事物，特别是与他人共同学习新事物，永远不会太晚。我们希望读者能加入我们的行列，希望在未来，信息时代将被教育时代所取代，在那个时代里，人类的目标是在不消耗自然资源的情况下实现自我修养和进步。

如果教师在协作中学习整合教学内容，那么学生也会效仿，以他们为榜样，为自己的未来生活服务。教师成为团队合作的榜样，就是将亚里士多德式的实践发挥得淋漓尽致。众所周知，这位多产的哲学家的著作涉及许多学科，包括物理学、生物学、形而上学、逻辑学、伦理学、美学、诗歌、戏剧、音乐、修辞学、心理学、语言学、经济学、政治学和政府管理。

所向披靡的教师会设法将主题融入到多元的自主学习体验中。他们善于将不同的概念和思维方式进行转换和变形，从一个教学综合体中找到正确的碎片，并将这些碎片以不同的创新模式重新组合，这些创新模式往往大胆出位，并倾向于培养学生的创造力和审辨思维。这种教学综合体可以进一步被比喻为乐高结构，你可以将其拆开，然后以一种全新的方式创造性地重建，而不需要遵循任何指令。优秀的教师往往精力充沛，以一种富有感染力的方式激励学生，知道如何适应不同的情况和每个学生的特殊需要，但又不至于将课堂分割得支离破碎，使教学的个性化变得压抑沉闷。

我们所提倡的整合性教学设计背后的核心内容，包含了多种自主学习活动的案例：简单有效的学习笔记、思维导图技巧、主动倾听策略，以及有意义且有意思的学习活动的提示和想法等，旨在发展学生的具身认知。为了说明我们所倡导的理论方面，我们提供了大量体验式学习、练习的实际案例，以激励世界各地的教师将想法付诸实践。在提出采用协作教学规划方法的论据时，我们提供了许多开拓性的或是重新想象的学习活动实例。以项目为基础的学习竞赛，比如“寻求刺激者”（Spänningssökarna）或国际数理科学创意大赛（IMSCC）等，展示了学习如何能影响积极和持久的变化。

在我们这个时代，人们强调比较不同国家学生的表现，同时使用像国际学生评估项目（PISA）测试这样的标准化测试来量化衡量他们的成绩。这些测试可以说依旧至关重要，并且具有非同小可的功能，因为在任何发展或改进过程中，第一步都是明确地知道你所处的起点。如果你没有出发时的比较数据，你就失去了为你所在的学校系统制定合理发展目标的机会，也没有机会最终到达或者意识到你已经到达了目标目的地。我们在本书中认为，标准化考试的重要性已经在新兴的信息时代失去了部分意义，由于信息技术的发展，在学校开展成功学习经验的工具已经改变了意义。这种考虑角度可能会引起一场我们对未来学校系统中什么构成“作弊”的辩论，正如人们可能会合理地问自己，为什么不允许学生在学校的考试中使用在生活中其他情况下很容易获得的所有可用信息？为什么我们要在学生考试的时候为他们创造这样一个不切实际的环境呢？相反，我们需要让学生为明天的挑战做好准备，知道在未来的几十年内，人类可能会有越来越多的人工智能工具可供运用，这些工具能够将人从记忆中解放出来，从而会有更多机会来构思、设想、实验、协作、思考和发明。

最后，我们将坚持不懈地解决以下问题：为什么教师要以可持续的方式教学？学生如何才能可持续地学习？在回答这些问题的过程中，我们将尝试全面透彻地展示创新的跨学科和整体教学方法的发展会如何对学习产生积极而持久的影响，同时我们提供的具体实例和建议将贯穿全书，给教育工作者如何进行可持续教学提供抓手。

第2章 几种定义及其范围

什么是可持续学习？

可持续学习的理念不是一种教育“可持续性”的教学方法，而是一种“可持续”的教育方式。它旨在为学生提供学习经验，以最大限度地留存知识。从长远的角度看，可持续学习的核心是所获得的教育内容和技能的持久性。误释可持续学习的风险可能来自对“可持续”的理解，“可持续”经常被用来谈论环境的可持续性。然而，在本书讨论背景下，可持续指的是所获得的专业技能和知识的长期性，再加上一套全面的反思和分析技能，才能形成持续参与和可再生的学习习惯。

教育学家斯金纳曾说过：“如果我们将学过的东西忘得一干二净，那么剩到最后的东西就是教育的本质。”同样，阿尔伯特·爱因斯坦最有名的名言之一是：“教育就是忘记在学校所学的一切之后剩下的东西。”这两句名言表明，自古以来，教育界一直在与可持续学习这一问题进行抗争。学习者可能会记住并重复一些东西，比如拉丁文的韵律、外语的诗歌或歌曲，或者圆周率小数点后的一百多位数字，但这并不能保证学习者已经吸收了知识或者理解了所学知识的深层含义。同样，一个孩子可能会用四五种不同的语言学习一个物体的名称，但却对这个物体一无所知。可持续学习不仅仅是简单地将信息储存在长期记忆中，它是一种后天习得的深层知识或能力，被吸收并作为一种终身的熟练技能而保留。不可磨灭的知识和根深蒂固的技能可能会成为一种熟练掌握的第二天性，或者成为潜意识中一部分的认知自动化过程。可持续自主学习可能会产生高水平的技能留存，就像艺术家通过练习和重复来排练舞蹈、戏剧或歌曲一样。

另一种可持续的获得持久技能的有效方法是“通过教别人来学习”。这种学习模式的知识留存性是不可否认的，教师越多地为学生提供参与这种自主学习方法的机会，对培养学生能力就越有助益。此外，那些被邀请将他们最近学到的东西传授给他们的同学或者学弟学妹的学生，很可能会吸收和综合处理知识，同时以某种方式简化知识，从而有助于更好地长期留存知识。为了说明这一观察结果，有必要引用爱因斯坦的另一句名言："如果你不能简单说清楚，就是你还没完全弄明白。"我们将在后文提供一个例子：一位13岁的学生到访一个由7岁学生组成的班级，在韩国开发的多功能教学材料的帮助下，他教他们基本的工程技术。尽管学者们一直在争论理论学习方法对知识留存的不同程度的效率，但在擅长应用自主学习方法的教师中，影响甚远的神经神话被学习金字塔模型（也称为记忆锥体）的各种流行的表征所强化。自从埃德加·戴尔在1946年首次提出这一理论，各种各样的误用和滥用、不一致的研究方法以及据称在20世纪60年代丢失的内部数据，都被用来说明视听方法或动觉方法的优越性。戴尔最初的"学习锥"（Cone of Learning）的不同应用和不同版本得到广泛使用和重新审视，但最经久不衰的模型通常指出，平均而言，学生通过听讲的内容能学到5%，通过阅读的内容能学到10%，通过观看的内容能学到20%，通过演示给他们的内容能学到30%。相比之下，人们常说，通过"做中学"学到的知识留存率可以达到75%，而通过教授他人学到的知识留存率则可以高达90%。这些数字在不同版本的"学习金字塔"或"经验锥"中略有不同，这些不同模型的不同应用也被用来产生同样值得商榷的假设性表达，如"多媒体抽象锥"。尽管我们强烈支持在教育中推进自主学习，但我们对在这些金字塔中产生百分比的方法表示极大的怀疑，这些百分比旨在从定量的角度证明自主学习相较于阅读、倾听和观看等其他学习方法的卓越功效。但这些百分比似乎过于武断，而且比例过高，无法反映出基于经验证据的科学研究的严谨性。事实上，美国缅因州的国家培训实验室版本的学习金字塔的假设有效性已经被莱特鲁德、莱利和米德等多位专家揭穿。这就是为什么我们在本书后面的章节中会明确解释，我们不主张根据诸如此类的模型产生的假设对世界传统的教育系统进行转型。

当然，我们也同样敏锐地意识到，教育科学正在不断发展，过去人们对某些学习方法的效率做出了一些假设，尽管有大量研究推翻了这些旧的假设。我们的主要目标是提供灵感，以进一步探索教育科学中最具参与性的路径。通过本书中描述的实践和整合学习经验的例子，我们将试图确定一些最具目的性和持久性，因而也最具持续性的学习经验，包括实地研究，如参观科学博物馆或历史博物馆、艺术展览，举办城市漫步或自然远足活动等。我们强调了现场演示的重要性，以及戏剧或其他艺术表演经验的强化效果。我们还探讨了多媒体在教育中的使用效果，包括新兴的新技术和教学材料等。尽管用于开发不同“学习金字塔”模型的方法因为缺乏科学的严谨性而受到质疑，我们仍将探索传统上包含在这些不同模型中的多个方面，因为它们可能还存在一些真实性。我们充分认识到在教学中需要一种适应性的方法，个性化是适应学生不同需求的关键，为此，我们将深入探讨以下理念：通过教授别人来学习、在做中学、建立小组讨论或在现代教育中使用不同类型的视听或技术教学工具，作为所有增强知识获取过程的重要组成部分。我们需要强调的是，这些参与式的方法不应该取代各种文献来源（虚构和非虚构），不应该成为讲座和阅读文本的替代品，反之，这些参与式的方法应被视为增加更愉快的可持续的整合性学习体验必不可少的额外组成部分。

什么是自主学习?

自主学习旨在让学生更多地参与到学习中来。它并不一定需要任何特定的材料，而是要求学生做一些听、看、记笔记以外的活动。教师计划的活动仍然与教学大纲的学习目标相关。自主学习可以在教室、网上、户外或在家进行。

教育的最终目标是培养学习者的能力和胜任力，使他们更好地掌握一系列技能，帮助他们在不久的将来顺利融入社会和进入就业市场。在这个快速发展的世界里，我们不仅要重新评估学习者在学校获得知识的能力，而且还要将终身学习问题作为学校中的教与学的一个关键方面来解决。

在制订任何计划或决策时，教师必须将学习者置于中心地位，不但要在涉及学校课程时如此，更重要的是为了让学习者掌握一套不依赖于学习项目而产生的技能。一个进步的学校是一个空间，在这里，学习者被邀请来影响内容的教学方式，而教师则考虑到每个学生的个人发展水平和需求。通过关系型教学法（Relational pedagogy），教师将综合考虑学生的兴趣、天赋、能力和先验知识，引导学习者实现个人发展目标。换言之，重要的是要注意教师和学习者之间建立积极关系的必要性，以便利用关系型教学法作为自主学习的重要因素。可以说，这一点可能与使用的方法或材料一样重要。一个可以高效使用自主学习法的教师并不仅仅是使用一套通用的教学方法。教师需要能够在特定的背景下做出一系列的决策，明确其目标是对教学方法进行重新设计和调整，使教学方法适应学生的需要。

尽管如此，就深度学习和可持续学习获取技能的有效性而言，自主学习方法的积极影响在逐步扩大，因为它允许学生以参与式的方法参与学习活动，从而让他们付诸行动。身体上的感觉通道（physical sense）与认知意义上的活动之间的桥梁，通过操纵对象以及参与和协作的互动方面得到了丰富。因此，我们确信自主学习正在成为一种可见和持续的学习方式，这种确信有助于强调一个非常重要的事实：产生持久学习成果的活动类型并不重要，真正重要的是学生在任何学习过程中的参与程度和认知刺激。我们认为，正是参与式学习的努力促进了学习者思维和分析能力的提升。由于时间有限，自主学习体验需要围绕学生需要获取的真正知识来建立，这类体验成为自主学习机制的一部分本身不是目的，而是实现学生知识需求的一种手段。

研究表明，学生在主动执行一项任务时学习更加高效，因为他们在花时间思考为什么这样做，以及事情是如何相互联系的过程中，学会更好地理解他们正在做的事情。约翰·哈蒂（John Hattie）在其《可见的学习》中，测量了不同因素对学习的影响，他确凿地表明，所有教学成功的主要因素都与教师的质量及其教学有关。因此，自主学习方法从根本上说必须与优秀的教师教学相结合。自主学习方法可以让学生从表面的学习迅速潜入到可持续学习的深处。传统的以教师为中心的教学方法在单向的学习环境中促进了知识从教师向学生的单向传递，从而导致了被动学习的浅层性。因此，传统教育中教师代表课堂焦点的单向方法应该被重新审视和调整，或者干脆彻底加以改革。

真正以学习者为中心的教学方法被正确地定义为一种可持续的自主学习方法，因为在这种方法中，教师表现出愿意计划和设计旨在让学生直接参与内容和材料的学习活动，从而提供了一个真正丰富学习者长期记忆的机会。这是一种参与式的动态教学方法，以学习者的能力和他们主动参与创造性学习的能力为中心。这是一种让学生参与开发参与式学习方法的方法，让学生深入使用可用于实践活动的材料，或让学习者直接主动地参与教学过程。通过参与性和互惠性集体互动的教育实践，是可以最终提供更可持续的学习成果的有效方法，而可持续学习成果通常被描述为知识获取和技能发展的一个渐进的、内在的过程。因此，考虑到各种各样的学习体验和情况至关重要，从而让学生真正投入到通过协作互动和参与获得的教材和概念的互动中来。这就是为什么可持续自主学习依赖于包容、多样、灵活、创新和丰富的关系型教学法。

学习远不止是简单的知识获取，也是一种培养新能力、提高新能力、学习价值观、培养积极态度和培养求知欲的方式。此外，在现实经验的帮助下，知识的传播对学习者来说更加有形。学习的核心原则之一就是模仿。人类学研究表明，通过模仿来学习是人类演化过程中最重要的因素之一，因为与其他物种相比，人类已经演化并发展了一种能力，即通过适应环境来满足自己的需要，从而达到一定程度的独立。通过模仿来学习是迈向更完整和更可持续的学习方式的敲门砖，这种学习方式超越了简单的信息记忆。如果缺乏刺激，缺乏实践活动，无疑会对学习行为产生不利影响。我们习得的学习行为是一种灵活的工具，使学生能够将知识情景化和概念化，进而使之成为一种行为或能力。在一种习得的学习能力被完全吸收后，它将有助于学习更多的学习行为。

自主学习代表的是一种看得见的行动，但最重要的是，学习的主动权和责任都落在了学习者的肩上。在不同的自主学习场景中，学习者被置于一个学习过程中自主程度不同的环境中，结果表明，与他人互动合作建立起来的能力，往往更容易促进个人进步和集体成功。

自主学习还会引导学生走向一种有指导的自主学习。通过鼓励师生之间的互动，实现实践和理论层面的学习成果传递。学习者发展了从他们已知事物中构建知识的技能，同时提升了他们已经拥有的技能。在这种情况下，师生互相帮助以增强学习体验，使每个学习活动的参与者都能获得成就感。这为他们的教育提供了额外的价值，并有助于教育者适应性教学方法的发展。

我们认为，可持续自主学习的一个关键方面是提升学生的动机水平。当学生在学习过程中面临挑战时，投入的程度也会影响他们毅力的坚韧度。内在动机是学习的强大动力。在自主学习者和教师之间建立互信和互惠的关系，对于建立一种可以刺激学习者且富有成效的教学方法至关重要。与此同时，教师的职责还包括为学习者提供自我评价的技能，以一种新的角色取代批评错误的传统教师角色；教师鼓励从错误中学习，促进学习者努力，并提供持续的反馈作为持续发展评估的形式。换言之，自主学习是一种试验性试错的自然探究行为，需要不断地自我评估。

在这种情况下，学业成功取决于教师设计的学习活动中的毅力和认知投入程度。当学习者习惯于使用学习策略来解决问题或实现个人和集体目标时，他们就会学会坚持不懈，并通过反思来理解所学。这对能力的感知有影响，也有助于减轻学生最终的焦虑。学习者的认知投入程度会影响他们与他人的合作水平，还会影响他们在自己学习过程中所做的选择。当学生意识到他们正通过教师设计的整合性体验式学习活动在不同领域取得进步时，他们也就学会了在不同的学科之间建立联系。

使用自主学习方法的教师需要对他们所要实现的目标有一个现实的认识。他们需要学习了解学习者，但是不应带有先入为主的想法、刻板印象或是偏见。教师必须对每个人的差异表示尊重，并确保每个人都能理解。在学生群体中，每个人拥有不同的技能、能力和兴趣，这对每个成员都有好处。教师要通过对学科满怀热忱或至少表现出极大的兴趣的方式来激励学习者，但最重要的是在教学中传递一种好奇心和探究精神。这往往会鼓励学生去探索与学科不一定相关的科目。结果是，这样做有可能改变学生对可控性的看法。

优秀的教师还能够向学生传达这样一种感觉：所学的东西将来会有用，会给他们带来更好的职业前景。优秀的教师还能让学生明白，所有类型的知识和能力都有可能带来更多欢乐，让自己更能掌控自己的生活。通过让学习者自主，教师正在培养学习者的自学习惯。

自主学习方法可能指的是一整套原则，这些原则能够让学习者在实践中学习，同时将学习者感兴趣的领域视为团队合作中参与性功能学习的全局方法的一部分。此外，这种体验式学习方法变得更加直观。采用自主学习教学法的教师通常假设学生听到的会被遗忘，学生所听到的和观察到的会被略微记住，学生所听到、观察到和讨论的会开始被理解，学生所听到、观察到、讨论和实践的会带来知识和能力。最后，学生能够教给同龄人的东西才会被真正掌握。

合作学习和协作学习的经验告诉我们，在使用自主学习教学法时，记忆水平和创新能力都会得到提高。基于项目的教学法通常是获得可持续自主学习体验的有效方法，通常包括解决问题、克服学习障碍以及必须理解、定义、吸收和重复使用的内容。

正如约翰·杜威的“项目式学习”一样，这些教学阶段也需要选择、制作和汇报。我们相信，自主学习有助于以一种完全可持续的方式发展所需的技能。通过学习提出正确的问题，同时采用苏格拉底的方法研究自然世界，在这种新兴的整体教学法中接受教育的学生将成为提出相关假设的专家，并在他们的思考和分析中应用一些哲学和认知论因素。

什么是具身认知？

在认知心理学领域，神经科学和哲学的界限有时会在心智理论中关于具身认知[1]和嵌入式认知的不同竞争性定义之间发生重叠。我们将在本书使用具身认知的定义，并将其定义为通过身体与外界互动而深深嵌入心智的经验性输入、过程和输出。无论对具身认知的定义如何，身体几乎总是被认为是知识和专有技能表达的特权载体。我们认为，由于自主学习通常与参与和实践任务相关，因此动手操作会有助于发展更可持续的学习体验。然而，鉴于各种不相上下的理论，我们必须承认并非所有形式的自主学习都会带来强化和更持久的学习体验。既然我们在本书中选择将身体在学习中的作用定义为具身认知的基石，我们首先必须警惕那些诸如将大脑比作计算机的简单化定义。事实上，自主学习涉及人类对实物的操作或手势和话语的表现，这些都是计算机目前无法模仿的，而且可能永远也无法模仿。可以说，具身认知是人类心智中可能永远无法被人工智能复制的主要元素。克里斯托夫·芬尼维斯（Kristof Fenyvesi）等人认为，一系列基于运动的数学经验为研究艺术如何成为STEAM学习方法的核心提供了宝贵机会。他们通过一个名为“运动中的数学”（Maths in Motion）的拓展项目对此进行了研究。在这项研究中，他们得出的结论显示，孩子的学习成绩会随着体育活动而提高；他们的证明表明，定期体育活动与大脑的结构和功能变化有关，而这些变化在取得更好的智力成果方面发挥着主要作

---

[1] 具身认知理论被誉为“第二代认知科学”，它批判了压抑和规训学生身体的教学形式，认为身体是进行推理、形成概念等思维活动的主体，而不仅仅是认知的工具。——编者注

用。与仅仅使用思考甚至绘画的方法相比，调动全身可以为学生带来更好的学习效果。

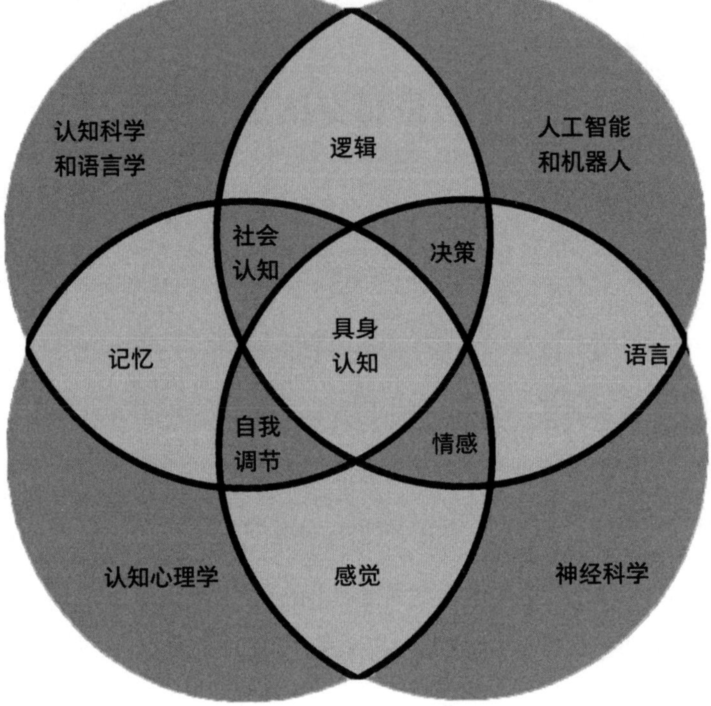

图2.1 具身认知的范围

在一项题为《笔比键盘更强大：手写笔记相对于键盘笔记的优势》（*The Pen Is Mightier Than the Keyboard: Advantages of Longhand Over Laptop Note Taking*）的研究中，普林斯顿大学教授帕姆·穆勒（Pam Mueller）和丹尼尔·奥本海默（Daniel Oppenheimer）测试了几组学生在听讲和观看视频时的记忆能力。“电脑键盘”对照组的学生用笔记本电脑打字做笔记，而“纸笔”对照组的学生则用纸笔手写笔记。研究的结果是极具说服力的：在电脑上打字的学生几乎只是逐字逐句地抄写授课内容，而没有思考和记忆接收到的信息；而手写笔记的学生则积极而持续地处理信息，似乎在某种程度上促进了记忆和吸收。这表明，在教学中使用的数字工具并不一定能增强具身认知。

与功能主义和联结主义的同一论所宣扬的思想不同，人类的思想不仅仅是大脑中发生的事情。与这些以大脑为中心的理论相反，思考并非从大脑开始，也不是由大脑结束，而是在人体内的主观体验中表达和呈现的。因此，我们将证明各种形式的学习是如何调动我们对周围环境的行动和感知的，这些都是与本书的前提一致的主流思想。具身认知的概念通常被定义为一个更先天的过程，可以用蜜蜂来作一个类比，蜜蜂拥有集体建造蜂巢的诀窍，而不需要遵循任何计划。

为了理解学习是如何运作的，我们必须承认一个不争的事实，即大脑是具象的。事实上，大脑通过它所依附的身体接受所有的感觉和刺激，从而收集和发送信息。此外，人们整合知识的方式几乎完全依赖于体验式学习以及不同的感官刺激在人脑中传输和存储的方式。大脑与外界交流的唯一方式是通过身体。换言之，具身认知表现为大脑和身体之间的一种伙伴关系，有别于计算机处理输入和加速输出的运作方式。身体的各个领域紧密相连，思想通过身体延伸，而身体通过思想显现。

在智力层面上的自主学习已有很多研究文献，然而在大多数教育研究中，关于大脑活动的体现问题还有着巨大的突破空间。通常，人们会假设思考始于大脑，也结束于大脑。然而，一旦我们尝试去看更大的图景，我们很快就会意识到认知的层次是紧密相连的，人类认知的结构在很大程度上取决于被包裹在人体中的感官和主观体验。

来看两个简单的例子。被鼓励在听辩论时点头的人，通常会赞成他们所听到的内容，而被要求在听辩论时摇头的人则更可能表示反对。另一个类似的例子是一项实验，该实验表明，在看单口喜剧演员的演出时，相比于那些被要求用嘴唇夹住铅笔而妨碍了脸上露出笑容的人而言，被要求用牙齿咬住铅笔的人会觉得这个喜剧演员更加有趣。这些简单的体现思想和观念的行为表明，身体的行动或体验元素将对正在体验思考行为的人产生诱导思想的影响。

“上学”与“受教育”的区别

“上学”（being schooled）和“受教育”（being educated）之间还是有着很大区别的。在某些情况下，“上学”已经成为一种表达方式，用来描述以艰苦的方式获得的教训，或是某人受到羞辱。在大多数语言中，它已逐渐被“受教育”一词所取代。在世界许多国家，当人们谈论教育时，“学校教育”（schooling）仍然常常是首选动词。事实上，尽管这个词的内涵或多或少有些问题，但学校教育行为仍然是为绝大多数人口提供基本和必要技能的相对有效的手段。在这种情况下，世界上许多国家已经设法在这种标准化的“学校教育”方法基础上发展各自的教育系统，以便结束20世纪的贫困。虽然在特定的历史时期，那种教育体系可能是不可避免的，但我们认为从许多方面来说这种过时的制度不一定是提供知识和发展技能的最佳方式。

教育通常鼓励超越基本技能的学习。在一些国家，学校教育实际上成了一种产业，大多数时候，它与学习没有什么关系，而在某些情况下，它还热衷于破坏学生可持续知识的发展。尽管当今世界各地都在竭力克服巨大的挑战，人们已经来到了这样一个历史阶段：大多数社会都有财力和后勤手段来改革各自的教育体系，以强调长期学习，而不仅仅是通过记忆和背诵的行为进行学校教育。可持续自主学习是发生在人头脑中的事情，有可能积极地影响一个群体的心理，是发展思维方式和促进个人发展的核心方法。它并不完全取决于课堂设置、学校材料或者教师，但它通常始于努力培养一种促进好奇心、创造力和寻求信息的态度。此外，它还应该提供评估所收集信息的质量的基本技能。学校教育很少鼓励培养审辨思维和创新力。而且，整合性自主教学超越了学校的物理环境，其目标是培养学生的终身技能，在通过考试和获得文凭后还能长期留存的技能。尽管如此，背诵乘法表仍然是有用的，每个人几乎每天都在使用，但背诵日期、统计数字或乐谱之类的事物在日常中很少能派上用场。换句话说，过去的学校教育很少提倡发展主动性和创造性，这就是为什么必须强调获得可持续的技能对未来的教育至关重要。

学校最终成了学生遵守纪律规则的机构，在那里，他们学会了在遵守课程安排的同时要守时、听课、注意听讲、有话就举手、做作业、修改课堂笔记，以达到要求的量化成绩，通过考试，从而被认定已经达到相对应的知识水平。在那里，学生的目标不是为了终身学习，而是为了获得毕业证书，从而进入地区、省、州或国家机构教育系统的下一阶段。然后，所有量化结果的总和将被用来对世界上不同国家的教育表现进行元分析，专家学者们以纯粹的统计方式将其作为研究数据，在技能水平的层面进行比较，丝毫没有考虑到可持续的融合性自主学习方法中至关重要的因素，即最终目的是培养创造力和审辨思维能力。

此外，学校教育通常会对学生的表现进行定量评估，同时强调学生所犯的任何错误。我们大多数人都很清楚收到一篇满是红墨水批注的文章是什么感觉，那看起来就像一个真正的战场，充满了尖刻的评论，有的甚至丝毫没有建设性。传统的评估往往是基于完美的文本或完美的数学方程的理念，对学生的作业或表现的评估就像是在做减法：追求完美仿佛是唯一目标，从完全主观且无法量化的百分比中得出一个分数。在主流教育中，没有在规定的截止日期前完成作业或上课迟到的学生会因其不良行为而受到谴责和惩罚。在这种体系下，教师确保学生都能采取一种循规蹈矩的形式，同时加强纪律要求，而非让学生寻求发展独创性、个人认同、个人主义和自律。从某种意义上讲，传统主义者往往试图将学校制度化，并推广一种方法，将独特的“配方”强加给每个学生，而不考虑他们的个人需求、个人才能和品质。当学生从学校毕业时，他们可能已经上了多年的学，但仍然很无知。尽管他们可以将证书和文凭装裱好挂在墙上，但并不代表他们真正接受过适当的教育。这些学生可能在正式的学校里有幸上了许多有趣的课，但仍然缺乏合乎需要的审辨思维，无法进行多层次的思考，也没有发展出创造性思维的能力。暴露在这种情况下的学生，往往不幸地陷入智力的束缚中，无法跳出思维定式思考。从这个意义上说，学校只是一个训练学生记忆和系统化的机构，是他们学习正确行为的地方。

学校里死板的课程表将学生们拴在课桌前，把他们锁在狭小拥挤的教室里，这些机械化的日常程式惯例，主要是为了在短而有限的时间内将尽可能多的信息压缩进他们的大脑里。在这种古老的模式中，教师也被鼓励应用传送带的原理，年复一年地重复这种模式，以确保在无须考虑每个学生个性的情况下，对一群人进行教育。教室就这样变成了一个工厂，学生在其中重复程序，记忆课堂笔记。此外，用于评估学生表现的问题侧重于考查学生识记知识数量等定量问题，这就是传统方法的目的，即让尽可能多的学生达到及格分数线，从而能进入到该学校体系中下一阶段的学习。根据心理学家卡罗尔·德韦克（Carol Dweck）的研究，学生有两种类型：那些认为先天才能是在学校取得成功的必要条件的学生，是拥有固定型思维模式的学生；而那些认为成功很大程度上取决于自己努力的学生，是拥有成长型思维模式的学生。德韦克的研究证实，无论是在学校还是生活中，拥有成长型思维模式的学生群体都更有可能取得最好的结果和成就。

由于标准化考试的作用是定量地确定成绩，因此它对培养新现实所必需的与时俱进的素质毫无助益，这种教育形式几乎没有培养创造力和审辨思维的空间。然而，旨在发展可持续学习的教育可以提供更多。一系列的要素使教师能够通过定性的方式观察学生的发展来评价学生的表现，同时保留定量评价的某些基本要素，而不必在评价学生时全部由定量的分数来决定。

STEAM教育：科学、技术、工程、艺术和数学

我们在本书中提到的各种整合性方法，大多直接受到几个学科领域融合的启发，特别是STEAM教育中这几个领域的融合。STEAM教育是一个由相互关联的学

科组成的研究领域，而不仅仅是一种跨学科的教学方式。根据STEAM教育倡议的创始人格雷特·亚克门（Georgette Yakman）的说法，STEAM教育“努力开发一种教育模式，旨在将科学、技术、工程、艺术和数学等传统学科构建成一个框架，据此规划综合课程，从而创造一种更全面、更融合的教育”。STEAM教育是否意味着需要文艺复兴时期的多面手来担任专家型教师？毕竟，在普通人群或是教师职业中，实现博学多才所需的学识和专业水平实属罕见。然而，我们将在本书中证明，当一个人学会与同事协作时，没有人需要成为超级教师。协作者将共同成为超级教师！

STEAM教育似乎在挑战传统的、明确的学科划分，并试图将艺术（A）“增值”到STEM之中。但这一概念可能本身就有问题，因为这个时代所需要的也许不是“增值”意义上的单纯叠加。教育现在需要的也许是一个更加“进步的项目，它需要将人类探索的伦理、政治、道德、美学和科学等方面跨越学科和研究领域的界限，重新联系起来，并使之重新焕发光彩”。在本书中，我们不希望将艺术作为科学的助手来推动，这是一种简化主义的观点，有时这在围绕STEAM教育概念的当代话语中是很明显的。

STEAM教育的定义之一是“一种教授所有事物如何在学校和生活中相互关联的方法”，如上所述，它还被进一步定义为“通过工程和艺术诠释的科学与技术，一切都以数学元素为基础”的学科领域。根据德隆·卡梅伦（Deron Cameron）的说法，“STEAM教育代表了一种范式的转变，即从基于标准化考试分数的传统教育理念，转变为注重学习过程和结果的现代理念。究其根本，教师要让学生敢于犯错，敢于尝试不同的想法，敢于听取不同的意见，并建立一个适用于现实生活的知识库，而不是简单地为了考试而死记硬背”。

培养创造力的教育材料：以4D Frame创意教具为例

在本书中，我们将经常提到一种叫作4D Frame[1]的教具，是韩国建筑师、模型制作者、发明家和创新者朴豪杰（Ho Gul Park）发明的。4D Frame由塑料材质的连接杆（或连接棒）和其他连接器组成，可以用于创造三维形状和运动。它培养了学生的想象力，同时提高了他们的创造力。它的发明旨在进一步激励其使用者的开拓创新精神。教师如果为学生提供这种类型的教育材料，就为其提供了一种整合性学习的体验，因为它可以形象实际地表达整个思维过程，所以自然就更具备可持续性，这就为以学生为中心的自主学习体验创造了条件。这种材料在培养学习者的逻辑思维、推理和分析能力的同时，也强调了基本科学和数学技能的重要性。

我们在本书中倡导未来教育应该注重培养创造力和审辨思维、体验式学习和探索的理念，因此将着重关注像创意教具4D Frame这类的教育材料，因为它可以提供一种有效的方式来实验具有极端多样性和无限可能性的材料。不幸的是，几乎所有类型的教育都是在例如纸上等二维层面进行的，但随着数字工具的出现，可能会为越来越普遍的更加三维的数学语言打开大门。此外，当材料被用于创造运动或机械动作时，通过在创作过程中加入时空维度，会使学生创造者更有创造力，因为它能使学生获得对21世纪新兴科学技术分支来说不可或缺的知识。

4D Frame的设计很简单，用连接器连接连接杆，同时将它们组装并折叠成几何形状，用不同的静态部件或移动部件相互连接，从而在每个可能的轴上形成从0度到360度的任意角度。一旦学生学会用剪刀或切割器等简单的工具测量和切割不同的连接元件以适应所需的尺寸，就会创造出无限可能，这一点也使这类教具发挥出无限的创造力。同样，它的无限性也适用于任何类型的三维形状，因为它还可以

[1] 4D Frame是将图形组合的最基本单位通过结合和连接形成骨骼和框架，并逐步创建各种多面体和无限创意作品的组装型教具。它是一种没有任何限制、可以自由想象并表现所有事物的万能材料。——编者注

提供低成本的配料和可回收的材料以构建出复杂的几何体或机械装置。

4D Frame连接器和连接杆的组合方式反映了STEAM教育所有五个分支领域的原则。任何可以想象到的物体都可以用4D Frame来表达，包括简单的二维形状、分形、四面体、金字塔、多面体、谢尔宾斯基三角形❶和克莱因瓶❷等。还可以创建4D Frame模型来构建生物学中的DNA双螺旋，并用不同颜色指代四种碱基，地质学中的晶体，化学中不同的化合物或构建碳纳米管，技术方面的风车、交通工具或桥梁等，并呈现出工程和科学的核心原则。这种多功能的材料也可以用于数学，以构建复杂的几何图形。4D Frame的连接杆和连接器可以自由使用，让体验者的想象力得以尽情发挥。

这种教育材料的利用给学生提供了多种可能性，并使得以直观清晰和实用的方式发明新原型成为可能，而不是让他们仅仅拘泥于简单模仿已经建成的物体或按照计划重新创建预先设计的模型。同样的材料可以用于小组活动，也可以用于学生个人，让他们通过不同的构造方法了解一个物体的结构、形状和强度。各组学生可以学习协作，同时审视他们自己的设想。在教师积极与学生合作的同时，他们可以讨论理论并仔细研究不同类型的问题，激励学生找到自己的解决方案，同时给予他们发展技能所需的工具。一些韩国学生在国际学生评估项目测试中成绩亮眼，因此4D Frame能在韩国风靡不足为奇。一年一度的比赛吸引了来自韩国各地以及世界其他国家各个年龄段的学生，如中国、菲律宾、巴西、芬兰、印度尼西亚、美国、蒙古国、瑞典等，他们每年都会在首尔郊区的果川国立科学馆进行为期一天的比赛。无论学生处在哪个年级、成绩如何，能在这种比赛中获奖，都会被视为极大的荣誉。此外，师生还可以结合复杂的蓝牙控制机电部件，用4D Frame来制造机器

---

❶ 是一种分形，由波兰数学家谢尔宾斯基在1915年提出。它是自相似集的例子。——编者注

❷ 指一种无定向性的平面，比如二维平面，没有“内部”和“外部”之分。克莱因瓶最初的概念是由德国数学家菲利克斯 · 克莱因提出的。——编者注

人、机械装置和交通工具。

4D Frame的发明者朴豪杰意识到，如果只是看到二维建筑图纸或蓝图，缺乏专业建筑知识的客户很难理解三维结构的复杂性和难度。在使用不同种类的软件设计三维形状成为可能之前，必须开发一种物理构造三维结构的方法，以便能够在遇到这些问题之前以实用的方式解决这些概念化的问题。事实上，朴豪杰开发的教具为建筑师解决这个基本问题做出了贡献。建筑是一个三维的谜题，数学、科学、艺术和自然融合在一起，与建筑和谐相处。

替代材料

年轻的马拉维发明家威廉·坎宽巴（William Kamkwamba）的励志故事因他的TED演讲和电影《驭风少年》而闻名于世。他的故事告诉我们，缺乏昂贵的教学材料并不是创造力和自学成才的障碍。这位坚持不懈的年轻人一边从非洲腹地的垃圾箱里回收材料，一边设法设计手工风车。这个故事非常鼓舞人心，是以创造性解决方案解决问题的典范，也是一个有助于环境可持续发展倡议的真实案例。虽然我们已经详细讨论了4D Frame作为培养创造力和可持续自主学习的理想材料，但我们无意在本书中积极推广任何特定的商业材料。只要有一点想象力，几乎每一种教具都可以很容易地被回收品或更便宜的材料所取代。可以说，大多数便宜的替代品都能提供与4D Frame、乐高教育旗下的动手实践式趣味STEAM学习方案、几何板（Geoboard）[1]、微型电脑开发板（Microbit）[2]、黑科技玩具Lux Blox[3]、Kappla积木[4]、

[1] 一种STEAM教具，小到手部精细运动锻炼、专注力培养，大到几何、数字、字母的认知，以及坐标、分数的学习。——编者注

[2] Microbit是一款由英国广播电视公司（BBC）推出的专为青少年编程教育设计的微型电脑开发板。2016年3月6日，Microbit在英国全线铺开，BBC在线上线下配套了大量的项目教程资源和活动。——编者注

[3] Lux Blox是一种全新的构建方式。Lux Blox具有独特的弹簧和锁定铰链系统，灵感来自大自然，可以让建筑师创造出弯曲、扭曲和转弯的结构。——编者注

[4] 结合了结构动力学和创意艺术元素。是法国国家教育系统中使用的一种教学玩具，是法国教育和科学部特别推荐的教学材料，其教育价值在日本受到高度评价，贴合儿童能力发展曲线，可以培养各年龄层群体的逻辑思维能力，激发创造力，培养专注和耐心，提高团队合作与社交能力。——编者注

培乐多彩泥（Play-Doh）[1]、Magna-Tiles半透明磁力片或者麦卡诺（Meccano）[2]等昂贵教具相似的学习成果。

在后文，我们将经常提到学习促导师（或促进者）（facilitator of learning）。这些有助于学习体验的人并不一定必须是教师。根据《驭风少年》同名书的说法，在威廉·坎宽巴的故事中，学习促导师是当地学校的图书管理员，他通过一个小小的善举，关注到威廉·坎宽巴对学习的热爱，从而真正对威廉产生了影响。此举引起了多米诺骨牌效应，给了威廉找到信息并发展出实现其梦想所需技能的可能。面对当地饥荒和支付学费的问题，威廉实际上并未以学生的身份在学校注册，即便如此，那位图书管理员仍然向威廉借出了几本书。这个故事说明，作为教育者或学习促导师，我们可能对学生的生活或科学技术的进步产生不可忽视的影响，甚至在当时我们压根儿就没有意识到这就是我们通过提高学生解决问题的能力和自学能力所能做的事情。因此，这些鼓舞人心的人物创造了合适的学习条件，让富有创造力的年轻人找到解决未来最紧迫挑战的方案。

碎片化的终结

本书旨在促进教育乃至整个社会结束碎片化，从而改变传统教学方法，以更好地适应处于不断变化的世界中的学习者的长期需求。为了实现这一目标，我们最终将需要不同的学校课程，旨在为学生进入未来的就业市场和总体生活做好准备；一切都在不断变化，唯一可以确定的是没有什么是确定的。尽管我们在历史中几乎都意识到了所有事物之间的相互联系，但我们仍然倾向于将我们年轻人的教育分隔开来，将生活划分为学校的不同科目，根据每小时的时间表分别进行教学，仿佛它们

---

[1] 创始于1955年，其产品是幼教博士针对儿童创意启发、身心智能发展设计的训练教材。——编者注
[2] 主要是钢铁组合的模型玩具。——编者注

彼此之间毫无关系。这样做的后果就是徒留一个教育组织的空壳给学生，无论其使用的方法还是采用的理论都与生活、自然以及学生最终将进入的就业市场的现实完全脱节。这种传统的知识碎片化对学习质量产生了深刻且令人不安的后果，本书旨在帮助改变传统的教学方式，因为我们注意到传统知识教育方法在知识留存方面的不足和低效。根据彼得·圣吉（Peter Senge）的说法，人们自幼就被教导把问题加以分解，把世界拆成片段来理解。这显然能够使复杂的问题容易处理，但是人们却付出了隐秘的巨大代价，无法看到自身行为的后果，也失去了与更大的整体的内在联系感。当试图看清全局时，人们会试图在脑海中重新组合碎片，列出并组织所有的碎片。教师、政策制定者和课程专家都需要找出学生需要为他们的未来学习什么，并从那里开始教学，而不是遵循传统的以学科为中心的标准进行教学。

多学科的可持续自主学习法的成功取决于其原创性、一致性和持久性，考虑到学校环境的限制，它的成功还将取决于学校的组织结构。一个倾向于将课程划分为独立学科的教育体系，就像某些特定主题领域的堡垒一样，将会使不可持续的学习永久化。但是，如果未来的教育体系能够找到一种方法来展示、鼓励和促进所有学习需求的整体性，那么在看到所有事物的相关性和相互关系的教师及学习者那里，它将会获得更大的成功。

像这种更全面的整合性教学法也可能有助于提升学生的能力，使其能够调焦，看到更大的图景。诸如气候变化等当前的社会问题，可以说是一种碎片化而非整体方法的结果。解决这些复杂困境的办法可能在于理解问题、制度和社会挑战之间复杂的相互关系。本书一再强调教育需要进行调适，并确保专业知识总能在广泛的背景理解中应用。

传统教学方法的最大缺陷之一是不倾向于让学生以创造性的方式对所学知识进行概念化和综合化整合处理。造成这种情况的主要原因是跨学科（transdisplinary）教育的一些关键组成部分被遗忘了，学习的目的只有一个，就是短期记忆。而要想可持续地学习，人们需要找到创新的方式和方法，以确保基本知识需求能储存在学习者的长期记忆中：人们需要知识的综合化。

通过使用基于创新的体验式教学方法、研讨会、学习活动、动手实验和协作学习等自主学习方法，教学社区可以在满足未来新兴专业需求的意义上变得更加实用，从而可以将一切置于可持续发展的背景下。自主学习方法以学生能在不同情况下积极参与为前提，包括人际因素以及能够产生预期结果的心理、学生所学内容所包含的身体或动手实操的增值维度，这些都可以作为对每个学科理论内容的补充。自主学习对反思能力和创造力的培养十分有效，多方面的分析能力也能在这个过程中被焕发。自主学习有助于培养学生的主动意识，让他们在研究自然世界的过程中变得更加大胆。如果教学重点放在学习过程上，而不是关注信息和数据的留存，学生将获得自学技能，为持续的终身学习提供工具。事实上，这种类型的体验式学习可以使得为学生赋能的水平达到极致，同时也成为发展和改善教师教学方法的一个重要途径。

我们在本书中提倡的创新方法旨在给予学习者在学习过程中的控制权。这种被称为自主学习的体验方法构成一个很好的范例，它更多地关注学习者所掌握的学习方法，而不是学习者所掌握的事实和留存的信息。换句话说，这种新方法旨在培养有创造力的思考者，而不是把学生变成某种类型的数据库，能够回答标准化测试，像鹦鹉学舌一样重复事实。

什么是整合性教学?

整体的、跨学科的、学科间的、多学科的和学科内的整合性教学

世界各地存在着大量的整体教育模式，有些标新立异，有些大同小异。无论

是华德福教育模式[1]、蒙台梭利模式[2]还是瑞吉欧·艾米里亚模式[3]，均已历经多年研究，其中的一些核心原则已经成为全世界各国国家学校课程的组成部分。然而，在比较分析中很少给出成功实践的可持续的整体性自主学习法的具体案例。本书旨在为教育工作者提供不同的探索路径，希望发展他们的教学技能，并调整他们的教学风格，以适应学生快速发展和不断变化的需求。对于不同层次的整合方法的描述还表明了教师如何从彼此的胜任力中受益，并揭示了学生如何自己感觉更好，学生如何通过整合性教学学习核心内容以看到更大的图景，从而获得学校提供的不同科目的附加值。

首先，必须清楚地定义我们在本书中谈到的不同类型的整合性教育，以便阐明它们各自的互动水平。一些词典模糊了这些术语的定义边界，但我们将证明，尽管它们密切相关，但是不可互换。我们的目的并非比较这些术语的不同定义来引发一场关于这些术语定义的语义辩论，而是对它们的整合程度进行分类，以便确定它们各自的范围和运用方法。

整合性教学法的不同整合层次

为了更好地描述本书所定义的学校学科整合的不同层次，我们将通过提供一些地理上的隐喻和比喻来进行类比，以更好地将我们的解释概念化。通过将整合水平与更熟悉的地缘政治术语相比较，如国家、多国、双边、国际、跨国或全球，我们旨在创造易于理解的想象，以更好地说明整合性教学法背后的基石思想。

---

❶ 是鲁道夫·史代纳（Rudolf Steiner）根据自创的人智学理论创建的。华德福教育，简单地说是一种以人为本、注重身体和心灵整体健康和谐发展的全人教育。——编者注

❷ 蒙台梭利模式是意大利儿童教育家蒙台梭利为满足意大利儿童而设计的，强调为儿童提供不同分区，允许他们根据兴趣自由来探索和发现。——编者注

❸ 即儿童的学习不是独立建构的，而是在诸多条件下，主要是在与家长和教师、同伴的相互作用过程中建构的；是在特定的文化背景中建构知识、情感和人格。——编者注

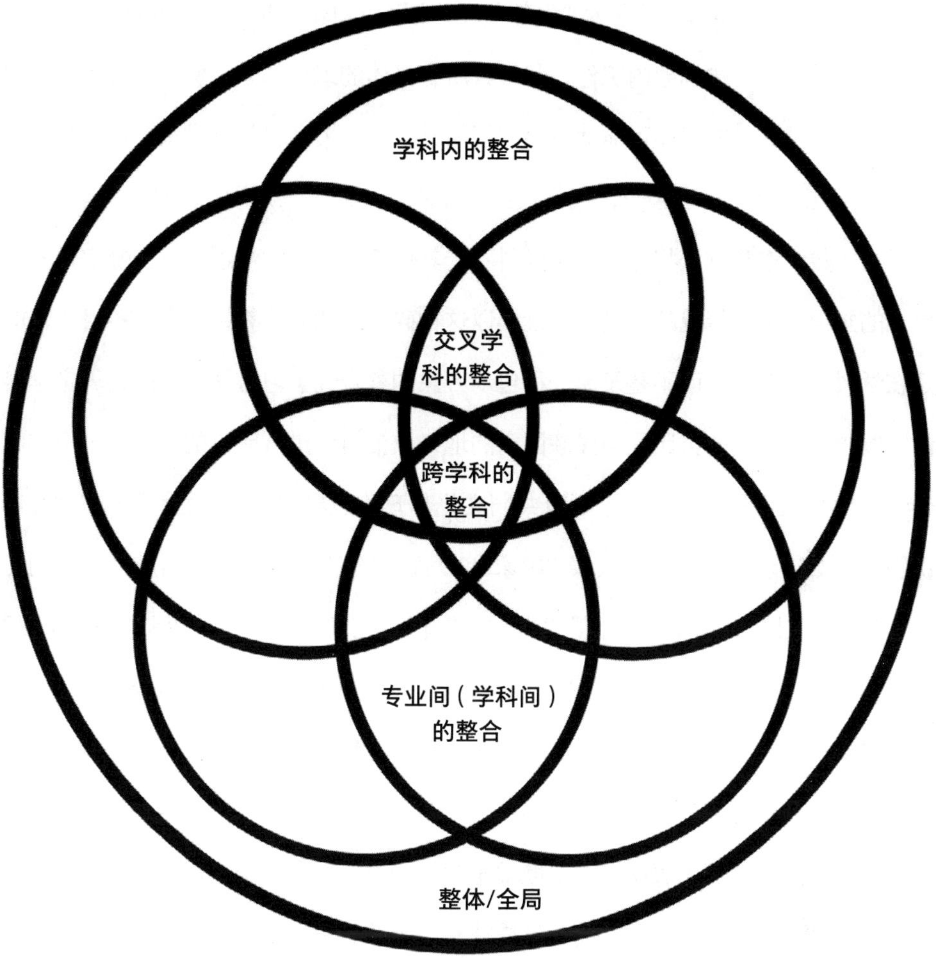

图2.2 整合性教学法的不同层次

第一层次：学科内的整合（Intradisciplinary）

整合进程的起点是大多数人熟悉的建立已久的单一学科方法。这是组织和划分学校课程为专业化的研究领域最传统和最常见的方式。绝大多数人过去接受的都是这种方式的教育，世界各地的大多数学生仍然在以这种非整合性的方式接受教育。这种古老的教学方式将学科作为碎片化和独立的实体进行教学，几个世纪以来一直是世界各地的常态。

拉丁语单词“intra”翻译为“内部”或“中”，因此，学科内（Intradisciplinary）指的是在单一学科的框架内工作，包括其所有具体的组成部分。例如，使用学科内的方法来教授数学的时候可能就不会将任何其他非相关学科整合进来，但可能将数学学科的几个分支整合起来，包括代数、算术、几何、三角学、统计学等。然而，学科内的数学教学方法将保护数学学科不受其他任何学科的渗透，就仿佛它是一个单一的知识堡垒。传统的学校通常继续以这种碎片化的方式教授大多数科目，目的是在学科内专业化，而不是发展一种包罗万象的整合性学习方法。要明确界定学科内的概念，最恰当的类比是与民族国家的地缘政治概念进行明确的比较。一个非整合性的学科很容易被比作一个拥有共同文化和政治边界的“独立国家”。在这种情况下，像数学这样的学科将代表“国家”，而它的分支学科，如上面所列举出的几种，将代表“国家”下的“地区”“州”或“省”。它们有时可能包括来自其“边界”或自然边界之外的元素，但它们通常会试图将这些元素同化或整合为自己的元素，以保持其成员的凝聚力和“福祉”。例如，当描述不同气候区的生态系统时，会体现出地理学科中有许多与生物学科相关的主题，反之亦然。在非学科背景下，这两个学科都有合理的理由表明这些主题都是归属于自己学科之下的。然而，以国家或学科概念为代表的单方面独立的实体往往有明确的界限。从教育学的角度来看，它可以被比作一种“孤立主义”，保留着一种以分散的方式组织学术内容的倾向，导致多数教师漠视学生的整体学术成功水平，因为他们认为自己教授的学科才是最重要的。不幸的是，今时今日这种现象还屡见不鲜，而这恰好正是科任教师缺乏教育全局观念的主要原因之一。因此，我们强烈主张发展一种整合和协作的方法，作为可持续学习的一个核心方面。

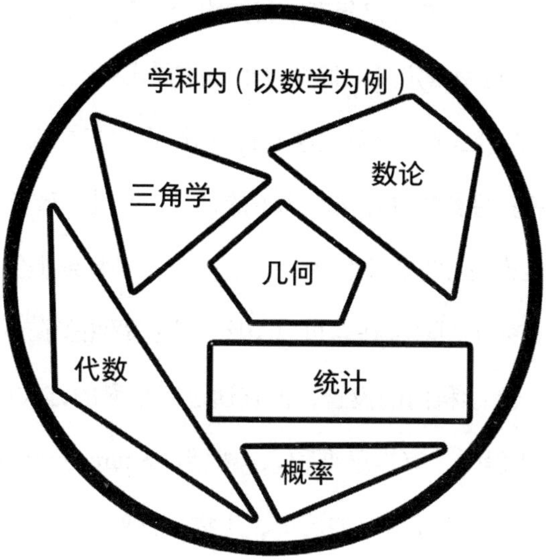

图2.3 学科内的整合

第二层次：多学科的整合（Multidisciplinary）

我们将多学科的教学定义为：在一个学习环境中，将许多分散的学科并列在一起，而并没有将它们有效地整合在一起或集中到核心。多学科方法通常是迈向可持续的整体性自主学习法的第一步，也是迈向协作规划和扩大学科整合水平的重要一步，虽然它只是对学科进行“添加”或“相乘”，但是并没有将它们纳入或整合到学科的根本。形容词“多学科”指的是方法和学科的结合，在这些方法和学科中，拥有不同类型专业知识的个人对整个学习经验做出贡献。源于拉丁语的单词“multus”，意思是“很多”或“许多”，它意味着不相关的学校主题与核心学科相结合，试图解决一个特定的问题，而不被纳入学科。参与多学科教学法的每个学科都保持其独特性，尽管有知识和专长的交流，但它们仍然是独立的实体，只是在表面上相互影响。

根据《剑桥英语词典》，“它在一项活动中涉及不同学科的学习，或涉及从事不同类型工作或拥有不同类型知识的人”。与此同时，《韦氏柯林斯词典》将“多学科”定义为“许多不同学科或研究分支学科的组合，或由几个通常独立的学科或专业领域组成或结合”。这两个定义很好地以相加的方式对比多学科方法的学科观点，但它们没有突出这种方法并没有解决学科碎片化问题的事实。再打个比方，可以用“多国”这个词来说明多学科方法所代表的含义。从地缘政治的角度来看，它涉及来自不同国家的几家企业在许多国家经营、生产、销售或提供服务。类似地，一个跨国公司或企业在多个国家存在，可以类比一个主题涵盖在不同的学科之中的情况。它可能起源于一个学科内的设置，但它通过多学科的方式进入其他学科之中。例如，在瑞典国家课程中，审辨思维和来源批判（Source criticism）的知识要求在许多学科的教学大纲中有所涵盖，如历史、生物、物理、地理、化学和瑞典语。像这样的概念可以以多学科的方式涵盖，同时包括众多学科，而不会让核心学科重叠。就像跨国企业可以在众多国家提供相同的产品和服务，而不需要批准双边协议、自由贸易协定或经济伙伴关系，虽然这些可能使双方和所有相关行为方受益。换句话说，在印度和巴西做生意的日本公司仍然是日本的，同样，即使在包括物理学或地理学在内的多学科项目中会涉及统计学的使用，但是学生仍然会将其视为数

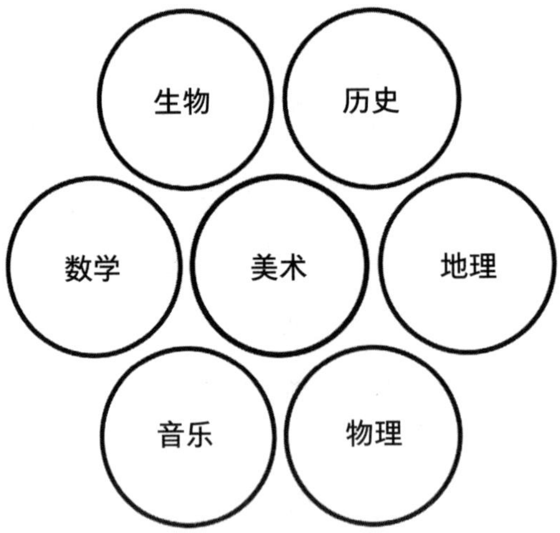

图2.4 多学科的整合

学的一个组成部分。尽管以多学科的方式整合某些主题并没有达到我们有效地促进可持续的学习经验、促进全方位的整合行为、加强教育中的融合等目标，但是多学科的整合是朝着正确方向迈出的明确一步。

第三层次：学科间的整合（Interdisciplinary）

学科间的方法将两个或几个学科结合起来，同时以一种使每个学科的边界开始打破、彼此合并的方式将它们整合起来。与多学科方法相比，学科间方法代表了一种新的整合层次，因为它不仅仅是独立学科内容的简单并列。与跨学科方法相比，它没有将大多数学校教授的学科整合到一个新的元学科之中。根据《韦氏柯林斯词典》，学科间指的是“两个或两个以上的学术、科学或艺术学科”，而《剑桥英语词典》将其描述为“涉及两个或两个以上的不同学科或知识领域”。

这两种定义都不足以描述学科间整合方法的真正水平。相比之下，《哈佛词典》在描述“学科间研究”时给出了更加充分的定义。我们对这一定义进行了阐释，以便在与本书更相关的背景下概念化这一方法。在本书的背景下，学科间指的是在学习过程的多个阶段中，从两个不同的学科出发，结合并整合两个不同领域的研究框架的任何学习。此外，它还意味着在两个学科之间建立起学科特征重叠的桥梁。来源于拉丁语的“inter”一词意为“在……之中”“在……之间”“中间”或“当中”。巴萨拉布·尼古列斯库（Basarab Nicolescu）认为，学科间的方法有效地整合和综合了来自不同学科的知识和方法，它代表了对比鲜明的不同学科之间的合作，以实现新的应用、新的分析，或者创建全新的学科。当从一个学科的角度来看另一个学科，并将重点放在交叉知识的过渡方面时，“学科间”这个表达有时会与“交叉学科/跨学科”（crossdisciplinary）一词互换使用。通过从通常互不相关的不同学科转移知识，协作水平得到了提高。如前所述，学科间方法未能超越主导的核心学科来创建一种元学科类型，即使其整合水平提供了增强的双边整合学习体验。为了进行类比，我们将使用“国际”一词来说明这一层次的教学整合。在此背景下，我们将使用“国际”一词，指一个组织中包含两个或两个以上的国家，如区域伙伴关系、货币联盟或双边自由贸易协定。

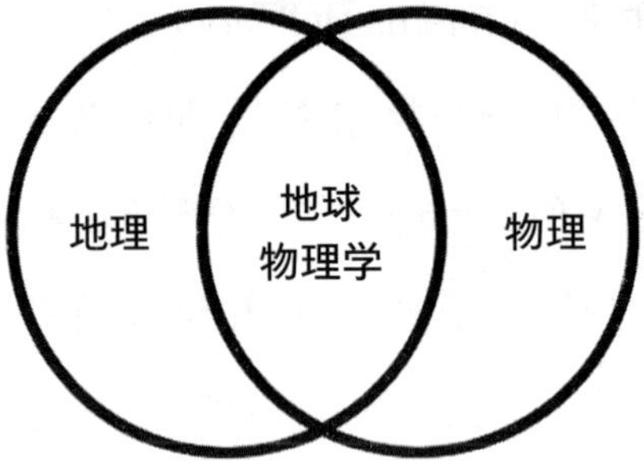

图2.5 学科间的整合

当两个核心学科之间的相互关系成为学习过程的焦点时，这个类比便产生了所有的意义，因为融合发生了。在后文，我们将举例说明地理和物理这两门核心学科融合了各自核心内容的多个方面，以便教师能够持续地教授它们重叠的内容，如地球物理学或“地球科学”。我们将彻底论证，这些类型的关键步骤如何实现更加整合的学习体验，从学生、教师到学校领导，参与其中的每个人都能从学科间融合的过程中获益良多。随着这类融合行为的实施，下一个向更加整合的教学和学习经验过渡的阶段有时被定义为“交叉学科”。

它代表了学科间和跨学科方法之间的一个过渡阶段，在这个过渡阶段中，特定主题可以跨越传统核心学科的边界进行“交易”，同时关注看似不相关的主题之间的相互依赖，试图确定可能有助于在更广泛的背景下更好地理解特定内容的相关类型。

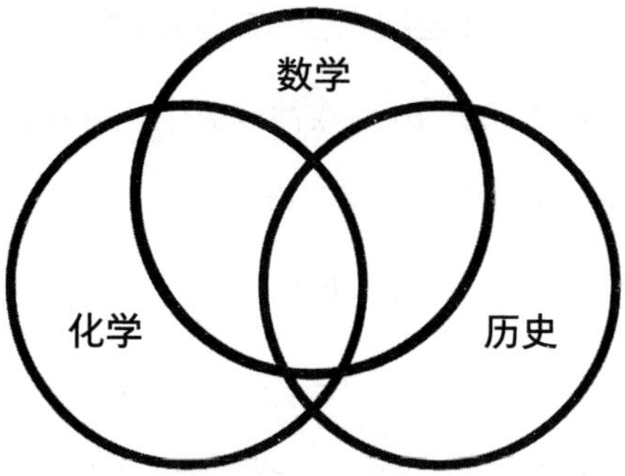

图2.6 交叉学科的整合

第四层次：跨学科的整合（Transdisciplinary）

整合性教学法的下一个层次超越了前面描述的合作学习和教学互动中所涉及的方法和学科。跨学科的方法结合了之前定义的所有整合层次，它跨越多个学科的界限将它们交织在一起，以提供更强的可持续性。跨学科的方法还有助于增加参与者群体中每个人的参与性贡献，以努力达到一个共同目标，或达成集体解决技术、环境或社会问题的目标。跨学科方法力求保留不同学科的观点，它承认不同学科之间的不同现实，因为最宝贵和最持久的知识恰恰是在交汇的地方获取的。我们用由两个以上的气泡组成的维恩图的重叠部分来表示这些教学混合体，用这些气泡代表核心学科。跨学科学习是从跨学科和交叉学科的实践中演变而来的，因为当参与者开始共享一个概念框架以汇集特定学科的理论时，就会发生跨学科学习。拉丁语介词"trans"的意思是"跨越""越过"或"超越"，它概念化了一种超越多学科和跨学科方法边界的元学科的出现。换句话说，它是学科间努力的顶峰和综合。

苏·麦格雷戈（Sue McGregor）认为，"'持续性'这个领域本质上是一个跨学科的领域"。当看似完全不同的实体找到共同目标时，最重要的是要消除不平等，促进合作，打破障碍，以促进思想的自由流动。为了更好地说明跨学科方法，最相关的类比是使用跨国的地缘政治概念，它超越了民主国家的概念，就像跨学科超越了学科内部教学方法的概念一样。此外，跨国治理的概念也集中体现了我们在本书中定义为跨学科的核心学科的多层次融合。就像在欧盟、南方共同市场或东盟等多个国家参与的一体化良好的经济和/或政治联盟中，或者在联合国等真正的全球性组织中，跨学科教学方法的重点是协调与合作。

通过叠加多个核心主题来突出它们的共同点，我们还可以对“跨学科”一词进行另一种类比，将其结构与不同的跨国组织、公约、非政府组织或机构进行比较，如国际刑警组织、无国界医生组织等。这些都关注“更大的图景”，并拒绝传统的碎片化和孤立主义倾向，正如我们之前在描述民族国家概念和更传统的学科内教学方法背后的机制之间的类比时所阐述的那样。

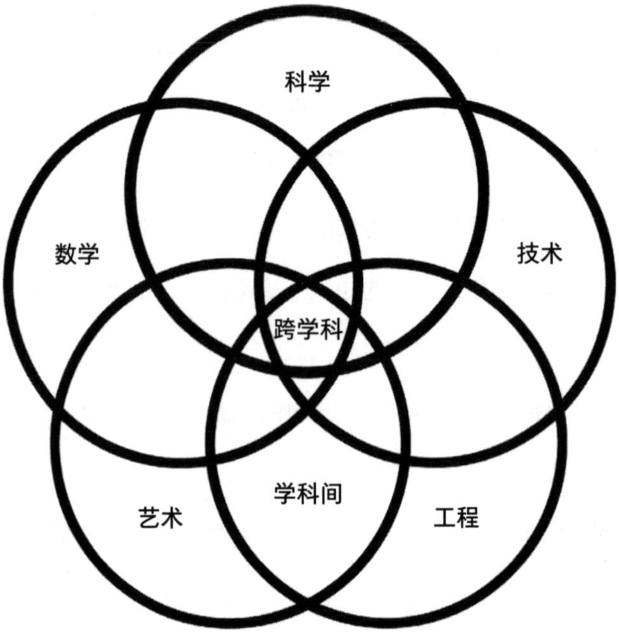

图2.7 跨学科的整合

第五层次：整体层次，即所有四个层次和社会情感

这种终极层面的交互作用和学科整合旨在清晰地揭示整个跨学科方法的全景，包括围绕大局的框架之外发现的元素。它包含了之前所描述的所有学科整合层次，并在其方法中进一步融合了社会、情感、身体、心理、美学、哲学、精神、道德和伦理维度。在认识论中，“整体”一词指的是一种将特殊和个体的知识带回整体和普遍知识的学说。它超越了前文提到的有争议的学习金字塔所宣扬的思想，因为它认为学习的本质是非经验的。与这种学习经验相关的许多观点和感受被认为是整体的一个组成部分，具有适应性、包容性和灵活性。它建立的前提是，每个人都通过与他人、社区、自然世界和人道主义价值观（如同情与和平）的联系，找到自己的身份、意义和生活的目标，同时探索更大的图景的外围，这一图景被视为代表以下跨学科方法的复杂维恩图。

整体教育旨在向人们灌输对各种生命形式和环境的内在尊重，并逐步注入对终身学习的热爱之情。它侧重于同时进行多种形式的自主学习和体验式学习，并在创造性学习环境中高度重视人际关系和参与者的共同核心价值观。它可能有助于群体和谐发展，并提供机会培养课外技能，促进积极的行为支持，加强宝贵的性格特征，如魅力、共情、同情、忠诚、谦逊和自信，仅举几例。“整体教育”这一术语经常被用来指代更加民主和人文的可持续的整合性替代教学法类型。要说明教学整合的整体水平，最相关的比喻是把它与宇宙或普遍性这些术语联系起来，因为它囊括了人们所知、所觉、所经历的一切，甚至更甚，因为它考虑了可能存在的额外感官现象。其中一些现象已在哲学、神学、艺术、天体物理学或量子力学领域中被定义，甚至太过抽象缥缈，以致人们可能仍然无法理解。此外，对于另外一些现象，身处此刻历史的人们对此还一无所知。我们将在后文对这种高度激励的整合性教学法所代表的普遍主义进行描述，我们提供了多个整体学习实验的例子，在这些实验中，跨学科的小组项目已经演变为真正的整体学习体验，学生已经超越了所有预期，因为无论是在个人层面还是集体层面，他们取得的成就都远远超过了他们最初设想的学习目标，同时他们在智力上和情感上都参与到全方位的整合和多语言整体学习体验中。不过，为了清楚地展示“普遍主义”的整体方法是如何在所有类型的整合性教学方法中提高学习成果的质量，包括专家型教师或教师行动观察专家在内的教育工作者，首先必须学会清楚地识别、描述，并用语言表达所采用的教学技术的创意、独创性和熟练程度是如何产生预期的可持续学习成果的。这些教学新知和技巧需要被分享、被传承，以促进教学方法的进步。很多关于教学法的图书和学术论文都将预期结果在开篇明确地表述出来，后面是方法和目的。然而，很多作者往往没能清楚地说明“如何”实现预期的学习结果，他们提供了大量有趣的想法或一系列不切实际的期望，但并没有提供具体操作方法。别担心，本书会提供大量实例，详细地阐述整合性教学设计如何实现我们预期的整体学习成果，如何培养学生的社会情感能力和积极的性格特征。

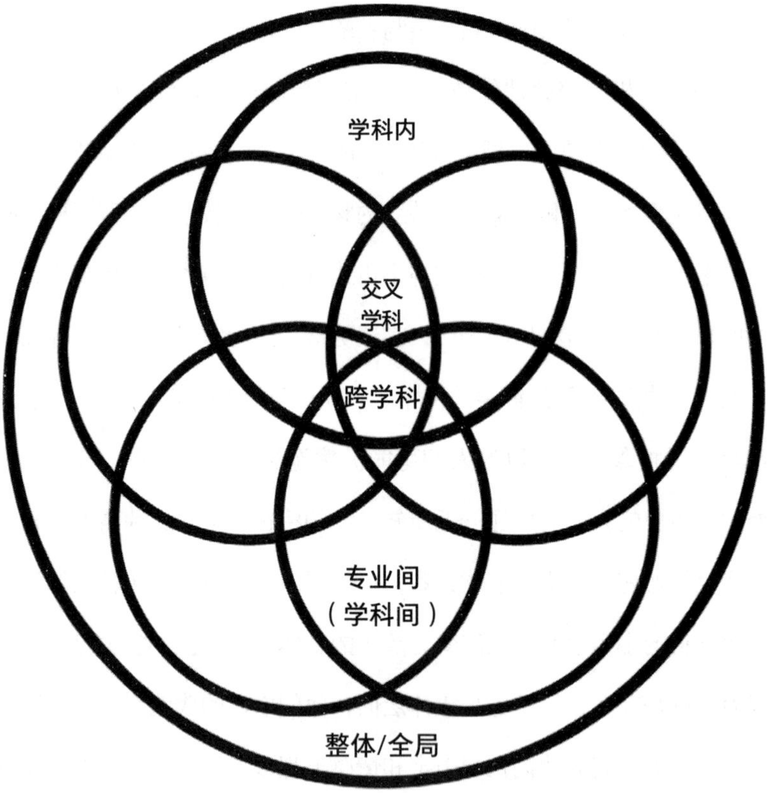

图2.8 整体教育

反学科及另类形式的整合

长期以来，芬兰一直以其成功的教育体系在国际上占据着重要地位。“在读写能力和计算能力方面一直处于国际排名的前列。在颇具影响力的国际学生评估项目排名中，只有新加坡和中国等远东国家的表现超过了这个北欧国家……这使得芬兰即将启动有史以来最激进的教育改革项目之一，更加引人注目的是，废除传统的‘学科教学’，改为‘主题教学’。特定学科的课程，比如上午1小时历史课或者下午1小时的地理课，已经在一些高中中被逐步淘汰。”传统的学科教学正在被芬兰人所说的“现象式教学”所取代，即按主题教学。我们认为，也许正是芬兰这种遵循逻辑和教育研究的趋势和意愿，在其整个教育体系中进行革命性但完全合乎逻辑的变革，才是其在国际教育排行榜上一直名列前茅的原因。

2019年12月，我们获得了出席和参加在瑞典马尔默市和丹麦首都哥本哈根举行的“未来教室”实验室的机会，并在此向与会者列举了我校一些整体学习项目的成功案例。此外，我们还参加了许多引人入胜的研讨会和工作坊，在那里我们了解了乐高教育的 Spike Prime❶、人工智能教学神器Microbits❷、丹麦沙佩机器人公司（Shape Robotics）旗下的寓言机器人系列Fable Droids❸、Sphero Robots❹、激光切割机、3D打印技术和摄影测量。我们甚至还参加了一个团队建设活动，收获颇丰，在那里我们被要求必须在破坏者空间/创客空间利用回收材料来建造一个鲁布·戈德堡机械❺。为期两天的实践体验式学习活动在某种程度上是整合的，然而这些非传

---

❶ 乐高教育新推出的科创套装，针对中学生设计的STEAM学习工具，有马达、传感器和蓝牙连接，提供编程、动手构建以及团队协作等方面的课程，帮助他们更好地掌握和理解STEAM的概念。——编者注

❷ 面向青少年编程教育的微型计算机，只有信用卡大小的一半，却含有加速度传感器、磁力传感器、编程按钮等常用传感器设备。——编者注

❸ Fable是一个模块化机器人系统，允许学生在几秒钟内创建自己的机器人。学生可以将不同的模块组合在一起。——编者注

❹ 一款可编程机器人。——编者注

❺ 是一种被设计得过度复杂的机械组合，完成像倒茶、打鸡蛋等简单工作。——编者注

统的课程未必符合前文提到的五个层次的整合，因为在我们看来，它们属于另一个类别，尽管现实中很多情况下它们被纳入大多数与STEAM教育相关的学科中。

在后文，我们将探讨未来教育的不同途径，探讨人工智能、虚拟现实、增强现实和混合现实的迅速发展，以及它们在未来教育领域的假设潜力和局限性。这些新兴技术设备为体验式学习提供了充满前景的机遇，但它们有时很难被纳入前文所描述的不同整合层次。在本书中，我们将在某些情况下将此类工具用于进一步推进沉浸式体验学习方法的使用归类为"反学科"。尽管相关的学习方法，如游戏化学习或游戏式学习[1]，如今已经被包括在某些学科中，但我们仍将区分其在特定学习环境和背景中使用的教学潜力。但最重要的是，当我们使用"反学科"这个说法时，我们指的是什么？我们谈论的是整体教育的平行宇宙吗？其实并非如此。

麻省理工学院原媒体实验室主任伊藤穰一（Joichi Ito）表示，虚拟现实、增强现实和混合现实等合成学习环境的出现创造了"反学科"空间，鼓励学生在非概念、仿真的或虚拟环境中进行编程、设计、构建和创造，这些环境超出了学科行动。但是如果不带标签地考虑这些探索性学习行动，更多的"反学科"合成学习环境将与另一种类型的整合学习方法一起出现。他还建议，"教育的未来之路就是支持这种努力，在这种努力中，学习过程和同伴合作的价值高于证书和考试分数等最终产品"。日本公立函馆未来大学的研究人员认为，"这类环境加深了人们对技术的'沉浸感'，例如，当一个学习者进行虚拟交流或从事某种形式的身体活动时，无论是在多人游戏中还是在高风险的模拟仿真中，此人都将真正处于基于感官的状态"。此外，研究人员认为，这些非常规的另类工作空间并不适合现有的学术学科。

为了更好地让反学科的方法简明易懂，请和我们一起想象：此刻有一个正在玩电子游戏的青少年，此人正在获得在当前教育背景下被定义为反学科的知识，但这个年轻的男孩或女孩也可能正在发展最终拯救人类免受潜在威胁的技能，以便应付

[1] 又称悦趣化学习。——编者注

日后巨型小行星与地球相撞的情况。通过在电脑屏幕前练习数小时而获得的反学科技能，可能在某一天终会超越人们在此刻历史时段能想象出的价值。事实上，这个假设并非牵强，因为根据斯蒂芬·霍金的著作《十问：霍金沉思录》，在这个星球上，人类生存所面临的最严重的威胁之一就是有巨型小行星与地球相撞的可能性，就像大约6600万年前发生的那场碰撞，导致了最近一次的全球大灭绝那样。

显然，目前在任何学校的课程中，规避小行星撞击都不是一个课程主题，因为它包含了很多在研究生教育中才可能会涉及的基本原理，例如天体物理学。然而，教师必须明白，激发学生成为火箭工程师的兴趣火花，可能早就扎根于他们早期热爱的电子游戏，没日没夜疯狂追更的科幻小说系列中。让我们想象一下，这个年轻人在青少年时期玩电子游戏时所培养的天赋才能，早已强化他/她的战略技能、分析技能和运动技能，以至于他/她将被选中来执行太空编程、远程操纵火箭或者制导导弹的任务，以便及时转移或摧毁那些迫在眉睫的重大威胁。这就是我们在本书后文也会探讨反学科方法的一个原因，因为我们对好玩的（playful）概念、游戏式学习和教育游戏化的概念也进行了拓展思考。

在一个教师团队中，每个教师的天职和能力可能各不相同。他们个人的多才多艺程度可能受到多种因素的影响，比如经验和各自的教育和学识水平，但是我们不止一次在本书中强调要组建一个有能力、有准备、有热情的教师团队。这种教师团队组成并实现了一种集体努力，这将提升团队中所有人的个人成就，这将创造出一个整体，远超过任何可能的个人胜利。推而广之，这个联合教室的超级团队可以激励学生学习，并看到以不同形式合作的直观好处。

此外，人们正处在这样一个时代：有据可查的历史事件和科学事实很容易就被一些带有轻信特质和易被他人误导的个体网民重新阐释和驳斥。因此，我们要打造的教师团队必须在扎实的历史和科学根基上站稳脚跟。

整合方法的使用有可能对这些趋势产生一种反作用力，同时为学生提供正确的工具，以发展他们的审辨思维。他们将学会了解科学和伪科学之间的区别，因为他们学会了将其他人看起来似乎毫无关联的事物进行类比。那些人不曾体验过协作学习和整合方法所提供的知识碎片整理。例如，通过在教学中使用各种各样的方法和手段，一个协同的工作团队将设法同时增加学生对所有整合学科中心内容的理解和内化。

我们将在后文详细解释一个团队如何采用协作方法，会提到一个“史前—历史—现在—未来”的时间框架，共同帮助学生以更清晰的系统化方式吸收和组织所学知识。我们还会提到在各种传统上不相关的学校主题中强化发展的演化方面，这为发展替代性的心理路径提供了合适的条件，从而使不同的信息和数据之间产生更多相关的联系。教师与同行的沟通与合作对于发起、发展、实施、评估和改进任何类型的创新型整合性教学方法都是至关重要的，因为这些学科的重叠最终会给学习者带来一种协同效应。这就是为什么整个的协作性和整合性教学策略能够有效地培养审辨思维，因为它揭示了所涉及的不同传统学科之间相互联系的新途径，同时加强了对跨越传统学科边界的科学研究方法的理解。我们提供多个活动实例，进一步拓展这一观点。在这些活动中，协同效应通过同事之间良好的协作和整合规划而产生。我们将展示教师如何节省大量宝贵的时间，在维持旧时间表的情况下，能拥有更多的时间从事更多的可持续学习活动，而且这些活动实际上超出了各自学科的常规中心内容。这就为更多的动手实操和游戏活动留出了时间，这些活动将激发学生的热情，同时增强他们的自主学习体验。

什么是动手学习？

我们主张，企业界（商业团体）可以为年轻学生提供更频繁的自主学习交流，可以通过韩国发起的创业教育学形式的职场实习形式，而不是瑞典目前提供的为期两周的8年级的监督职场实习。换句话说，要准备蕴涵创业精神在内的教育计划。设想一下，一个教育机构被建设成一个孵化产业基地或一个技术中心，在那里，各组学生将在教师团队的监督下负责创办小型企业，这类教育机构实质上履行着促导者的角色。这种学习项目能做到跨学科基本上是以现实经验为前提，这不仅有助于学生发展创造力，而且可能还会创造出更勤勉的学习体验，从而无论是在地方市场、区域市场，还是在国内市场或国际市场上，都能孕育成功的商业理念。

随着瑞典国家4D Frame在线比赛“启迪想象力2020”（Enlightening Imagination 2020）的成功举办，我们可以想象到未来还会有更多的地区、国家和国际在线动手学习比赛。此外，这类赛事的成功举办向我们展示了在使用4D Frame等材料的同时，用于自主学习的数字研讨会将变得更加普遍，因为学生会被鼓励去录制关于如何构建不同原型并描述其目的的视频教程。可以说，任何有机会获得教学材料以创建不同原型的人都可以参加远程研讨会，在那里，讲师将在现场会议、网络研讨会或预先录制的教学视频中为参与实践创意研讨会的学生提供建议和支持。

时间框架

对于一名历史老师来说，很容易看到使用事件的时间顺序作为工具来创建一个叙事的优势，这将为教学大纲的内容提供清晰性和连续性。但对于数学教师、自然科学教师或语言教师来说，理解如何让时间框架成为可持续学习的优势不是一件容易的事情，尤其是在工作团队的协作规划中使用该框架时。我们会在后文提供许多例子来激励教师应用集体教学方法，因为使用这种渐进式教学法的优点是防止知识碎片化，并且帮助学生看到更大的图景，而不是专注于特定的孤立主题。

当我们在协作性、整合性、反思性、建构主义和探究性学习方法中定义时间框架的各种目标时，我们将彻底展示这种方法的效率。为了提供一个协作时间框架的具体示例，让我们使用一个扩展的历史年表作为画布，在一个工作团队的同事之间进行假想的协作规划。为了说明这种大胆方法的主要优势，让我们以一个学生年龄在12到16岁、为期3到4年的学习周期为例。在这个年龄段，学生们在瑞典教育系统中上初中。在瑞典，7年级是7至9年级学习目标新周期的开始。我们学校使用的历史教学大纲采用了事件的时间顺序，而这个3年周期的内容基本尊重了从史前到当代的历史时间线，只有少数例外。例如，在中学的第一年，教师应该讲述人类的起源，谈论人类迁徙、狩猎采集社会、游牧民族、植物和动物的驯化、第一批城市和第一批文明的出现。在这之后，还有专业化的空间，描述美索不达米亚、古埃及和古代中国。随后，我们必须从希腊、腓尼基人开始介绍古代，然后通过深入研究罗马共和国和帝国的历史来完成第一学年的学习。第二个学年，我们将学习欧洲的黑暗时代和伊斯兰的黄金时代。在这一点上，为了避免陷入欧洲中心主义的陷阱，简短介绍有关平行全球事件来提供比较分析的工具是至关重要的。历史课要讲玛雅文明的古典时期、中国古代的唐朝和宋朝、印度次大陆、非洲王国、日本古典时期、高棉帝国、朝鲜半岛上的三国时代等。只有学完这些之后，才有必要探讨欧洲的中世纪、文艺复兴、启蒙运动、美国独立战争、法国大革命和海地独立运动、包括维多利亚时代在内的工业革命、万国之春，并以美国南北战争的讲述结束这一学年。第三个学年应该从意识形态的出现开始，接着讨论军国主义、军事联盟、帝国主义和民族主义的兴起，导致第一次世界大战和俄国二月革命与十月革命的爆发。然后，对两次世界大战之间的时期进行研究，作为第二次世界大战的长篇介绍。该学年的其余时间则专门用于学习冷战和现代史。当然，这是一个非常简洁和严格的计划，以瑞典奉行的中学3年教育周期为基础，但它可以轻松地适应世界各地的其他学校系统。

在我们看来，这种完全按时间顺序排列的全球文化、科学和技术发展框架，最好能够成为整个学校课程的基础和支柱，让所有传统学校学科（不仅仅是历史）都能在一个灵活的、主题化的、整合式协作的和可持续的基础上设计其教学大纲。我们打算在未来的著作中详细阐述这一基于时间框架的协同课程的大胆想法，并用模型加以说明。

为了实现卓有成效的整合性学习，在同事团队中进行跨学科的协作规划是绝对必要的。因此，最重要的是，团队中的教师要聚在一起，审视他们各自的规划，一起为每个学校的各个年级组织出一个一般授课内容，授课周期最好持续3年，将每个学科与其他所有学科结合起来，并在每个教育周期的开始，组织教师们就各自的核心教学内容的方式开展应用时间框架和演化的描述。这种同事间的协作方式不仅加强了团队或部门内的团队精神，还可以在不同的学习目标之间创造凝聚力，并为学生进行观察提供了一个富有成效的协作范例。

通过仔细分析每个学科的每个学习目标，同事团队需要以一种更灵活的方式组织他们的学科间教学计划，其中需要一个能够贯穿整个周期的时间主题。打个比方，他们需要创建一个连贯的叙事，来推动演化时间线帮助学生获取知识的理念。随着学生学习的加深，他们需要掌握的概念，从基本概念到复杂概念，都能在这个演化时间线里找到。

这种协作式的整体规划需要包括大量的灵活空间，从本质上讲，跨学科需要成为整体规划的核心，同时整体规划还需要为大量的调适和个性化留下空间。为了避免在复杂的协作教学中出现太多相互冲突的想法，给每个团队的第一个也是最重要的建议是：首先要按时间顺序安排工作，因为整个“画布”需要尊重某种类型的顺序，为了以和谐的方式实现这一点，强烈建议从查看历史时间线开始。

如果假设可以在学生们不学习任何事实的情况下，就指望他们能培养出时间意识，学会创造性写作，学会像科学家一样思考，那么我们就是在讲天方夜谭。我们敢保证，他们学不会任何技能。

人类理解过去的能力受到他们对现在的信念和对未来的展望的影响。因此，过去对我们今天的生活以及我们对未来的选择会产生巨大影响。身处各个时代、各个年龄的人们都创造了各种故事或叙事来解释现实，并形成一种集体或个人身份，这有助于界定他们对世界和周围环境的看法。拥有一个内容丰富且清晰的历史视角，可以为人类提供必要的工具来理解现在，并塑造他们对未来的渴望。

掌握在各种学科中重建演化模式的技能，同时使用时间线和年表来组合有意义且有吸引力的叙事，可能有助于增强知识的留存，并有助于避免思想和其他发展的分割。通过在学校的所有科目中应用相应的时间线的方法，或者更好的是，采用一种完全跨学科的方法，教师也可以避免剥夺学生对过去、现在和未来的理解。为了实现培养学生掌握适当排序技能的目标，教师必须避免时代错误，并赋予学生关于所有事物的历史时间线的准确观点。

使用众所周知的数学模型，有助于理解不同度量单位和尺度，我们将提供简单的建构主义示例，这些示例可以应用于我们所倡导的时间顺序方法。在自然历史的时间线上，生活在21世纪的人类与君王暴龙（又称霸王龙）的时间距离比霸王龙与剑龙的时间距离更近，这常常显得违反直觉。事实上，这种类型的认识对于理解史前时间尺度与历史时间尺度是真正有益的。当学习者了解到霸王龙存在于6800万到6600万年前，而剑龙大约在1.5亿年前灭绝时，就推翻了所有恐龙种类都生活在同一时期的假设。对其他类似的时间尺度的误解也可以相应地被推翻，例如，比起大金字塔建成的时间，生活在21世纪的人类更接近埃及艳后所处的时代。这一认识肯定会加深教师对年表重要性的理解，也会加深教师对在脑海中构建的扭曲的时间尺度的理解。与此同时，它还有助于学生理解古埃及文明所涵盖的时间跨度有多大，以及其历史时间框架和历史重要性。

图2.9 埃及艳后（克利奥帕特拉七世）生活在公元前69年至公元前30年

埃及艳后（克利奥帕特拉七世）生活在公元前69年至公元前30年之间，距今约2050年。与此同时，埃及三大金字塔中最大、最古老的一座花了20年的时间建成，在公元前2560年建成后长达3800多年的时间里，它一直是世界上最高的人造建筑。

同样，2022年最长寿的在世者的出生日期更接近巴士底日的起始（1789年法国大革命之后），也更接近乔治·华盛顿就任美国第一任总统的日期，而不是更接近现在。事实上，田中力子（Kane Tanaka）是一名出生于1903年1月2日的日本女性，她的出生日期距离2022年，比上面提到的两个历史事件更远。但是，为什么人们对时间尺度的扭曲看法会对人们对于年表的理解产生深远的影响，而改善时间尺度又如何帮助人们获得更持久的学习体验呢？在接下来的章节中，我们将提供大量的例子，说明在整合性学习活动中使用时间顺序方法如何在思想、概念的分类和整体可持续的知识获取方面发挥重要作用。

一个见闻广博的学生，如果了解演化过程和与之相关的时间顺序，就会毫不犹豫地对一些虚假两难困境（false causality dilemma）的问题做出回答，诸如自古以来就有的悖论“先有鸡还是先有蛋？”。通过了解达尔文演化生物学的时间维度，他/她会自信地回答：肯定是先有蛋啊！因为在任何一种鸟类开始演化成某种形式的能下蛋的原鸡之前，蛋就已经存在了3亿多年。人类在印度河流域通过人工选择的方式，对原鸡进行了驯化和杂交，距今也不到8000年的历史。而且，即使问题具体涉及鸡蛋，答案显然仍是蛋。这个看似无法解决的问题，很容易被那些采用时间顺序方法为基本概念的人解决，他们按照时代划分进行演化论叙事。

还有一个有趣的概念化尺度的方法，就是在教室墙壁或学校走廊的地板上贴上7.8米长的遮蔽胶带，每一米代表10亿人，胶带的总长度代表了世界人口的总数量。在它的帮助下，学生能在脑海中想象出世界各个国家的实际人口比重，从人口最多的国家到人口最少的国家。学生可以从胶带的一端开始，先为世界上人口最多的国家涂颜色，以此类推，然后在胶带的另一端为那些人口最少的国家人口数量总和创建类别。比如说，让学生从胶带左侧开始，先把1.39米的涂色区域涂成红色代表中国人口，再把1.35米的涂色区域涂成绿色代表印度人口时，学生们就会自动理解这两个人口大国令人瞩目的分量。之后，让学生把33.1厘米的胶带涂上蓝色来代表美国，接下来用27.3厘米的涂色区域代表印度尼西亚，22厘米的代表巴基斯坦，21厘米的代表巴西，以此类推，同时遵守按人口划分国家的顺序。这种类型的建构主义学习活动会对学生产生持久的记忆效果。

培养自主学习能力和创造力

在一个不断变化的世界里，最重要的能力可能是学会如何学习。随着时间的推移，成为一个自学成才的人可以提供最高程度的个人自由，还可能会促进社会流动性。然而，必须要警惕对自主学习的概念完全不带偏见的理解所带来的危险，这种理解可能会使未来的学习者身陷“成为自己教育的唯一管理者”的危险境地。

当代形式的“教育达尔文主义”有时在自动形成和自主学习的旗帜下发挥作用，这可能会导致我们忽视或抛弃那些因缺乏个人资源、动机或信息而无法转向自主学习的学生。尽管如此，自我教育的概念（也被称为自主教育）可能仍然是终身学习的关键，学生所获得的实验技能将终身受用。那么问题是：教师如何通过培养学生的自主学习技能和自我实验（auto experimentation）来培养好奇心？因此，这一过程将刺激学生努力发展他们的创造性或发明的才能。创造性是指将不同的、独立的或未知的元素结合起来，从看似不相关的事物中创造出有价值的新东西。这是一种精神胶带。正如亚里士多德所说："整体大于部分之和。"

我们认为，通过实验和关注过程而不是结果，可能会使学生的学习曲线产生指数级的增长；我们也相信，正式的传统教育可以成为培养教学技能的载体，在学校里，自我实验可以成为日常课程的一部分。帮助学生养成勤勉的职业道德，通过在观察学习的同时不断寻求新的信息也至关重要。同时，我们还强调记笔记和思维导图在自主学习中不可忽视的影响和重要性。

人们收集的大部分知识和信息现在都可以免费提供给任何有互联网连接的人。换句话说，自从互联网发明以来，人们已经不能为不能持续地了解信息找任何借口了。因此，每个人现在都有成为自学者的倾向，学习领域因个体的兴趣而异。我们认为，在收集信息时人类的大脑充当硬盘或数据库的角色，但在学习时，世界需要什么，个人应为什么而奋斗，应该来自对自然世界、环境现实和我们所生活的时代的观察。

就像总有人希望自己可以学会演奏一种乐器一样：任何时候开始都不算晚，但前提是他们需要在后续的生活中进行大量的练习才有可能学会，而那时他们也许会发现自己的空闲时间很少。自主学习有一种酸楚，即无论一个人读了多少音乐理论的书籍，都无法完全取代学习乐器时使用的主动方法。

一个自学成才的人，在任何领域都可能比那些依靠他人或自己的社会背景学习的人更容易成为一个万事通，更容易克服机会差距。受过教育的人并非无所不知，但是他们知道这个领域有哪些信息、如何获取信息。有一说法很流行，爱因斯坦曾经说过："你不必知道一切，你只需要知道在哪里找到它。"在爱因斯坦的时代，求知欲旺盛的人会使用图书馆提供的图书归档系统借阅资料。而在今天，大多数人都能通过强大的搜索引擎和互联网随时获取信息，甚至是国际上的信息，获取信息变得非常容易。

教师们经常听到学生们问："（我们学的）这些知识在现实生活中什么时候才能派上用场？"反思这个问题，你可以想象这样一个场景：一个孩子在家庭聚会上听叔叔拉小提琴，时间不到10分钟。当时没有人意识到，这件事对那个孩子来说可能是改变人生、启迪人心的一个经历：几十年后，这个孩子成长为世界上最伟大的小提琴演奏大师。参与教育的教师可能会对学生产生改变一生的影响，而这种影响教师可能并没有意识到。例如，教师可能会带一群学生去看一个艺术展览，而教师完全不知道，某个学生可能会在一瞬间被一幅画作或雕塑的美感所打动，从而穷尽一生追求视觉艺术。对于不常探索大自然的学生来说，去附近的自然保护区进行研学活动可能会让他们大开眼界，并激发他对生态保护和濒危动植物保护的终生兴趣。还有一个例子可以说明，一个学生可能在教师一句即兴评论的鼓励下，成长为著名的科学家，解决一些迄今为止无法解释的科学难题。

自学法还培养了学生从自己的生活经验中学习的能力。不过，这通常是学习者自身特性的结果，即启动与自己的体验过程相关的学习行动。与之前描述的体验式学习不同，自主学习是一种有意识的学习行为。自学绝不是偶然发生的，因为它取决于学习者的主动性。事实上，自主学习不是被动吸收知识，相反，它是一项有意义的活动，会使自主学习方式自动化，也就是说，利用情境促进自身发展的能力。路易斯·兰丁（Lois Lamdin）做了一项深度调查研究，结果显示，旅行被列为最受欢迎的学习方式。"旅行是对衰老最好的报复，当我们旅行并进入陌生的环境时，我们会重拾儿时的好奇心和发现感。我们有意想不到的收获，当时钟慢了下来时，生活似乎都扩展开了。"这种学习不仅与你去过的地方有关，还与你遇到的人有关。人人都像一本摊开的书，里面充溢着各式各样的新体验，每当你敞开心扉遇到一个新的人，你就会从他们身上吸收一部分知识和生活经验，从而扩充自己的学识，而这对于独自学习而言是非常具有挑战性的。在这本书中，我们主张人类在一起学习以及相互学习是最有效和最可持续的。事实上，根据尤瓦尔·赫拉利（Yuval Harari）的说法，正是人类这种集体学习的能力使我们与其他物种区别开来，并“使我们占据上风”，从而导致了我们星球的完全殖民化，进而导致了地球的枯竭。“人类很少独立思考。相反，我们是集体思考……没有一个人完全知道建造大教堂、原子弹和飞机所需的一切。人之所以能超越所有其他生物并成为地球的主人，可能并不是因为我们的个人理性，而是因为我们在大群体中共同思考的无与伦比的能力。”这种能力为我们提供了一种可能性，最初通过故事，后来通过书籍，然后通过现在的互联网，将我们的学习成果储存下来，传递给下一代。

从这个意义上说，这种主动的学习方法会确保学生获得三种有用的技能：行动力、内省力和适应力。行动力源于学习者自己的主动性，从而努力寻找执行学习过程中所需的资源和信息。如今，通过学习在线教程，学生自学和掌握新技能变得比以往任何时候都容易。为了培养这种可持续的学习习惯，教师应该鼓励那些往往觉得自己学习到很重要的东西的学生，并且激励他们坚持发展其自学获得的新技能。教师必须能够认识到这些学习情境的意义，并帮助学生充分利用每个学习机会，即使它们超出了教师自己的学识或经验。举例来说，许多教师已经认识到像《我的世界》（*Minecraft*）这样的电子游戏可以培养学生养成可持续的学习习惯；正如《我的世界》教育版中利用了化学等学科知识，帮助学生们培养出空间技能和时间技能，这样，玩过《我的世界》的学生在学习使用草图大师（Sketchup）之类的绘图软件进行素描和架构操作时通常没有什么困难。

内省力是发展分析技能的关键，因为它是一种识别、质疑和评估自己经验的能力。特别值得一提的是，它能够在实践中更好地使用自学技能和资源。适应力是用经验学习来调整和改变学习方法的过程。就像达尔文的自然选择过程一样，有效的学习方法被保留，不成功和低效的方法被丢弃。然后，最有效的学习活动帮助学生发展出自己特有的可持续学习风格。

然而，我们往往需要回归古典教育的基本方面，以便继续向前迈进。在提出关于技术或教育工具的选择问题之前，我们必须扪心自问，普通人的大脑是如何学习的。为了研究这个问题，我们翻阅了过去几十年认知科学领域的一些研究，试图找出与教育目的相关的可持续学习的一些支柱。黛西·克里斯杜卢（Daisy Christodolou）教授认为，当审视有关大脑如何学习的科学证据，以及许多教育系统的设计时，我们不得不得出结论——我们的教育系统的基本理念存在缺陷，在许多情况下，这些教育系统甚至起到了阻碍教育的作用。

即使说每个人的学习方式各异已经有些陈词滥调，但人们的共同点可能比我们想象的还要多。每个人的学习方式固然存在差异，但是人们的共同点可能更多，这是最近强调的一个事实，我们打算在本书中详细加以说明。

一群专业教师合作，为学科整合做出贡献，学生从中受益匪浅。通过这种方式，如果教师们共同努力，那么学生就有可能获得真正全面的、可持续的自主学习体验。这一整合过程会在不同阶段发展演变，最终目标是创造更多的协同效应。一旦教师认识到专业化的需要反而会适得其反，并且每个人都能从中小学阶段学科内教学方法的中止中受益，他们就会开始参与整合的第一阶段。多学科的方法并不局限于某一学科，但随着多学科教学方法逐步整合重叠的主题，它就会逐渐演变成一种跨学科的方法，在教授某些主题时，两三个学科被完全整合。由于这一过程是在一个工作团队内进行的，一些平行的学科间项目可能会开始并入其中，从而演变成更广泛的跨学科方法，大多数学科都可以纳入其中。整合的最后阶段将包括社会情感方面、学校价值观和办学理念等，最终走向更整体和可持续的发展。

关系型教学的影响因素

在学校环境中，最富有成效的合作类型是教师和学生在日常互动中形成的。这就是我们所说的关系型教学，它创造了一种信任的纽带，对学生和教师都有好处。

如果我们的目标是发展一个真正整体的、可持续发展的教学法，那么这一点是最重要的考虑因素之一。研究证据表明，没有信任的基础，学习和教学几乎是不可能的。这需要双方努力在课堂之外建立对话，比如在课外活动或是午休期间。通过花时间谈论与学校无关的内容，学生们为更好地适应更个性化的学习体验做了很多话题铺垫。最好的关系型教师和教育工作者是良好的倾听者，他们知道如何根据学生不同的兴趣领域与他们建立联系。例如，教师知道某个学生喜欢骑马、绘画、烹饪，或者是韩国流行音乐K-POP的超级粉丝，或者知道另一个学生是个足球运动员，喜欢杜波斯特泊电子音乐、《神奇宝贝》、《我的世界》、弹钢琴和越野滑雪，这对教师来说是非常有价值的。从每个学生的课外兴趣中了解到这样的随机信息，可以让教师从不同层面触及每个学生的能力。教师与学生交流的能力也得到大大提升。这样一来，教师就更容易根据学生的个人兴趣和热情来调整教学方法。与此同时，学生也意识到教师的兴趣，意识到教师不仅只是知识的提供者或评估他们进步的人。这种形式的“教师资本”对于发展良好的关系型教学法至关重要。学生和教师之间的关系对学生的内在学习动机有着积极的影响。除了传授知识和技能之外，由于教师在教育过程中与学生长期接触的频率和连贯性，他们也逐渐变成变革的推动者。这就是为什么一些研究表明，与每学年都换教师相比，在两到四年的较长时间内都不换教师对学生而言是更为有益的。师生关系的质量会体现在学生的行为上，寻求教师认可的学生在完成学校任务时倾向于采取积极的行为，努力超越自己。他们往往倾向于表现良好，培养自律，因为他们将教师视为友好的人物，而不一定非要和教师成为朋友。积极关系的好处体现在亲近感的发展上，共同的动机促使学生朝着共同的目标努力。学生在学校、课堂之外寻求与教师进行更加非正式的接触，但同时保持着适当的隐私水平。师生关系是学生学业成功的关键因素。不论是什么学科，也不论教师使用的综合教学法的水平如何，双方都需要依赖关系型方法来使所获得的知识有意义且可持续。学生必须与他人一起学习，通过他人学习，向他人学习。这就是为什么关系型教学法的合作方面不应局限于师生之间，并且还应该鼓励在生生之间发展出类似的合作和关系。教师必须成为倾听者，鼓励学生，并帮助他们在自己的学习过程中变得更加自主和负责，同时确保他们学会更有效、更民主地合作。数字教育平台的快速发展并不是这些关系型教学法发展的障碍。然而，那些适应多媒体教育和关系型教学法速度较慢的教师，可能正面临着锯掉他们正舒服地坐着的树枝的风险。如果他们坚持一意孤行，简单授课，照本宣科，将学生当作被动的听众，要求他们进行实操练习、标准化测试和基于事实的口头陈述，以评估学生短期记忆知识的能力，那么这些教师可能很快就会承受不与时俱进的后果。

众所周知，抗拒变化是人类的天性，但适应能力是生存的关键。这就是为什么不论关系远近如何，开发一种良好的关系型方法都可能是设计一种更好的适应性教学法最重要的手段，这种教学法有可能提供真正的整体学习体验。即使在未来，随着教育数字化程度的提高，最好的专家在线授课，最好的跨学科项目由远程操作的专家组呈现，教师数量将大幅锐减，但在那时，也将需要更多的助教或导师，他们将担任促导师的角色，在学生的自主研讨会、自主实验室或其他跨学科项目中提供辅导。这种由监督促导师（Supervising facilitator）领导的新型课堂指导制度（class mentorship），将为师生双方提供更多的时间来发展可持续的自主学习所需要的良好关系，而高度专业化的教师将提供不同学校学科的理论内容或整合学习项目。需要指出的是，在学校的行话中，“提供”一词往往意味着“强加”，通过让远程专家“提供”一些“枯燥理论”，监督促导师将有机会进一步与学生发展良好关系，同时通过持续的有建设性的反馈专注于辅导工作。把促导师从教育的理论部分中解放出来，他会有更多的精力发展教育中的关系，提供学习体验。

尽管我们经常看到有教师试图通过解释、练习和背诵课文来恢复传统的学习方法，但留给传统教学方法施展的空间越来越小了。在传统的教学方法中，学生可以简单地通过反复背诵教学大纲的内容来获得高分。尽管这些方法经常能让很多家长满意，他们可以放心地将孩子接受的教育与自己小时候接受的教育进行比较，但老旧的定量评估方法已经迅速被更可持续的定性评估方法所取代。我们也见证了一个相反的趋势，即网络教程正在取代长时间的现场讲座。这些多媒体讲座可以在跨学科的背景下由一群专家提供，他们比普通教师更有条件、更有资格、更有能力。在本章中被描述为“普通”的教师往往是优秀的教学人员，他们在教育方面已经具备高资质，但他们未能发展出成为某些学科专家所需的专业知识水平，或者未能发展成为提出影响深远的跨学科项目所需的全能型人才。这些“普通”教师将见证他们的角色转变，他们会变成某种类型的教学项目领导者，使用跨学科和整体的教学方法，同时负责评估学生的进步，确定他们的需求，评价他们的能力水平，而不是负责教授理论。跨学科和整体项目将在性质上更加“全球化”，侧重于团队合作方面，侧重于发展协作方法和相互支持。当然，我们假设学生将始终与学校设施联系在一起，无论将来为他们提供何种程度的远程讲座。学生必须定期到学校来参加研讨会，合作参与项目，走进实验室，进行考试或口头陈述。学生还将与他们的推荐教师、导师或项目负责人会面，进行一些讨论和阐述，提出问题，得到答案，并获得有建设性的反馈。这种增强型关系型教学法的出现为真正的可持续的自主学习方法打开了大门，它的出现帮助我们在未来更大程度地培养学生的创造力，还将在课堂环境中开启多扇社交互动之门，无论是面对面的，还是在线的。

谦逊的教师

在传统的学校里，教师永远不会受到质疑，课堂上的师生等级也不会给学生太多纠正教师错误或争论自己观点的空间。与此相反，我们鼓励教师具备谦逊的品质。为了在教师和学生之间建立信任的纽带，关系型教学应该建立在对话的基础上，在这种对话中，教师并不总是真理的最终来源。为了实现可持续的学习，学生必须感到他们可以与教师的意见相左，而且如果教师犯了错误，他们也应该得到鼓励去进行纠正。

即使是世界上最好的教师，也难免偶尔犯错，应该鼓励学生礼貌地指出这些错误，而不必担心被教师或学校领导羞辱或训斥。表现出这种谦逊的品质，可以成为教师的一个强大的教学工具，因为这也是一种为学生赋能的方式，让他们对自己的发展有一定的控制权。一个想赢得学生尊敬的教师，应该在学生设法发现他们所学内容中的不准确或谬误之处时，鼓励并奖励他们。教师不仅要鼓励学生从教师的授课内容里找到这些问题，还应鼓励他们质疑教科书或用于研究的文章和文献里的内容，以此作为审辨思维发展的基础。学生必须在发现推理中的缺陷的时候，能感受到来自教师的鼓励，这样他们就能在鼓励的环境中发现他们所读、所听、所看的一切中的逻辑谬误和确认偏误。

如果一个教师真正称职，那么在与学生建立了良好的关系后他/她通常会意识到，出于不同的原因，学生可能会对特定的学科或主题更加了解。这可能适用于大多数（如果不是所有的话）主题领域，我们来看几个例子：

- 音乐：比起他们的教师，有些学生更擅长弹奏某种乐器，他们更具有音乐素养，乐感更好，能将某位艺术家或作曲家的作品演绎得更悦耳动听。

- 科学：有些学生的父母可能是某些领域的专家，他们的父母会通过餐桌前谈话等方式教给孩子关于某些领域的前沿新知，这种知识量即便一线教师参与诸多培训后也很难达到。

- 学生背景：比起从未接触过相同类型生活经验的教师，学生的背景支持他们对某些话题有着更为广泛的看法。

作为一名教师，谦逊就是要有自我意识，愿意向学生学习，这样教室里的每个学生都会从师生之间建立的对话中受益，课堂也将成为一个可以表达想法、辩论观点、复查事实和质疑既定方法的安全空间。所有这一切都在发展更加民主的学习体验。

心无偏见、谦逊的教师会鼓励学生质疑一切，而学生应该问的第一件事就是为什么他们要质疑一切。衡量教师在这方面成功与否的真正标准，是能否让学生发展出敏锐的怀疑精神，同时保持高度的开放心态，而且不会变得愤世嫉俗。不张扬的教师会通过鼓励学生反复检查所学知识的方式，大大促进学生发展审辨思维能力。教师赋予学生真正对学习过程做出贡献的能力，这会增强整个学习体验的可持续性，因为它为自主学习的定义带来了一个新的维度。

伯乐教师的伯乐能力

优秀的教师都善于在学生中发掘人才。如果教师能了解到不同学生群体的不同技能，那么对整个班级都是有益的，最重要的往往是要了解到学生的热情、爱好和一般兴趣领域。有几种方式可以帮助教师培养出识别学生优势和不同层次的多才多艺的能力：应用关系型教学法，向之前教过这些学生的同事们取经，与学生家长建立良好的沟通。教师在评价中要考虑到课外活动的方方面面，这一点很重要。教师对学生的课外活动和兴趣了解得越多，他们就越有能力分配对团队或班级中每个人都有利的资源。这种伯乐能力对于组织高质量的团队合作或任何类型的团队建设活动都至关重要。善于发掘人才的教师通常更善于分配角色，角色的对号入座将有助于团队或班级中每个人的长期发展。

专家型教师的策略是根据学生习得的知识、才能和兴趣来分配合适的角色。它为组建团队提供了多种新的可能性，在这些团队中，邀请已经在某些方面掌握一定技能的学生在小组的学习过程中发挥领导作用。此外，在建立团队时，教师可以为那些需要发展某些能力和技能的学生分配角色，让他们在工作团队中得到达到“熟练”水准的同学的间接指导。这通常会创造出一种有利于通过渗透学习的群体动力。它提高了需要额外刺激的学生的接触水平和沉浸程度，同时还为需要更多支持的学生提供了直接从同学那里获得知识的机会。这种辅导方法有助于培养团队中所有学生的自信心，因为在整个过程中，大家都会意识到，团队中的每个人都有东西可以教给团队中的其他成员。这种主动的学习方法对参与学习过程的每个人都有好处，尽管他们各自的能力、技能和总体知识水平不同。

打个简单的比方，教师扮演的是教练的角色，他/她能够制定策略，使其团队中的每个人受益，或者在这种情况下，使其班级的每个人受益。教师就像一个运动队的教练，他能够在正确的位置上派遣正确类型的球员，以利用每个球员的技能、天赋和能力。同时为了整个团队的利益，用更有天赋或更稳健的球员包围一些“弱者”，最终目标是发挥每个人的最佳能力，同时努力达到胜利的共同目标。相比之下，本案例中的共同目标是推动可持续自主学习。有了这种方法，就没有必要在团队内进行内部竞争。相反，它加强了合作，有助于每个人的发展。此外，也没有必要与对手竞争，因为目的是实现一个振奋人心的共同目标。集体竞赛仍然是加强班级团队精神的一个好方法，它是激励的源泉，也能让团队更具备凝聚力。当与来自不同学校的其他团队或班级进行某种类型的比赛时，学生也会获得一种归属感，类似于他们作为球队运动员参加比赛所获得的归属感。这种推动团队建设方法的运用，预示着教师不提倡学生们在他们的团队或班级内相互竞争。团队中培养协作技能，培养团队精神，实际上是此类团队活动最重要的学习目标之一，这将成为每个参与者灵感和动力的重要来源，并有可能使任何项目都成为真正可持续的学习体验。对于大多数成年人来说，关于上学的记忆，让他们最刻骨铭心的往往不是那些日常生活或学校日程的常规活动，而更可能是参加一场戏剧演出，去有趣的地方研学旅行，参加慈善活动，举办校园迪斯科，在年中庆祝活动中表演一首歌或一支舞，做一档学生广播节目，或者只是参加一个团队竞赛活动，例如他们的班级或他们的团队在科学展中与另一所学校的学生竞争。

通过运用运动心理学的核心原则，教师明确表示，在任何团队建设活动中，每个人都将从相互激励中受益。一个团队的好坏取决于它最弱的球员，这种说法虽然已是老生常谈，但一旦学生明白了这一点，他们就会承担起责任，确保团队中没有人掉队。他们都将从互相帮助中受益，实现共同的目标。无论最终目标是否是赢得比赛，最重要的结果是通往目的地的“方法”，而非目的地本身。有时，学习目标只是一个简单的目标，但在学习过程中，所有参与者都会获得知识。无论目标是否达成，每个人都能从这样一个包容的、可持续的、主动的学习过程中受益。

什么是卓越教学？

也许远程学习可以为更多的学生提供机会，让他们接触到教学优秀、智力卓越的教师。这些卓尔不群的教师，受过良好的教育，而且资质优越，很是鼓舞人心。我们要达成的目标不是让普通教师为大多数学生授课，而是为最出色和最称职的教师提供更广泛的受众，我们可以提高众多课程的理论和教学部分的整体质量和平等性。我们建议，通过网络研讨会、视频教程或在线直播讲座等方式集中讲授理论内容，当学生参加精英教师举办的数字研讨会时，将会给体验式学习和动手学习分配更多的时间。换言之，让最具启发性和最有能力的教师来负责理论和教学环节，让资质较弱或经验不足的教师在线上线下课堂作为促导师，在实践创意研讨会上帮助学生，并且他们不需要发展各种学科的专业知识。这也有助于在更多的机构中保证教育的公平性和质量。

在这种拟设的教育体系下，更为关键的讲座将由所谓的专家型教师讲授，从而为更多的学生提供优质的教学。这些讲座可以采取类似于TED演讲、TED教育（TED-Ed）或科普短片《简而言之》（*Kurzgesagt*）等教育互动视频的形式，学完之后，学生们能在互动数字平台和小组合作的帮助下实践他们所学的知识。

当学生被要求评价教学质量和教师能力时，他们的评价与其成就水平之间存在明确的相关性。这意味着学生在很大程度上可以认识到教师的优秀，并知道教师需要什么才能使自己的学习有效。约翰·哈蒂指出，教师需要从学生的角度理解学习是如何发生的。丹尼尔·缪伊斯（Daniel Muijs）和大卫·雷诺兹（David Reynolds）警告说，要防止学生的评价变成人气竞赛，若想获得有效的评价，必须设计非常具体的问题。如果学生能理解教师要求的是哪种类型的回答，那么学生对教师表现的评价就可以作为一种重要的反馈机制。

约翰·哈蒂区分了“专家型”教师和“资历型”教师，强调我们应该关注全世界所有学习者差异的最大来源：教师。他进一步列举了专家型教师与资历型教师的不同之处，特别是在他们的课堂呈现方式、他们给学生的挑战程度，以及（最关键的）学生深加工获得的知识等方面。仅仅根据教师经验的多少，就认为所有的教师都具有同等的能力，这是毫无道理的。事实上，为什么教师行业是一个没有差异的行业呢？在瑞典，人们普遍认为所有教师都是平等的，有必要根据教师本身和他们的相对经验（即工作时间）来提高他们的地位，而不是根据他们的个人素质特征，以及他们在教学专业各方面从超过自身素质的同事那里学到的东西。瑞典的学校管理机构以及教师工会，可以通过分析、识别、描述和激励专家型教师的特点，来刺激更多教师成为专家型教师。

某些其他教育体系，特别是那些在国际学生评估项目或国际数学与科学教育成就趋势调查（TIMSS）等比较项目中国际测试成绩远远超过瑞典的教育体系，对这一问题的处理方式截然不同。以邻国芬兰为例，在教师上任前进行深入的教师培训似乎是他们管理相关问题的首选方式。所有芬兰教师，甚至是小学教师，都曾用五年的时间获得教育硕士学位。虽然很少有数据可以证明芬兰在教师任职前和任职期间高标准培训的相对影响，但不难想象，这种做法在极大程度上奠定了教师在芬兰的社会地位，使得教师成为一个让人艳羡的职业。

日本在鼓励优秀教师的问题上采取了与芬兰截然相反的方式，但结果却相当相似。教师是集中聘用的，可以被调动到最需要他们的地方；他们似乎对于自己的位置没有太多发言权，而这一切都是为了学校和教育的整体利益，其理念是没有一所学校应该拥有所有“最优师资”。日本还有一个系统，由专家型教师为所有学校的教学计划提供信息，这些计划被集中存储、精心设计、评估和调整，所有教师都可以从中学习和使用。

那么，我们怎样才能更好地鼓励卓越教学呢？一种方法当然是定期分析和确定自己所在组织或监管机构所在国家的卓越教学。在这种卓越教学的标准被确定后，必须对它进行细致入微的描述，这样每个参与者都能非常清楚地知道，是什么让这种教学被标记为“卓越”，而不仅仅是“令人满意”。在分析和确定卓越教学时，我们必须清楚地意识到，卓越教学可以有多种形式，成功的教师随时需要多种可供选择的教学策略，教师们真正需要的是更好地相互学习，更好地从相关的研究和文献中学习，了解到哪些教学策略有可能带来卓越的教学效果，而哪些不行。安迪·哈格里夫斯（Andy Hargreaves）还记得高中时一位教师对他的影响，“想想你在工作、家庭或是休闲方面的兴趣。然后想想是谁带你初次了解到这个兴趣的，那人很有可能是老师。我们常说，良师会追随学生的兴趣，而真正的良师还会激发人们新的兴趣，这些兴趣有时会持续一生，影响成年后的激情、职业选择等，有些可能会贯穿一生，并传递给后代”。一旦我们清楚了卓越教学的真正内涵，我们就必须制定明确的策略，通过赞扬我们期望的实践，谨慎地引导和鼓励同侪学习更成功的案例等方式，来鼓励发展专家型教师的所有特质，此过程类似于我们鼓励学生发展基本能力的方式。根据卡罗尔·S. 德韦克的观点，表扬努力比表扬成绩更加有效；如果有一个更清晰明确的鼓励卓越教学的程序，就可以指导更多的教师表现出卓越教学的特质。教师们之所以挣扎或失败，并不是因为缺乏努力，而是因为缺乏更明确的反馈、支持和指导，让他们能够为进步而努力。正如牛顿所说，我们是站在巨人的肩膀上学习的！

第3章 方法论

自主学习

游戏性、参与性和项目式学习

在本章中，我们将提倡一种项目式的自主教学和学习，我们认为这是一种更可持续的学习过程，可以促进更持久的学习。为了实现这种自主学习，我们建议教育工作者采用可持续的理念，并将其应用到学习过程中。

在大多数课堂，还在用传统的方式学习并测试学过的内容，习得的内容往往很快就会被遗忘。学生学到的知识无法留存，因为他们可能在完成课程后就会对其覆盖的主题失去兴趣，或是对简单地记忆短期使用的事实感到厌倦。如果采用缺乏启发性的传统方法，教师可能不会像采用多感官参与式方法那样激励学生。有时，这种被提倡的学习类型也被称为认知学习，根据牛津学习网站的说法，这种学习方式是“一种鼓励学生更有效地使用他们大脑的学习方式。这种学习方式鼓励学生完全投入到学习过程中，这样学习、思考和记忆就会变得越来越容易。认知学习不是关于记忆或重复，归根结底，它是学会如何学习”。

作为教师，我们常常认为，为了实践可持续的整体教学，我们必须不断地跳出思维定式，重塑自我，但我们必须要问的是，真正应该发生的是否更多的是对已经存在的学习概念和理论进行重新配置。要成为创新教学先锋，可能更多地取决于改进和结合不同方法的能力，而不是依赖纯理论。尽管学习在我们的一生中加重了戏份，但我们对于什么是促进和实现终身学习的最佳方法，仍然没有达成共识。

近年来，整合或联结学校学科领域的课程概念获得了极大的关注，被认为是制定更有针对性的教学方法的一个合理解决方案。罗伯特·C. 维克林（Robert C. Wicklein）和约翰·W. 谢尔（John W. Chell）总结说：“多学科教学法成功的主要确定因素包括：首先，每个教师必须明白，他们集体努力的总和可以超过多个学校学科的简单相加；其次，教师的赋能最容易发生在鼓励参与、创新、获取信息和问责的组织中。”此外，成功的跨学科教师需要得到学校领导和行政人员的支持，以免受到诸如时间或地点安排等问题的阻碍。

在教学中有效地使用学科间方法就是在不同的学校学科之间建立相关的联系，这是实现真正整体学习的关键所在。在这本书中，我们认为将细节置于背景之中来强化是能够有效地保证对整体透彻理解的方法之一，通过跨学科和整合性教学将说明所有学科是如何相互依存的，我们坚信，与其把课程分割成不同的学科，不如把重点放在每个学科是如何重叠的，以及它们的核心原则是如何在许多方面相互交织的。未来需要的人才是具有创造性思维的人，是具备敏锐的审辨思维的人，是能够学习如何独立学习的人。本书所倡导的这类协作型规划活动为额外的学校实践活动提供了相当大的空间，这些活动将培养学生的创造力，并保证他们的学习更加可持续。

★ 在这种自我传播（self-propagating）的体系中，你没有办法获得教育。在这种体系中，人们为了通过考试而学习，教别人通过考试，但没有人知道任何东西。你要通过自己动手、通过提问、通过思考、通过实验，来学习一些东西。——理查德·费曼

有人可能会说，之前讨论过的通过讲课或记忆词汇、公式、日期和食谱的传统教学方式仍然必不可少，但随着基于计算机学习的出现，人们可以在网上获得如此多的信息，包括从视频网站和其他互联网平台上学习成千上万个相关教程，以及在新冠疫情期间录制和发布的所有在线课程、讲座和视频会议等，因此，传统的讲座式授课也许不再像以前那样重要。然而，我们想说的是，这些教学方法仍然可以在获得所需的理论知识方面发挥非常重要的作用，但为了使这些理论知识保持得更加

持久，你需要运用一种主动的学习方法，同时使用多样化的实物材料和数字材料，通过给大量的实践活动和协作团队留出空间，确保学生能吸收在他们的求学生涯中被认为是必不可少的概念。例如进行课堂讨论：

★ 这就是可持续学习的意义所在；我认为这是可行的……但最好的做法是把（从理论上）研究事物和让它们发生结合起来，因为如果你只是建造，那你就不会真正学习背后的理论；如果你只是学习理论，那你就不会学会建造。所以最好能在两者之间取得平衡。

在关于事实的理论学习和实践性更强的方法之间找到适当的平衡，对于创建平衡的计划至关重要。如果学生在进行自主学习前没有吸收理论知识，那么他们在发展的每一步都将被迫另起炉灶。然而，如果教师的目标是制订可持续的教学计划，他们必须努力在学校内容的自主方面和理论方面找到合适的平衡。不同往日，现如今学习事实知识不再具有压倒性的重要性，因为每个人只需点击几下鼠标就可以在网上找到大多数相关信息，只要掌握正确的审辨思维，任何人都可以随时在网上获得最详细的事实信息。这就是为什么教育的主要目的将变革性地转变成一种诠释不同来源的调查式和探究式手段。因此，教师希望在学生身上培养的素质也今非昔比了。

几十年来，“有证据表明，旨在让学生参与学习过程的课堂技术在几乎所有层次和年龄群体中都能产生更好的教育成果”，而自主学习的主要主张是培养学生分析信息并将其应用于现实生活困境的能力。为了提高学生的理解能力，使学习过程更富有成效和乐趣，他们需要体验不同学科和各自课程之间的联系。此外，当学生能够建立自己的联系，提出问题和解决方案时，自主学习就发生了。学习科学中最有利的发现之一是，“如果学习者经常被要求产生想法，而不是仅仅从教师或教科书上接收信息，那么他们的记忆力和理解力就会更好”。换句话说，自主学习可以被描述为一种有效的刺激思维的方式，而不仅仅是记忆。除此之外，传授自主学习策略是有益的，因为它有助于创造一个“主动的学习环境，它允许教师和学生之间发生直接互动，它促进了一种开放的意识形态，它将教会学生尊重他人的意见，提高沟通技巧，同时允许参与者亲自参与学习活动”。

讲课的艺术：使用肢体语言、注意头部、改变授课速度等

让教师迷人和有趣的，并不总是他们所教的内容或他们对某个主题的理解和专业知识的水平。讲课的艺术的秘密主要在于讲课的方式。无论班级规模大小，讲授各自学科最重要的理论内容的教师应该培养特定的技能，将他们的讲课转化为可持续的整合性自主学习体验。教师需要学会掌握有效沟通的艺术，同时要有说服力和吸引力。这通常需要一定的经验，但多项研究表明，公共演讲技能是可以学习的，只要稍加练习，教师就能从优秀走向卓越。我们可以经常注意到，学生的表现会因为教师使用了简单的技巧而大大提高。

有时，人们可能认为这些技巧显而易见、无比简单，所以认为理所当然，但也正因为如此，它们很容易被忽视。说话时采用特定的姿势，抬头而不是低头，微笑着大声吸气，甚至在说出“离开”这个词时用手背做一个简单的手势，或者在说“胜利”这个词时比出一个“剪刀手”，都可以产生意想不到的效果。这些技巧往往是极其微妙的，只有执行者才能有意识地感知到，但它们对听众潜意识的影响是不可否认的。

我们的第一个建议是“请离开那张椅子”。当向学生传递重要的信息时，教师首先要做的是站起来，定位自己，并开始利用教室的整个空间。教师需要知道如何让学生听到他们的声音，这与他们声音的大小并无太大关系。有时，只要在说话时向前迈一步，就能对听众产生相当大的影响。事实上，这些技巧可能会改变学习者

的心理状态。

信不信由你，学生们往往更关注在他们面前表演的东西，而不是口头表达的东西，因此，教师的肢体语言是学生积极听讲的一个重要部分。某些研究表明，听众几乎可以全神贯注于演讲者在做什么而不是他们在说什么，但仍然可以保留讲座中最重要的信息。用开放的身体语言定位自己，同时用手势来增加对所讲内容的影响，这对成功的教学极为有利。事实上，动作是知识获取过程的一部分，使用适当的手势会增强所学知识的可持续性，同时将被动的听众转变为主动的听众，因为听众会对教师说话时的表演做出反应，从而创造出一种更加沉浸的聆听体验。

讲课时要有目的地使用你的手，把手从口袋里掏出来，并尽一切努力借助手强化你的表达。要记住，我们通常觉得展现在观众面前的手势要比它们实际呈现给观众的更生动、更富有表现力。为了提高你讲课的表现，当你谈论某物的大小或价值增加时，你可以举起手来；当你谈论某物的大小或价值下降时，你可以把手放下来；当你说平地时，你可以做水平的手势；当你说山川时，你可以双手指尖并拢成倒V形；当你谈论挖洞时，你可以模仿铲土的姿势；当你谈论大海时，你可以让手臂和手舞出波浪的线条。最重要的是，用手举起一个强化你所授内容的道具或配件，从而将观众的注意力转移到你手中的物体上。在数东西时使用手指，在谈论云时手指向天空，或者提到飞机时用翅膀的形状。你可以考虑在说“樱桃采摘”这个词时假装抓住物体，当你即将揭晓一个有趣的情节时，你可以故作摩拳擦掌。当然，当你想有目的地让学生产生期待时，一定要毫不犹豫地让你的手动起来。

这些手势不一定需要排练，事实上，如果教师能够掌握即兴使用手势的技能，那么就会在传递信息时产生更大的影响力，也会使说话者显得更加真诚和值得信赖。如果教师只是照本宣科，简单地朗读书上的内容或重复幻灯片上的内容，当然不可能达到这种效果。优秀的教师会使用肢体语言，他们不需要讲稿，因为他们已经吸收了足够多的知识，知道自己在说什么，而且经过实践，他们会成为出色的故事讲述者，能够创造出堪称是戏剧的表演，能提高学习者的注意力和兴趣。所有这些都会增加知识的留存，帮助学生理解知识和获得概念。

除了双手和手臂，教师身体的另外一个重要部分是头部。很显然这里说的不是使用大脑的方式，而是使用头部和面部表情的方式。你可能想要学会不仅用嘴微笑，还要用眼睛微笑。当然，在谈论战争、侵犯人权、种族灭绝或其他令人情绪激动的话题时，不要害怕表达自己的情绪，可以表现出愤怒的样子。说话的时候，像歪着头或扬起眉毛这样简单的举动都能引起听者的悲伤或共鸣。在演讲或讲座开始时，站在一个中间的位置，这样提前为演讲者预留了一定的距离，以便他/她打算讲到最有趣的事情时，有机会向前迈进几步。向某个方向迈出几步这样的基本动作可能会增加学习者的兴趣，吸引他们的注意力。另外，从一个较高的位置垂直移动到一个较低的位置，可以增加教师和学生之间的亲密关系和信心。在帮助学生时，在课桌旁俯身靠近学生，自然会加深他们对你的信任。作为教师，你必须站在教室的前面，如果你愿意，你也可以走上讲台，一边处于讲台中央，一边与教室里合适的学生保持眼神交流，让他们保持警觉和兴趣。

另一个提高学生注意力持续时间的有效方法是改变你讲课的速度。你可以根据讲课内容来改变语速，语速的减慢或加快可能意味着讲课内容的重要性或实质内容的变化。通过改变说话的节奏，可以提高听者专注于讲授内容的能力和意愿。一流的演说家懂得把重点放在某些词或元音上，不仅要制造强度或变化，而且要利用诸如响指或拍手等声音效果，因为这些听觉辅助工具也可能对学生的注意力产生预期的效果。恰当地使用停顿也是影响演讲速度的另一个重要因素，任何顶级叙述者都可以通过预期的停顿来把控自己的演讲厅。如果一位修辞学家知道如何在演讲时充分利用停顿，那么就可以实现让一场普通演讲变成难忘演讲的跃迁。因为停顿会增加一种强有力的效果，让演讲者抓住并保持听众的注意力。在任何既定的演讲中适时给出精准的停顿，可能会激发听众的情绪。虽然有些人在演讲时似乎害怕经历这些短暂的沉默，因此倾向于用其他话语来代替，例如使用填充词，甚至是像经典的“嗯”“呃”等声音来代替尴尬的沉默，但值得考虑的是，演讲者的气质可能真的会受到这类缺陷的影响，而且这还可能会降低演讲者的可信度，无论他们对于相关主题的专业知识水平如何。这是因为这些替代音表明演讲者可能并没有真正理解自己所谈论的内容，无法用简单的方式有效地传达信息。事实上，说话人替代无声停顿所发出的声音，传递的是说话人的不安全感。

为了进行有效的演讲，你可以选择让听众从你所说的内容中得出自己的结论，如果这一点做得很好，采用正确的主观方法，传达的信息可以得到加强，因为听众会有这样的印象，即自己就是那个思想的作者，就如同苏格拉底经典的反诘法。这种技巧可以用来强化听者头脑中的想法，从而有助于对所思考的内容产生持久的影响。因此，引导学生自我实现的行为比让别人明确地告诉他们该怎么想要持久得多。优秀的教师会使用所有可用的技巧来引导听众找到“正确”的答案，在正确的时间提出正确的问题，并有意识地选择正确的瞬间稍作停顿。而专家型教师会明白，所谓的思考暂停会让教师和学习者有一个短暂的时间来整理自己的想法，回顾刚刚发生的所有重要的学习，并进入即将开始的进一步学习。

最有效的发声技巧之一就是学习如何在说话时适时调整语速。当某件事以较慢的语速说出来时，往往被认为比以较快的语速说出来的事情更重要。就拿贝拉克·奥巴马的演讲方式来比较，他以非常平静的节奏强调重要的概念，并在恰当的时机使用停顿。与之相反，美国一位政治评论员因其过快的语速而闻名，他的头总是随着他说话的速度左右摆动。当他讲话时，人们往往认为他是在试图通过加快论证速度来刺激听众，以便给人留下他对主题的了解比他所说的还要多的印象。从这种意义上讲，他是一个完美的“抬轿人”[1]的例子。他有一套口头禅用于快速回复，以至于听众被他想说的整个内容弄得晕头转向，但也会记住那么几句排练好的妙

[1] 抬轿人：竞选运动雇用的媒体顾问或政治顾问。——译者注

语，粉丝们还将其视作顿悟的时刻。他无疑是一个雄辩的辩论者，具有很强的修辞能力，但他的演讲技巧和持续快速的节奏使他远不如那些掌握了使用节奏、声音和肢体语言来加强所传达内容的艺术的人有趣、令人信服。

你可能会发现，作为一名教师，通过降低你的语调，甚至开始低语，你可以在学生中创造一种期待感。嘲笑自己，或者仅仅让笑容在脸上闪现，也可能会产生一些期待。有时，自嘲是吸引听众的好方法。如前所述，卓越教师是那些能够在恰当的时间抛出诙谐的笑话和双关语，或者能以自嘲吸引学生的注意力，甚至能够用眼睛和嘴巴微笑的人，因为微笑和看到别人微笑的心理效益绝对被低估了，人们不应该害怕微笑纹，因为它为每个人的美增光添彩。

演讲者的声音是人们在解释某事时可以用来传达正确情感的最有力工具。但是，在一群学生面前说了数个小时的教师，在连续上了多节课后，声音难免会出现疲惫、紧绷或不堪重负的情况。声乐家一致认为，为了防止这种情况，教师需要学习一些基本的技巧，如正确的发声位、呼吸以及在正确的时间放松声带等，这样有助于减少压力对声音的影响，也将有效地减少声带的紧绷和疲劳。我们可以举歌剧女高音的例子，也被称为瓦格纳女高音，这种唱法的声音特别大，演员能在近百人的乐队中表现自己，但也可以表演诸如业内公认的歌剧“航母级”巨作《尼伯龙根的指环》，它由四部歌剧组成，其中最后一部也是最长的一部《诸神的黄昏》就长达五个半小时之久。这部剧气势恢宏，通常音调更密集，铿锵有力，而且在理想情况下，整个音域均匀平衡。瓦格纳女高音演员并不是天生就有这种天赋，她们训练自己坚韧的嗓音，使其持久，并且能够在不损伤声带的情况下进行表演。因此，所有教师都可以改进自己的声音使用技巧，以便产生最大的影响，同时将损害风险降至接近零值的水平。

演讲时的戏剧化通常被视为一种非常有趣的观点表达方式，就像我们在提到多语言那章所描述的一样。拥有外语知识的教师不应该害怕使用学生不一定理解的词语，或者把地名和人名的发音读成他们本国的发音。同样，就像发声能力一样，演讲技巧也不是与生俱来的，它们并不依赖于天赋，只要稍加练习，有起码的自信，上述所有的技巧都可以被迅速吸收。这是一种后天习得的技能，有一个不错的思想训练方法可以帮助你练习发展这些技巧：一边说积极的事情，一边做相反的、消极的手势，反之亦然。当练习与所说内容相反的“心理体操”时，它可以让演讲者更加意识到手势的力量，同时改善大脑，让他们能够几乎凭直觉即兴地做出正确类型的手势。

发展自己的讲课风格对每个教师来说都很重要，但对最有影响力的演讲技巧有一些基本的了解，能让他们的技能突飞猛进。像练就在黑板上绘画这样的基本技能就可以产生巨大的影响，教师应确保自己具备还不错的绘画技能，这样在用关键词或简单的图画、符号和表意文字或象形文字来进一步阐述授课内容的时候就能发挥巨大作用。你可能还会发现使用颜色来构思术语和想法的优势，通常红色代表热，蓝色代表冷，在谈论思想时，红色可以用来代表激进的左倾思想，蓝色代表保守的右倾思想。

为了做到在这方面完全精通，教师们可能需要在镜子前进行练习，或者录下自己的讲课过程，这样他们就可以观察自己的行为。在开始的时候，有必要夸大手势和声音，因为大多数教师都认为他们在做很夸张的手势，而实际上动作幅度不大。人们有时候认为自己的表演已经足够了，但往往需要学会放大一切，才能达到预期的效果。

训练学生积极倾听[1]

在学校练习的一项非常重要的技能是积极倾听。在观察2年级的一个班级时，学生们正在练习他们新学到的阅读技能，教师设置了一个5分钟的计时器，孩子们

[1] 又称主动倾听。——译者注

必须两人结伴为对方读自己书中的内容。当一个学生在阅读时，另一个学生在积极倾听，每隔5分钟他们就交换一下角色。这项活动总共持续了20分钟。在这次观察中，最引人注目的不是学生们如何练习他们的阅读，而是他们如何练习并学会如此专注地倾听他们的同学，并且如此地尊重对方，尽管他们的阅读能力千差万别。这种创造自主学习情境的简单方法无疑对参与的学生都有好处。当一个学生坐在那里聚精会神地听同学读书时，他们就会养成积极倾听的习惯。大声朗读和关注所读内容所需的专注程度有助于同时发展多种技能。这种互惠学习的方法对学习者来说不仅仅是一种协作努力，它实际上是教孩子们在学会真正倾听对方的同时，也学会了相互尊重。从社会心理学方面看，这种类型的合作学习是一种发展整体教学法最基本组成部分的行之有效的方法。通常，师生一起进行这类活动，却没有意识到它们对学生发展的方方面面都有帮助。积极倾听也是一种非常主动的学习方式。专注听对方说话是一项极其重要的技能，尤其是在像今天这样的时代，人们的注意力跨度越来越短，而且很容易被手机、平板电脑和电脑分心，因为各类通知会不断跳出。

教会学生在自主学习时用好思维导图

当我们坐在课堂上做笔记的时候，我们有时只是简单地抄写所讲的内容，而没有真正思考我们所写的内容。在转录信息时，我们可能并没有以大脑能够识别的任何特定方式组织信息。然而，我们正是通过组织信息学习，将其存储在记忆中，当我们再次需要它时，或者当我们以任何方式再次想起它时，就可以将其检索出来。当我们使用思维导图技术时，我们就是将记忆进行可视化处理。如果同时也运用了动觉学，如果使用得当，动觉学将极大地帮助我们将记忆留存下来。海泽尔·瓦格纳（Hazel Wagner）写了大量关于思维导图作为课堂笔记工具的好处，她说："思维导图帮助你将一个主题按照它的组成部分组织出来，然后你使用关键词添加所有次级组成部分，这样你就可以在一页纸上看到整个主题的图示。"在使用思维导图技术时，关键是要从中心位置开始，然后还要向思想的外围和我们试图记住的想法或事实的外围发展。在许多情况下，绘画艺术有时是呈放射状的，即从结构的中心开始画，然后从中心向外围画。在绘制思维导图时，每个人都会记下对他们来说重要的东西，因此，每张思维导图都是个性化的，对创作者来说是最有意义的，因为对一些人来说至关重要的东西可能对另一些人毫无意义。

如前几章所述，通过记笔记或思维导图来吸收所学内容的行为，通常被定义为具身认知。具身认知还包括从实践中学，更进一步地说，“思想不仅与我们的身体相连，而且身体会影响思想，这是认知科学中比较反直觉的观点之一”。思维导图作为一种具身认知的形式，是一种将细节带入全局的方式，并将其组织起来，使你重新浏览思维导图的时候能够驾驭它们。将概念思维导图的篇幅控制在一页纸上很重要，尽管这有时意味着那一页可能非常拥挤，挤满了混乱无序的笔记。对于一本书来说，目录页也是一种思维导图，因为它将整本书非常宽泛的内容塞进了一页里，为我们提炼出核心内容，也使得读者更容易理解此书的内容和上下文。此外，充满细节的历史时间线也可以是一种思维导图，因为它们可能用来组织一系列事件，或用作谱系图，甚至可以在不相关的历史时间之间进行类比，目的是将不同地理区域的不同平行时间段联系起来。

如果将思维导图和本书提到的韩国教学材料4D Frame进行比较，4D Frame在许多方面都是以类似的方式组织的。4D Frame的结构很像思维导图，其中每个连接器都是一个想法，连接杆将这些不同的想法联结起来。每个人都会创造自己的结构，实验和变化的可能性似乎无穷无尽。这也可以与人类长期以来在恒星中识别模式的方式相提并论，这些模式已经成为我们现在耳熟能详的经典星座。这些联系虽然在某种程度上是任意的，但通过一种模式寻找方法，人类已经利用这种方法从不一定相互关联的事物中找到意义，从而有助于概念化。我们将在关于审辨思维的章节中更深入地探讨这个话题，因为人类倾向于在随机信息中看到联系，即数据真理妄想

（apophenia），俗称“脑补”，它导致人们陷入各种幻觉。实际上，思维导图可以说是在水平轴上完成的，因为在大多数语言中，文字都是横向排列的。我们主张从写关键词和短语开始，留出一些空间给一些简单的组件和符号，之后你会慢慢想明白这些组件和符号的意义。此后，你就可以自由发挥你的思维导图，形成自己的风格了。

总结一下，如果你只是简单地把别人告诉你的东西抄在纸上，那么你很可能不会以借助思维导图重新表述的方式将这些信息内化。这就是为什么在思维导图场景中将知识联系起来将有助于理解，并会使记忆事实、现象和结论的整个过程更具有可持续性，因为它是一种将事物存储在长期记忆中的方式，你是通过具身认知来处理它的。和其他事情一样，这也是需要练习的。但如果你肯花时间学习，也许还能教教别人，那么你就有可能成为真正的高手。因此，教师应该在早期教育阶段在教会学生使用思维导图方面多花费些心思。

音乐教学对自主学习的启示

传统上讲，在音乐艺术领域，音乐技能和作曲一直是以大师单独向学生授课的方式来教授的，学生的学习方式是简单地模仿他们的老师，直到他们完全掌握了技能。在某些情况下，一旦他们已经掌握了这种技能，就会以不同的方式超越他们的老师，或者重新创造他们的艺术。作曲家们通过复制和模仿前人的音乐，以不同的方式进行训练，然后发展出自己独特和原创的风格和音色。这种教学方法的意义在于传承一种行业，使得在一套技能或者一门技艺的历史沿革期间，实现人人相传。许多野路子、特有技法，甚至可能是错误印象，以及娴熟的技巧和商业秘密，都可能以这种方式流传下来。我们甚至可以发现，其中一些被传授给了不知情的年轻音乐家，流传至今。

可能从有学校的时候起，学校就开始教授音乐，在许多情况下，教学内容是演绎不同种类的歌唱。那些演唱技艺逊色的孩子可能被排在班级的后面，甚至更糟糕的是，被排除在音乐课之外，被贴上不懂音乐的标签。近年来，在许多国家，例如在瑞典，学校的音乐课已经成为一门综合性学科，涉及许多不同的学科领域和主题。瑞典学生普遍都起码能够演奏一种旋律乐器，一种和弦乐器，一种打击乐器，还要会唱歌。学生还必须用审辨思维来分析鉴赏音乐和音乐经验，并掌握一些基本的音乐创作经验。从这些课程要求中不难看出，瑞典学校的音乐学科旨在发展成一门积极且实用的学科。值得一提的是，在瑞典，音乐是16岁以下学生的必修课。这门课程需要很多资源支持，从学生用得到的乐器，到音乐教师需要具备高水平的专业知识，甚至是在学生幼龄的时候就开始培养。这种类型的音乐教学方法是整合性自主学习教学策略的一个绝佳案例，可以作为开发参与式和跨教学大纲课程蓝图的灵感来源。

有成功就有失败，音乐教学法亦是如此。其中，做得最不尽如人意的就是没有真正教给学生所需的技能，而是让他们在没有太多专家指导的情况下，自己花时间在较小规模的小组中进行尝试，或者只是继续打磨他们在校外已经获得的技能，其中一些特别感兴趣的学生在此过程中充其量也只是带领其同伴一起，但并没有获得太多新的音乐知识或学习方法。因此，更有益的方法可能是制订一个明晰的长期计划，音乐教师的目标是确保每个学生都能掌握这些技能和能力，然后真正地教授所有技能和能力，尤其是教会低龄学生。在班容量30人的班级里教授演奏旋律乐器并非易事，但如果有良好的计划和材料，也并非一项不可能完成的任务。在这种情况下，不断地变换教学材料，不在一节完整的课程中安排长时间演奏乐器的事项可能会大有助益。明智的做法是将最初的时间限制在5分钟左右，然后无缝衔接做一些不那么吵闹的事情，以确保每个人的耐心和福祉都得到保证。

同样地，在教学生运用批判性推理来处理与音乐有关的各种问题时，教师不能指望学生能做出合理且有趣的观察和分析，能解释音乐的差异和相似之处，除非有专家（教师）真正教过他们如何去做。在这个问题上，音乐教师必须走出自己的舒适区，更频繁地教授语言教师也要教授的内容，并使用诸如辅助写作等方法，以使学生掌握必要的技能。另外，正如我们在本书中多次讨论的那样，采用跨学科的教学方法，由两名或更多的教师来计划、发展和完善这些高度可迁移的技能的教学，对学生和教师团队双方而言都是受益无穷的。

音乐编程中的4D Frame

为了说明在音乐、历史、技术和工程中使用的学科间方法，我们来看一个不使用计算机而是使用4D Frame学习编程的例子。通过开发跨学科课程，如音乐、历史、数学、技术和工程的结合，教师可以教授学生数字音乐编程背后的技术发展。下述案例将说明如何以一种切实可行的方式将艺术的“A”加入STEM教育之中，使其成为前文讨论过的STEAM教育。我们强烈鼓励教师之间的协作规划，以使这种方法取得最为成功的效果。

我们的学生用4D Frame做的第一个实验就是与音乐老师合作的，学生们要做一个风力驱动的圆柱形音乐盒，它会触发手臂，而手臂会演奏钟琴。做这个特殊音乐实验的部分目的是让学生们知道，不使用计算机也可以进行编程，以模拟的方式进行音乐编程可能会加强他们对数字音乐编程的理解。让学生们使用4D Frame教学材料做出音乐盒，让它用三个音符演奏出一段简单的旋律，然后对其进行采样，并将其导入到Soundtrap、Protools或Logic Pro[1]等数字音乐程序中，通过在他们之前编写的简单旋律中添加其他乐器的方式，来创造某种类型的叮当声。

可以将音乐教学实践中的理念移植到任何其他学科当中，这些学科是努力使用

---

[1] Soundtrap是由国外知名音乐流媒体平台Spotify推出的一款免费在线音乐编辑创作工具，可以帮助音乐创作者在线进行音乐的编辑与创作。Protools是数字音频工作站软件。Logic Pro是一个强大的全功能音乐应用，配有创作专业品质的音乐作品所需的全部工具。——编者注

更主动的教育类型的。最主要的是熟能生巧，任何要持久和可持续的技能都必须反复练习，直到它成为第二天性。这将增加（而不是像人们可能认为的那样减少）学习的乐趣，也会增强真正掌握一项技能和真正擅长某件事的感觉。

而且，对学科领域的情感投入可能是至关重要的，任何选择尝试带有这种情感依恋的材料都可能会使学习更深入、更有趣，同时还会使知识更持久，从而增强学习的可持续和全面性。在音乐和其他学科的学习中，要记住只有在必要的技能从教师转移到学生之后，才应该让学生进行个人实验，尽管最初的尝试实验在某些情况下可能是有用的。例如，参与比赛、表演和其他类型的现实生活场景或参照标准，可能对许多其他学科领域（如音乐）非常有用。事实上，教师越接近一个真正适用、有说服力的学习情境，学生就会学得越好、越全面。最后，就像我们刚刚展示出的案例一样，成功的音乐教学向我们表明，任何两个或更多教师之间的任何形式的协作活动真正包括他们的学生时，都将给任何成功的、可持续的学习带来大量的附加值。

培养元能力

培养学生的元能力的愿望经常被提及，而且从各个国家的国家教育大纲等不同的管理指导文件中也可以看出。元能力可以解释为“涉及基本能力的通用能力，如解决问题、临床推理和自我发展等”。许多研究人员和科学家研究了元能力的形成，根据T.I.伊萨耶娃（T.I. Isaeva）的说法，元能力是“一个人自我实现和自我认同的准备，创造和丰富一个人内心世界的手段，感知和理解人的能力，他们的情绪状态以及管理自己心境和情绪的能力”。

为了帮助学生充分发挥他们的潜力，必须投入大量的精力来培养学生的两种元能力，包括几种可以移植到学生日常生活中的技能。这些能力可以用以下表达方式来描述：通过经验理解和学会如何学习。换句话说，这些元能力是自主学习和自学的“自动性”。正如我们之前所描述的，体验式学习不仅仅是通过经验来理解。它首先是一种利用自己的生活经验来更好地理解现实的能力。因此，变革性活动或改变生活的事件有助于可持续知识的发展。与自学相反，这种类型的学习可以“偶然”或下意识地发生，并最终“储存”在学习者的长期记忆中。这种参与式学习通常发生在校外，但可以作为“技能工具箱”的一部分，用于多种相互依存的主题和学科。例如，学生在帮助原木火顺利被点燃后，可能会更好地理解火的性质，在这个过程中，他们会意识到点燃原木火和启动原木火需要付出多大的努力。同样地，他们还会意识到一旦点燃原木火，火的威力会有多大，以及熄灭原木火会有多困难。

此外，通过体验式学习吸收信息需要在学生的头脑中进行某种从理论到实践的“迁移”，因此，在体验式学习活动中，有可能更好地理解创造性思维过程的内在复杂性。例如，当学生在创造过程中或在解决问题的过程中反复发现自己陷入死胡同时，一旦他们发展了元能力，就会更好地认识到学科认知的局限性。元认知是对自己的思维过程进行思考的一个术语。约翰·哈蒂进行了广泛的元分析，他对元认知策略的发展对于学习结果的影响给予了高度评价。质疑自己的学习，尝试让自己看到学习，用错误来反思自己行为的结构和连贯性——所有这些策略对学习都有很大的影响，因为它促进了教师和学习者之间的对话。因此，一个主要的目标是教会学生这些寻求和解释教师反馈的技能，使其成为他们学习方式的必要组成部分。

发展自己的元能力和胜任能力就是同时做到准确和快速。例如，一名好的餐厅服务员不仅能够为顾客正确点单，还能够在服务多桌食客的同时，快速地完成所有这些工作，而且通常不会犯任何错误。为了培养上述能力，首先必须能够理解并应用正确的策略来解决问题或完成任务，最终这种策略必须成为自动的。就优化元能力而言，自动化是绝对的关键。

可持续的审辨思维方法

随着审辨思维逐渐成为可持续的自主学习的最基本形式之一，将审辨思维置于所有学校课程的重中之重变得比以往任何时候都更加重要。在许多方面，审辨思维应该成为每一项教育活动的关键组成部分，它应该先于任何培养学生解决问题的能力或创造力的尝试。如果没有健康的怀疑态度和良好的审辨思维，解决问题的能力和创造力可能会变得很差，并有可能变成非原创的、单一的或被误导的想法。在审辨思维的帮助下，我们可以教会学生识别和关注真实而重要的问题，这些问题将使他们的创造力和解决问题的能力以更实用的方式发挥作用。我们认为，如果没有足够的审辨思维能力，就很难变得有建设性，因为人们倾向于相信未经证明的“替代事实”，将过多的资源、宝贵的时间和精力分配在不存在的虚构问题上，并且可能会因解决没有现实基础的问题浪费大量时间做无用功。如果没有掌握来源分析的基本技能，任何人都可能会浪费大量精力来解决不存在的问题，而不是将宝贵的时间、精力和金钱用于真正解决重要而紧急的事情。

旨在培养学生审辨思维能力的教师需要给学生提供大量虚假信息的例子，并让学生参与许多活动，使他们具备持久的调查技能。但首先也是最重要的是，教师应该能够说服学生，如果他们在年少时就学会批判性思考并能辨别消息来源的可信度和准确性，他们将有更大的概率在余生中实现理想。教师需要确保他们的学生明白，练习审辨思维的目的是给他们配备怀疑的防御机制，如果持续练习审辨思维，可以防止学生在未来以不同的方式被轻易操纵。学生会了解到，通过获得怀疑和探究心态的基本工具，他们就不太可能轻易上当受骗，也不会为任何带着欺骗性目的的个人、组织或机构服务，因为他们明白，那些欺骗往往基于伪科学、神话、谎言或“另类事实”。教师需要教育学生明白，审辨思维必然成为自由思想者的武器库中的首选武器。

所有教师都有轻信互联网和媒体上的虚假信息的学生，在一定程度上，这些学生往往有同样轻信阴谋论的朋友或家人，精通伪科学思想。那些努力发展良好的关系型教学法的教师往往意识到，这种容易产生阴谋论的心态是人脑中的一种正常机制，每个人都会在一定程度上受到这类想法的影响。人们的大脑从一开始就相信阴谋，这是一种防御机制，可以在我们任何人身上触发。人们不可能逃脱人类的起源，我们将在后文继续阐述这点。谁也不可能在任何时候都保持100%的客观和逻辑严密。审辨思维能力的培养必须成为所有学校课程的一个组成部分，而且必须积极地教授。教师需要自我意识到自己的偏见和局限性，同时尊重学生的背景，并愿意始终敞开心扉，就世界观、信仰、意识形态、神话甚至都市传说进行深入的讨论。同时，这需要师生双方都保持高度的宽容和理解力，但教师必须意识到，真相并不一定存在于中间地带——介于真相和谎言之间的通常还是谎言。教师必须培养足够的推理能力，从而理解有些想法太过牵强，不值得认真对待，但必须加以阻止。在本书中，我们认为，可持续的整合性自主学习可以帮助提供工具，通过体验式教学法和关系型教学法来发展敏锐的审辨思维能力，学生和教师都能从中受益。

演化生物学家已经证实，人类是一种寻求模式的生物，这一因素是演化过程中不可或缺的一部分，对智人物种的生存和优势有益。例如，可想而知，穴居人需要发展智力技能来进行抽象活动，运用其想象力，以便通过观察自然环境的模式来识别潜在的威胁。在纯粹的达尔文自然选择过程中，能够发展出快速识别危险预警的心智能力的人，往往是那些活得足够长、能够生育并传递基因的人。因此，无须多言，这种怀疑和谨慎的智力倾向已经在文化上从“生命游戏”的“胜利者”那里传递和继承了下来。那些设法活得足够长久，把他们的基因传递下去的人，给了我们诀窍和能力，即使在没有真正危险或实际模式的情况下，也能看到潜在威胁的模式。换句话说，那些学会了保持警惕和谨慎的人，即使在没有真正威胁的情况下，生存和成功的概率也更高。

牛津大学教授理查德·道金斯（Richard Dawkins）表示：“我们的祖先大部分时间都生活在狮子、鳄鱼、蟒蛇和剑齿虎的致命危险中。因此，每个人都对世界持怀疑态度，有些甚至可以说是偏执，这不无道理；在一处草丛的沙沙声中，在每一根细枝的折断声中，都能看到一种潜在的威胁，并觉得有什么东西在那里伺机对付他们，有一个‘特工’要蓄意谋害他们……也许这就是为什么直到今天，许多人都有迷信的信念，认为世界要对付他们。当发展到极端时，我们就说他们是‘偏执狂’。”

可能每个人都会对这种观察环境模式的倾向产生共鸣，因为我们都看到过云的形状，这些形状让我们想起我们所熟悉的事物的不同形式。我们都记得，或许在小时候，我们曾告诉父母，这朵云看起来像米老鼠，那片云看起来像龙或汽车。这源于那些幸存下来的模式探索者的基因遗产。观察模式是怀疑主义和审辨思维发展的最重要因素，但另一方面，它也有可能导致人们相信骗局、都市传说、神话和假新闻。在极端情况下，有些人可能会发展成偏执型人格障碍，对他人极度不信任，感觉到持续的威胁和不祥的逼迫感。当这种倾向的程度较轻时，一些人会发展出不同程度的犬儒主义，他们可能会开始扮演自我替罪羊的角色。

一个有自我意识或“正常”推理的人可能会怀疑所观察到的不同模式之间是否存在联系，但大多数人在查看证据并充分意识到自己的局限性后会得出结论，大多数潜在威胁都是虚构的。人们得出的结论是，这些模式之间的联系大多数时候纯属巧合。相比之下，一个发展出阴谋论推理模式的人会观察到事件或数据之间的相同类型的联系，从而得出一个完全不同的结论，他们会相信真相已经对公众隐藏，而他们比其他人都更清楚这一点。

学生们需要学会辨别什么是真正的模式，什么是由纯粹的巧合主观引起的模式，这当然是一件难乎其难的事情，但这是我们必须努力的方向。从小培养不同类型的观察方法至关重要，特别是现在网上的信息鱼龙混杂。所有教师都需要成为虚假信息海洋中的指路明灯或灯塔。

没有培养出健全的审辨思维能力的人可能很容易受到阴谋论的影响，因为他们往往没有培养出足够的推理能力。他们得出的结论往往是草率的，他们的信念往往成为他们人格或身份的一部分。他们可能认为自己是怀疑论者，认为自己是审辨思维的倡导者，但不幸的是，他们中的许多人并不知道自己的愤世嫉俗其实多过于批判性。他们不相信任何与他们的世界观相悖的东西，一旦他们形成这种阴谋论的心态，几乎没人能帮到他们。一旦他们成为抵制事实心态的受害者，再多的确凿证据或逻辑论证也无法说服他们，因为他们的信念已经变成了信仰。如果我们不在早期为学生提供培养必要的思考和审辨思维能力的工具，那么后面我们能做的可能也就微乎其微了，因为这些不良的思维习惯会被固定下来，除了忽视或确保尽可能减少这种思想得到关注的次数之外，似乎没有更好的解决方法了。常言道，守旧之人很难接受新事物，对于那些容易相信阴谋论的学生来说，是同样的道理。如果教师不能在他们最容易受骗的学生完成学业之前为他们提供足够的审辨思维能力，那么在他们长大后，任何合理的论证、科学证明或哲学观点都不能使他们改变主意。然而，教师在培养学生的审辨思维能力方面可以做的，就是教育他们了解思考过程中的阴谋机制或缺乏阴谋的机制。

教导学生了解阴谋论发展和传播的机制，应该成为可持续的多学科学习活动不可或缺的一个组成部分。通过采用学科间的方法，它为教师提供了更多的工具切实地培养真正的科学怀疑精神，同时呈现从虚假信息浪潮中涌现出来的适得其反的犬儒主义的发展。保罗·布鲁姆（Paul Bloom）和迪娜·斯科尔尼克·韦斯伯格（Deena Skolnick Weisberg）在他们的著作《成人抵制科学的童年起源》（*Childhood Origins of Adult Resistance to Science*）中写道："对某些科学思想的抵制在很大程度上源于假设和偏见，这些假设和偏见可以在幼儿身上通过实验证明，并且可能会持续到成年。”为了说明这一点，我们将提供一些可持续学习活动的例子，我们相信这些活动在这个动荡的时期有助于发展学生的审辨思维能力。

我们并非揭穿某个具体的阴谋论，而是展示教师要如何做才能让学生掌握正确的知识工具，从而得出自己的结论，而不会陷入确认偏误和逻辑谬误的陷阱。我们需要进一步研究导致阴谋论思维模式传播的不同机制，这是一个相当新的研究领域，所以我们希望确保采取中立的方法，同时尽量避免不必要的两极分化。

在接下来的章节中，我们将解释为什么要教授审辨思维以及如何教授审辨思维，我们将提供一些更切合实际的例子，说明如何帮助学生获得这些基本技能。这些例子大多来自初中或高中，但你也可以进行调整和修改，以便对各年龄段的大多数学生都适用。向年轻学生，或者说向任何人，教授审辨思维，已经成为我们几乎可以确定的未来最重要的技能之一。此外，审辨思维的教学既要有刺激性，也要在某种意义上具有启发性，这样才能达到最有效的效果。然而，我们知道，尽管大多数教师都能意识到审辨思维教学的重要性，但对于如何有效地进行审辨思维教学，以及向学生展示什么材料最为有益，却鲜有清晰的认识。我们也深深质疑这是否是一种在世界各地教学培训机构中有效传授的技能。许多教师对审辨思维和来源批判教学的支持只是停留在口头上，或者是把重点放在正确的资料引用上，比如学习特殊的引用格式等——当然，这些也都非常重要，但却不是学生未来最可能需要依赖的关键生活技能，进而在未来的学习中去芜存菁。

为什么"接种疫苗"来对抗虚假信息

教师们需要给学生们"接种疫苗"，对抗虚假信息，或者至少在他们还在上学的时候就给他们打一剂怀疑主义的预防针。如果学生清楚地意识到"外面"有许多虚假的叙述、假新闻和阴谋论，那么一旦他们在学校以外的生活中遇到这些问题，就可能会有更好的应对办法。所有学校和教育系统都有义务向他们的学生灌输健康的怀疑主义，我们将在下文中指出，让学生尽可能多地接触这些带有欺骗性的故事和信息，并指出其中的一些常见模式、危险信号和谬论，同时让学生自己能熟练地找出偏差，这是一种受益匪浅的做法。在这个意义上，“疫苗接种”是一个完美的比喻，因为我们主张通过接触来治疗。在有意的怀疑和可能被称为焦虑或愤世嫉俗之间可能存在一条微妙的界限，正如我们之前所指出的，我们还必须关心不断地为今天的年轻学生描绘行动的可能性，以及对未来充满鼓舞和乐观的展望，必须为学生提供希望的生命线，即果断的行动可以带来迅速的改善。

阴谋思维吸引着大脑，因为它感觉像审辨思维，尽管事实并非如此，这也是这么多人会成为它的受害者的可能原因。拥有这些不同类型偏见的准确和既定术语和定义以及大量事例，可以帮助验证和解释它们无处不在的想象。没有接受过全面的审辨思维教育的学生可能很容易陷入所谓的事实抵制，这种抵制通常发生在“回声室”[1]或“过滤气泡”[2]中。许多否定主义运动起源于公司和游说团体愤世嫉俗的努力，目的是对可能威胁其底线的调查结果产生怀疑。那些仍然不知道这些偏见是多么普遍和盛行，以及世人在多大程度上受到它们根据各种算法持续轰炸的人，将再一次无法获得他们所需的“疫苗”，那些剂量本能够使他们识别和抵制灌输及其恶意影响。

---

❶ 原本指的是“录音时为制造回声效果而建立的回音室”，但现在多用它来比喻在人际交流过程中，只承认或接受与自己的观点相近的回应。——编者注

❷ 是社会活动家兼作家伊莱·帕理泽（Eli Pariser）在其著作《别让算法控制你》中提出的，他认为人们在网上所处的个性化的信息世界是由一系列个性化的过滤器为网络用户构造出来的环境，过滤气泡根据个人数据来操纵你的搜索结果。——编者注

提供强有力的机制来识别和评估信息来源的质量

学生还应该有机会了解，在信息时代，科学新闻往往被绝大多数人视为常识或事实，而媒体则定期通过精简的新闻稿对研究发现进行简短概括，并对其大肆宣传，而不是发表研究机构和专家直接发布的全面的综合性文章。这些向公众展示的科学新闻多数是由缺乏准确地呈现研究发现所需的科学专业素养的记者报道，他们在传播中忽略在该研究中存在的缺陷和对不准确之处的解释。

例如，1999年，美国《国家地理》杂志的艺术编辑克里斯托弗·斯隆（Christopher Sloan）发表了一篇《霸王龙有羽毛吗？》的文章，声称有一块来自中国的化石是古盗鸟化石。尽管他在古生物学方面根本不够格，但他的文章发表之后，大多数读者自然相信了他写的东西，因为美国《国家地理》杂志通常被视为是一个可靠的信息来源。但实际上这只是一个骗局，后来科学家们经过精密鉴定，发现这个化石的尾巴、腿和脚实际上来自不同的物种[1]。这一丑闻既有积极的影响，也有消极的影响，值得庆幸的是，这块化石在1999年回归中国后对制止化石走私产生了积极影响，但它也被神创论的狂热支持者所利用，在公众中质疑达尔文的演化论。有必要澄清的是，尽管古盗鸟化石是假的，但还是出土了许多真正有羽毛的恐龙的例子，这些例子清楚地证明了白垩纪晚期鸟类和其他小型兽脚亚目恐龙之间的演化关系。

这个例子和其他许多例子一样，都强调了所有的研究结果和发现都需要经过同行评审的过程，记者和编辑在报道科学新闻时应该小心谨慎。重要的是要让学生们意识到，记者往往会关注科学新闻中耸人听闻的方面，并试图呈现出“标题诱饵”的效果以吸引“标题党”，而不是真实准确地报道发现。正如新闻界流传已久

[1] 这里描述的是著名的古盗鸟事件。——编者注

的“无流血，不头条”（If it bleeds, it leads）这句话所强调的那样。这就是为什么无数的误解已经成为“有缺陷的常识”，被大众接受为事实。不幸的是，这也是专家们必须投入大量的时间和精力来纠正无数关于科学的谬误和误解的主要原因之一。

所有用于努力挫败毫无根据的恐惧、技术神话、都市传说以及欺骗性想法的资源，反而可以用作更加崇高、更加富有成效的目的。举个例子，请试想那些技术高超、知识渊博的人，他们孜孜不倦地工作，驳斥毫无根据的论点，就为了安抚那些基于谎言和古怪的想法形成自己的观点和恐惧的人。如果学生们能够认识到，迫使专家们驳斥错误的观念和主张而颠倒举证责任的做法是极度适得其反的，那么他们将能够识别出反复出现的模式，这对他们的审辨思维能力的发展是有益的。他们也会明白，将举证责任转移给专家和最有资质的人，而不是要求那些提出离奇主张的人承担责任，这对科学进步和整个社会都极为不利。当毫无根据的断言的作者转移举证责任时，他们就犯了一种被称为诉诸无知[1]的逻辑谬误。不幸的是，这有时会转化为大型研究部门的一种义务，这些部门努力完成必要而紧急的工作，例如努力证明某些技术对人口健康没有有害影响。阴谋论者相信并向他人宣称，是5G技术的部署导致了新冠病毒的传播，这只是众多事例中的一个。

为了让学生明白，要求提供缺位的证据是一种谬误，教师可以把罗素的茶壶类比作为任何需要审辨思维的学习活动的一部分。英国哲学家伯特兰·罗素用他著名的茶壶类比，成功地说明了举证责任是如何落在做出不可证伪断言的个人身上，而不是将反证责任转移到他们的对话者身上。教师可以简单地这样解释：想象一下，如果有人声称在地球和火星之间的某个地方有一个看不见、测不到的茶壶在围绕太阳旋转。我们不能因为无法反驳这个绕行茶壶的存在，就认为有谁会相信这个断言。这样，学生们就会明白，转移举证责任是完全不合理的，这是在浪费专家的

---

[1] 人们断定一件事物是正确的，只是因为它未被证明是错误的，或断定一件事物是错误的，只因为它未被证明是正确的，都属诉诸无知。——编者注

时间，浪费他们本可以更好地利用的精力。卡尔·萨根（Carl Sagan）和克里斯托弗·希钦斯（Christopher Hitchens）也用不同的术语说明了这个类比。“萨根标准”是这样说的，“非同寻常的主张需要非同寻常的证据”。而”希钦斯剃刀“则是一种认识论原则，它允许任何人取消对某一现象或主张的不可能的解释，以避免多余的行动，这一原则指出：“无证据的论证过程可以被无证据地否定。”

令人遗憾的是，如今，世界上一些最聪明的人正陷入一种不必要的矛盾行为的恶性循环，这是因为大量非同寻常的、毫无根据的言论现在通过社交媒体或仅仅通过糟糕的新闻报道进入了普通民众的视野。不幸的是，由于其他领域的科学家和专家需要就那些虚假的主张花费大量的时间和精力去安抚民心，而不是取得进展或为促进更大的利益做出贡献，因而减少了应对公共健康、环境或经济的真正威胁所需的资源分配。这种资源的重新分配可能会减缓许多领域的突破，减缓科学发现的进步，减缓新疗法和救生疗法的发展，减缓新技术的发明，而这些新技术可能会改善人类的生活质量，甚至是提高我们未来在这个星球上生存的机会。如果科学知识是由新闻稿驱动的，而不是在学校和高等教育机构中以跨学科和整体的方式严格地教授给学生的，人们可能会发现自己卷入一个减缓了必要进步的下行螺旋。同样，我们都观察到，越来越多深具影响力的人、记者和政治家不再受制于可证明的事实。相反，他们肆无忌惮地创造自己的另类事实。

是时候采取行动了。作为教育工作者，我们认为最具建设性的事情是有效地教育年轻人如何识别毫无根据的主张和谎言，例如，借助本书中描述的各种整合性和可持续学习方法。因此，未来教育的核心方面或目标应该是为学生提供持久的智力工具，使他们能够在充满虚假信息的现代环境中安全、成功地航行，而且还要巩固他们识别虚假信息的机制，希望随着发现和打击虚假信息的分析能力的提高，学生能够将这种思维方式逐渐渗透到他们的学习环境中，并逐步在更广泛的社会中传播这种思维方式。想要做到这一点，他们必须学会识别公然无视逻辑矛盾和半真半假的事例，这些事例意在打动并压倒读者、观众或听众。这些类型的谎言还涉及阴谋论话语中语言的语义操纵，教师还应该训练学生在图片、统计数字、数据图表、宣传海报以及所有其他旨在说服的信息形式中识别它们。一旦学生学会驳斥这些最令人反感的东西，如谎言、欺骗和骗局，他们就会明白，这种无稽之谈有时是用令人印象深刻的语言或炉火纯青般令人信服的修辞手法表述的。

此外，我们还看到有些虚假信息被伪装成基于计算大数据的无懈可击的复杂算法。因此，我们也提出这样的观点：数学和计算机科学领域必须在培养学生的审辨思维能力方面发挥主导作用，同时在STEAM教育的学科内部甚至外部使用整合方法，而不必囿于处理定量、统计和计算数据的传统学习方法。教师还必须教学生学会识别数字操纵的社会情感范围和道德方面，因为大多数人都是数字操纵的潜在受害者。因此，我们强烈地认为，审辨思维和来源批判应是教育的基石，这一点比以往任何时候都更重要。

当然，学生们从一开始就明白，广告是在向他们推销东西，而且他们有时会凭直觉意识到，相关关系并不意味着因果关系。事实上，教师应该在课堂上展示大量事例来说明相关性并不意味着因果关系，目的是让学生们不再那么容易被充斥着误导性的图表、数据或建立在断章取义的统计数据上的论点所说服。不过，教师必须充分利用先前获得的能力来说明和加强学生的已有知识，提供多个事例来激发反思，并在自主学习的环境中发起课堂讨论。这类练习可以起到示范作用，厘清那些试图欺骗的人所采用的劝说机制。这类学习活动的最终目的是训练和教导学生进行批判性思考，让他们了解数据、图像、断言、模型和理论的不同质量，它们构成了与发现真相相关的所有活动领域的证据。

识别和评估现有信息来源质量的技术很多，而且这些技术也在不断变化和波动。然而，教师需要向学生提供一个“工具箱”，使他们能够寻找和识别最可靠的信息来源，特别是在网上，毕竟大多数年轻人都会在网上寻找信息，并分析图像是否可能被篡改。学生需要学会用以下问题找出谁说了什么，以及为什么说：

- 它是由谁发布的？
- 他们的目的是什么？（隐藏的或可见的）
- 为什么你会接触到这些材料？（算法）
- 你应该相信它吗？
- 你应该分享它吗？

让学生看到更大的图景，同时反对碎片化

能够对各种来源的有效性进行公断的一个重要部分是有能力退后一步，试图掌握更大范围的事件，或者如果你愿意，还可以去感知更大的图景。为了提高这种能力，我们一直建议在学校使用时间线和不同类型的年表，例如在走廊和楼梯间的墙上进行展示。在任何学校建筑的主要空间展示重要的时间和事实信息，会帮助学生在不经意间吸收所展示的知识，并且迟早会以各种形式将其带回课堂，例如体现为一个问题、向同学的解释，或仅仅是许多学生共享的基本知识，即使他们不知道他们的理解力来自哪里。然而，这种退后一步、瞥见大局的能力不仅与对时间的看法有关，而且还与联结和组织事实与信息的更广泛的能力有关。此外，在分析事件、联系、关联和因果关系方面的能力也很重要。这是为了让年轻人更好地理解所处的世界，并"弹劾"碎片化的行为。这种碎片化信息和大多数专业人士的专业化倾向，以及有时利用简单的轶事而非理性的、整体的和学科间的学习来形成意见的事实，往往意味着那些倾向于相信阴谋论的人会沉湎于自己的偏见和信息泡沫的堡垒之中。当然，人们确实需要专家，而且必须有专家在场，但人们也需要专家不止深耕单个领域，而是最好能在多个领域拥有专业知识。否则，学科领域之间永远无法真正建立起深厚的联系。

教师想要真正培养学生的审辨思维能力，还必须解释数字算法在互联网上的作

用，以提高学生对被困在这些数字回声室中的风险的认识，这些回声室最终会强化观点并误导个人，使其相信自己的极端想法或带有误导倾向的观点在某种程度上是主流。教师身负重任，应该时时教导学生“（人们）很容易陷入确认偏误的数字泡沫中”。

如前所述，我们提出了反对碎片化的理由，以使教育更加共生。我们提出了一些消除学校课程碎片化的途径，通过整合主题来实现更可持续的学习，学生将发现每个主题之间的明确联系，并学会看到更大的图景，这是打击各种类型的错误、不实和虚假信息时非常实用的必备技能。这不是活动周或充满乐趣的主题日的问题，而是所有学科主题领域的总体交织，事实上，这些主题在现实生活中息息相关。

不幸的是，在过去的几年里，“假新闻”这个词被某些政客、新闻媒体或社交媒体严重滥用。令人遗憾的是，由于这个术语被严重滥用，它模糊了不同类型的谎言之间的定义。教师需要指导学生明确区分所谓的假新闻。根据联合国教科文组织的定义，“错误信息是虚假的，但不是以造成伤害为目的的信息；虚假信息是虚假的，是故意制造出来伤害个人、社会群体、组织或国家的信息；而恶意信息是以现实为基础，用来对个人、社会群体、组织或国家造成伤害的信息”。不幸的是，今天，这些术语被错误地应用，并被笼统地重新定义为假新闻，意图是模糊它们之间的具体区别，目的是误导、带偏或歪曲信息。在某种程度上，这是一种避免透明度的策略，而且很显然这是一种欺诈式操纵公众舆论的做法，会让信息背后的人受益。教师越是教育学生认识这些微妙的区别，我们每个人就越有希望进入一个人人都能够快速识别出人们所接触到的谎言类型的世界，而不是一笔带过所有东西。

值得注意的是，人们之所以会接触到错误信息，大多数时候是因为善意的人无法识别虚假信息，最终将其传递给毫无戒心的朋友和熟人。尽管这种类型的信息往往是无害的，但它促成了另一种现实的产生，即数百万人沉浸在某种形式的完全虚构的平行宇宙中。这种无意识的谎言传播可以有多种形式，最常见的形式就是不同类型的“标题党”。人们通过这种方式在网上分享内容，而不会意识到这些内容会使普通人群的整体水平降低。其中一些新闻文章有时会以一个朗朗上口的短语开头，比如你肯定不会相信接下来发生了什么，或者用一张修好的图作点击缩略图，以吸引更多的视频或新闻文章的浏览量。此外，某些政客或其他煽动者最近开始反对传统媒体，甚至每当有报道对他们不利时，他们就称它们为人民的敌人，尽管他们才是信息的原始来源。在某些特定情况下，他们使用“假新闻”一词只是为了攻击那些逐字逐句报道与他们试图传达的版本不符的人。现实往往超越虚构，这样的例子不难看到：有个政治家设法将整个政治生涯建立在一个明显的虚假信息上——要求他的政治对手出示出生证明以证明他出生在他所管理的国家。与此同时，传统媒体却正在播放这位政治家未经剪辑的言论，而正是他声称传统媒体没有公平或准确地报道新闻。这种讽刺无疑是显而易见的，在2015年到2020年期间，每个人都接触到了这种对现实的扭曲，数以百万计的人对未经过滤的第一手资料产生了不信任，却同时对只能被称为虚假信息的东西建立了更深的信任。

学生们需要意识到，在某些情况下，某些狂热分子的确认偏误会让他们质疑未经过滤的现场发言的真实性，指责新闻媒体，并将其描述为“假新闻频道”。不幸的是，当这些肆无忌惮的人的受众或支持者最终分享并进一步传播这些不实之词，却不知道这是纯粹的虚假信息时，这些人无意之间就成了传播错误信息的肇事者，或者也可以说是受害者。我们每个人似乎最近都接触到了大量被当作新闻的虚假叙事，也接触到了被煽动家、新闻媒体、网上狂热团体、彻头彻尾的骗子呈现出的掺假事实。不幸的是，即使是最老练的怀疑论者也曾接触过这种情况，并会在一定程度上受到影响。在过去的五年里，大量的谎言被说出来，被写下来，被记录下来，被拍摄下来，并被报道为真理，这考验了一些更有能力的批判性思想家的信心。这段历史有一天可能会被称为虚假信息时代，但我们在此认为，我们每个人对这一现象的认识越多，就越有能力保护真相不受个别团体、组织或游说团体的侵害，他们试图用基于纯粹虚构的利己主义叙事来模糊真相。

我们两位作者由衷建议大家尽快采取行动，反对教育的碎片化，反对整个社会的碎片化，而这种理解真实和真正联系的范式需要人们具备大量的基本常识。如前所述，尽管我们在几乎所有的历史中都意识到了所有事物之间的相互联系，但我们仍然倾向于将教育分割成不同的科目和主题，这种传统的知识分割对学习的质量产生了非常令人不安的后果，从而影响了人们辨别真假的能力。

播下好奇心的种子，寻求真实的叙事

要想散布和传播这些重要的好奇心种子，使我们的学生有能力去寻找和发现伟大的真实叙事，并使他们能够从哲学、历史和科学方面进行真理和联系的探索，学校必须从相当早的年龄就开始教授审辨思维。正如我们多次指出的那样，时间思维是历史推理的核心，如果没有强烈的时间观念，学生几乎不可能研究历史或当前事件之间的关系，也不可能解释历史因果关系，包括科学技术发展的时间方面。时间年表为组织任何准确的思想提供了历史上准确的脚手架。在试图培养年轻人的时间思维时，教学可以倾向于使用准确的历史叙事，包括传记和历史文献，以及具有很高叙事质量的口头或视觉迭代的叙事历史。像这样的叙述将有能力抓住和保持学生的注意力，这将增加之前讨论的情感方面，使教育更加全面。

教会学生进行相关的比较，他们会给你带来惊喜。学生需要使用在其他学科获得的知识，以便能够概念化和分析历史模式，而与此同时，观察学生体验“顿悟时刻”的喜悦绝对是令人着迷的。例如，在最近的一次真实的课堂事件中，一个学生自己悟出，“王室诅咒”本质上是乱伦和近亲结婚的结果。他在课堂上分享了他的观察发现，并指出他还观察到埃及法老与西班牙和奥地利的哈布斯堡家族之间的相似之处，前者如图坦卡蒙或克利奥帕特拉，他们与自己同父异母的兄弟姐妹或亲生兄弟姐妹结婚，后者则与近亲世代结婚。他假设，哈布斯堡家族的一些成员或埃及法老的身体或精神残疾可能是遗传疾病的结果，这是由于血缘关系导致的一些隐性遗传特征的表现。同样，他将俄罗斯帝国的罗曼诺夫王朝进行了平行比较，假设末代皇储阿列克谢·尼古拉耶维奇·罗曼诺夫因类似的遗传基因而患有血友病，这是由于欧洲王室内部的突变导致的，这些王室也诉诸通婚。通过将三个不相关的历史时期进行比较，他展示了跨越不同时代的不同信息之间如何建立相关联系。在获得上述整合性教学之后，这些相关的联系更有可能发生，因为在生物学中习得的知识在历史中变得有用。当然，这些事实已经广为人知，但这名学生整合所学知识得出他自己的认识，我们认为他在这种情况下的学习方式会使知识的可持续性更强。基于他完成整个学习的思考过程，以及当他的假设被老师和同学证实时得到的积极满足感，这些知识可能会被保留在长期记忆中。为了进一步培养学生的审辨思维能力，教师鼓励全班学生调查这些说法，以确认或推翻他们同学的假设。被班上其他同学证实也有助于这种自主学习过程的可持续性。与简单地从教科书上获得见解或更被动地从教师的讲课中获得的知识相比，这类有益的经验几乎肯定会提供更持久的知识。

识别假设、逻辑谬误和认知偏误

让学生们意识到自己的假设、逻辑谬误和认知偏误将有助于他们理解每个人在推理中都容易出现的缺陷。最重要的一点是，教师为学生提供工具来理解正常的人类会犯错这件事至关重要。学生需要意识到审辨思维的基本工具，即能够识别逻辑谬误。这些类型的推理缺陷是普遍存在的，每个人每天都在犯这些错误，而没有注意到这些缺陷、诡计或思想错觉，但有时它们会被无良的人有意识地用来愚弄那些没有意识到各种类型逻辑谬误存在的人。这就是为什么解释它们，定义它们，并与学生一起示范它们是如此重要。

你可以选择尽可能多地展示不同类型的逻辑谬误，同时简要地描述它们，但最重要的是提供简单易懂的例子，让学生意识到他们也可能经常犯这些谬误。让他们其实也是让作为教师的我们自己意识到这些倾向，不仅能让他们在推理中培养自我意识，而且在对话或辩论中培养对有缺陷的论点进行辩护的能力。本节正在为他们配备新的工具，一些更常见的逻辑谬误可以用几句话和简单易懂的例子来描述。让我们从普遍的轶事逻辑谬误开始，一位教师可能会说这样的话："我的祖父烟龄60多年，但他去世时已经97岁高龄了，因此吸烟对健康的危害不大。"然后鼓励学生在自主学习练习中分析这个句子。一些学生可能会指出，这种统计上的异常实际上并不能证明任何东西，任何基于这样一个轶事故事的归纳只会让它变得无关紧要。换句话说，规则总会有例外，但规则不应该由例外构成。

教师应该举例说明的下一个逻辑谬误是我们在高中环境中观察到的最常见的逻辑谬误之一。在高中环境中，青少年有时对彼此很残酷，他们会评论别人的外表、衣着打扮或发型，有时甚至评论别人的性格。以人身攻击的逻辑谬误为例，比如有人说："我们别理查理说的话，因为他身上的味道太冲了，和流浪汉差不多。"通过让学生参与积极的学习对话，让他们相互学习，认识到这种类型的行为不仅是不可接受的，而且是建立在完全有缺陷的推理上的。当你觉得无法参与实际的争论时，很容易因为别人的外表而攻击他们，这种方法是用来攻击个人的，而不是实质性的争论。教师让学生们意识到人身攻击是一种人们在不能公平地赢得争论时才使用的令人不快和讨厌的肮脏手段，实际上给学生讲清这件事可以减少校园环境中的欺凌行为，因为这种做法不仅让做出人身攻击的学生会因此意识到自己的缺陷，它还可以成为旁观者目睹任何形式的恐吓或人身攻击事件的工具。这将鼓励旁观者不要保持沉默，而是指出同龄人的逻辑谬误，从而营造出更好的学校氛围，同时也培养他们的审辨思维能力。

在了解了上述两个逻辑谬误的例子之后，也许是时候让学生了解滑坡谬误了。

同样，教师可以通过一个简单的例子引入，比如有人声称“如果政府给予同性恋伴侣结婚的权利，那么下一个合乎逻辑的步骤就是他们会要求获得与他们的猫猫狗狗结婚的权利”的论点。学生们几乎马上就会意识到这些类型的论证是多么的无效，当他们掌握了正确的知识，能够轻松地识别话语中说话人犯了滑坡谬误的因素时，他们就能又快又准地指出这是滑坡论证，即对方认为采取一个小的行动会导致重大的、有时是可笑的后果。

最后一个关于如何提出逻辑谬误的方式是，教师要展示个人犯下不同类型谬误的视频，以便列举实例，而不仅仅是使用假设或理论的例子说明。我们在网上发现的最有趣的稻草人谬误的例子是，有人试图歪曲达尔文演化论的核心原则，目的是利用一个有缺陷的论点来宣传神创论。这些论点体现在一场辩论中，两个著名的激进神创论者在为“智能设计”的伪科学思想辩护时，用修图修得很粗糙的照片来支持一个一半是鳄鱼一半是鸭子的生物。这个虚构的生物“鳄鸭”就是一个明显的例子，它故意歪曲一个科学事实以误导观众，并宣扬一种由来已久的观点，即生物不是演化的结果。稻草人谬误可以以虚假信息的形式出现，但也可以因为故意无知而成为错误信息。然而，稻草人谬误通常采用不正面交锋的方式攻击他人的观点，它经常通过故意扭曲他人论点的整个前提来嘲笑他人的立场。让学生意识到这种类型的逻辑谬误将帮助他们变得更有自知之明，并能够帮助他们认识到自己什么时候可能犯了这些逻辑谬误，也使他们能够注意到在参加讨论或辩论时，其他人对他们施加的这种不公平对待。

教师有义务同学生一起系统化地怀疑探究机制，以证明所有类型的指控都有充分的事实证据支持，同时根据其质量进行评估。在这个过程中，教师要考虑推理偏差，并理想地控制偏差，每一个假设或替代解释被接受成为理论之前都需要进行评估。学生应该在选择接受乍一看最明显的解释之前学会寻找其他解释。此外，教师必须确保学生养成能够看到各种各样的观点的习惯，以保证他们不会陷入两个极端。真理和现实从来都不是极端的，没有什么是纯黑或纯白，纯真或纯假；通过对每个问题或意见进行更高层次的分析，教师将培养学生掌握一种不可思议的技能，以帮助他们在未来做出妥协，尤其是在团队协作或合作的背景下。这种对存在于思想光谱中黑与白之间灰色地带的理解，同样也是在使用可持续的多学科教学法和关系型教学法时培养的最重要的技能之一。

下一个合乎逻辑的步骤是开始教学生了解不同的认知偏误。人们思维习惯中这种类型的捷径往往使做出的判断不合理，同时也可能使其失去客观性。同样，提供大量相关的例子，在正确的背景下清楚地定义每种认知偏误，同时提供相关且易于理解的场景来演示这些类型的偏见如何在众多方面变得有害，将会很有帮助。我们每个人都是认知偏误的受害者，可能在不经意间经常犯这些错误。

第一个需要定义、解释和举例说明的认知偏误被称为“光环效应”。可以向学生这样说明并解释这一现象：一个魅力四射的人可以对其他人产生如此大的影响，以至于他们愿意相信和信任他们偶像嘴里说出来的一切。不难发现，很多人似乎崇拜名人、政客、体坛名将、公众人物或宗教领袖，甚至有些人对其他英雄的崇拜几乎到了完全丧失判断力的地步。换句话说，当他们崇拜的人说出一个不成立的陈述时，他们可能会失去他们平常的批判性思考能力。对于狂热的崇拜者或追随者来说，无论偶像说什么，在他们听起来都是“如听仙乐耳暂明”。

在此之后，教师要继续解释最常见的认知偏误，即确认偏误。在这一点上，人们只会或最容易相信那些证实他们先前信念或强化他们先前假设的东西。这可以比喻为逆向做科学，你只考虑那些支持你假设的东西，精心挑选证实和强化你先入为主的想法的证据，拒绝其他一切。对青少年来说，用一个仍然相信圣诞老人并决心要找到他的故事作为例子，往往会很有趣。请想象这样的场景：一个志在必得的人前往芬兰北部旅行，只为找到圣诞老人。一旦这个人看到雪中的任何脚印，这种信念就会得到加强，并会假设自己在追随圣诞老人的脚步。这个简单化的例子对青少年来说非常有效，因为在他们所处的年龄段，可以假设他们中已经没有人还在相信有圣诞老人，但不难猜测，就在前几年他们还确实相信有圣诞老人，或者他们的弟弟妹妹此刻仍然相信。

另一种以简单明了的方式向学生说明确认偏误的方法，是教师可以用一些琐碎小事来说明，比如为什么很多女性几乎总是觉得大多数男性在用完马桶后会把马桶坐圈抬起来，而大多数男性却说他们每次用完都会把坐圈放下？这种下意识概括的倾向影响着我们所有人，因为这个再平常不过的例子表明，由于记忆的选择性，每个人都有发展某种信念的倾向。通常情况下，大多数男性都会记得自己放下马桶坐圈的时候，而大多数女性不会注意到马桶坐圈何时放下，却能记得男性“忘记”放下马桶坐圈的时候。这个例子表明，生活在一起的两个人可以对生活中的琐事有着完全矛盾的印象和回忆。同样重要的是，要证明这种类型的确认偏误几乎在每个男性占多数或女性占多数的家庭中都会被放大。那些处于少数的个体可能会经历信念强化。这些类型的信念强化，即每个人有选择地记住那些为他们已有的信念提供认知支持的信息或时间，有效地证明了任何人都有可能在许多领域受到确认偏误的影响。

下一个例子可能是大多数青少年已经意识到的，它是一种被称为安慰剂效应的确认偏误。这种确认偏误作用于大脑能够控制的任何事物，并且在某些替代药物的感知效果方面尤为普遍。审辨思维践行者必须意识到这是一个极为强大的认知偏误，如果他们有在接触新数据时就能获得改变想法的能力的念头。相比之下，宣扬阴谋论的人可能永远不会改变他们的信念，即使他们了解到有确凿的论据、证据和数据来推翻他们的信念。他们经常依靠中途移动球门柱这种改变规则的错误策略，来声称自己从一开始就是正确的，同时仍然质疑科学共识，因为他们是在偷梁换柱的基础上形成自己的观点，同时试图在拥有相同信念的志同道合的人中获得认可。学生们应该意识到这些机制，以便理解每个人都会在不同程度上受到启发式偏见的影响，并有锚定的倾向。

但在学习周期开始的早期，教师和学生需要关注的最关键的认知偏误无疑是邓宁·克鲁格效应。讨论这个问题是推广苏格拉底式探究法的好方法，因为它可以被称为苏格拉底在公元前400年所推广的方法的现代版本。苏格拉底可以说是雅典最聪明的人，据说他曾说过他所知道的一切就是他一无所知。解释邓宁·克鲁格效应的一个简单方法是使用一个有X轴和Y轴的坐标图，在这个图中，信心水平和知识或能力水平在其各自的范围内从低到高不等。

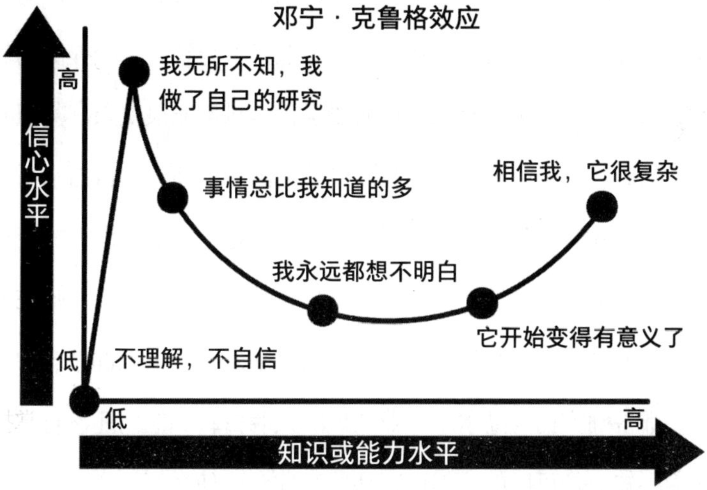

图3.1 邓宁 · 克鲁格效应

在某个领域知识非常有限的人，在学习过程的早期有一种过度自信倾向，即认为他们已经知晓某个主题的所有知识。不幸的是，在网上的某些论坛或社交网络平台上，发言最积极的用户往往就是这种情况。那些声称自己在互联网上做过“研究”的人往往是对某一研究领域的复杂性理解极其有限的新手。互联网上令人深恶痛绝的网络喷子都处于图3.1所示的这一高峰阶段。一旦人们对某个话题了解得更多，他们的自信水平就会逐渐下降，因为他们会意识到这个话题远比他们最初想象的要丰富得多。随着更多的知识被吸收，信心水平继续下降；确定性也随着他们的动机水平而下降，因为在到达某一刻之后，人们开始相信他们将永远无法完全理解这个研究领域。对于那些学无止境的人来说，当所学的东西开始对他们有意义时，他们的信心水平将逐渐开始重建。如果他们继续获得高水平的专业知识，其确定性水平将再次上升，但永远不会像他们在学习过程的早期阶段那么高。这样他们就能更容易地表现出谦卑，因为他们了解每个研究领域的复杂程度，他们也掌握了每个研究领域某些分支的复杂性，他们明白还有很多东西有待发现，因此他们的信念永远不会像他们刚进入某个领域时那样直达顶峰。

很常见的一种情况是，年轻学生入校时，认为他们已经知道他们需要知道的一切，没有什么需要向老师学习的。然而，一旦他们参与到新学校提供的教育中，他们就会开始意识到，他们确实有新的东西要学，学科可能很复杂，甚至有的只需要他们掌握入门的概念，即便这样他们有时也感到困难。他们的自信水平，或者说他们的自满水平，会逐渐下降，这对学习者来说可能是一个非常谦卑的经历，但这是完全正常的，因为经历这种认知偏误是人类的天性。这是大多数教师在课堂上都见过的一种傲慢。换句话说，在任何领域获得高水平的专业知识都是一种非常谦卑的经历。此外，那些确实拥有高水平专业知识的人明白，当他们还没有掌握所需的证据时，说他们不知道是可以的。然而，那些声称自己什么都知道，但专业知识水平非常有限的人往往有一个坏习惯，就是用未经证实的说法来填补空白，以便听起来更有说服力，或者实际上是自欺欺人——说服自己。这是一件专家可能永远不会做的事情，因为他们已经经历了从邓宁·克鲁格学习曲线的一端到另一端，已具备高水平的专业知识，并将其转化为对该研究领域进一步发现和调查的强烈好奇心。这种态度有助于科学的发展，并强化了寻求这些聪慧、科班出身但又谦逊的专家的假设的答案所采用的科学方法。如今，遇到不够格的人也越来越常见，比起实际情况，他们更坚信自己学富五车。

也许还应该指出，网上有些喷子太没有自知之明了，根本不知道自己有多天真无知，他们缺乏审辨思维能力和某些领域的一般素养，使得他们听起来像专家，而实际上却无知透顶，完全不合格。通过让学生接触网络上一些关于邓宁·克鲁格效应的典型事例，教师可以帮助学生加强对这种普遍的认知偏误的理解。这可以成为一种激励学生努力学习更多知识的方式，同时培养学生的谦逊和好奇心。用约翰·列侬（John Lennon）的话说：我们看到的越多，我们确定的就越少。这是一个很好的工具，可以让学生了解保持开放心态的真正含义。

如何教授：用科学探究方法

但最相关的问题仍然存在：教师如何通过教授审辨思维来达到前面提到的目标？我们将再次论证，通过使用跨学科和整体教学的方法，教师可以利用前面章节中描述的整合性学习方法，更有效地培养学生的科学探究能力。教师可以通过整合尽可能多的自主学习策略来实现这一目标，因为参与式体验学习通常会产生可持续性最强的结果。我们不应该害怕囊括动手学习，因为审辨思维在技术、工程或其他任何与STEAM教育相关的主题中都会变得日益重要。我们还认为，教师培训应将审辨思维作为一门独立和综合的学科，以便更好地为教师配备必要的知识来实现这一稍显困难但却至关重要的学习目标。

随着学生的批判性技能在整合性自主学习环境中逐步提高，教师有责任支持科学探究方法以进一步提高学生的科学知识和理解。可持续教育的目标之一是培养学生像科学家一样思考，让他们总能从一个问题开始，做一些背景研究，提出一个假设，用实验进行检验，在得出结论之前进行观察和分析。而这也包括谦虚的态度，因为最终这个科学理论可能会被推翻，或者在未来通过更多的研究和更好地理解科学的演变性而得到改善。例如，一位试图说明抵制事实是如何对民主构成严重公共威胁的教师，可以在讲座开始时说，绝大多数合格的气候科学家都有力地声称，由于人为排放的温室气体扰乱了全球碳循环的平衡，地球的大气层正在明显变暖。同样，教师需要指出，最合格的病毒学家和微生物学家告诉我们，疫苗非常安全，对全球公共卫生来说是绝对必要的。随后，教师可以强调这样一个事实，即现在有相当一部分人声称拒绝这些科学发现，或者至少在依赖科学来形成自己的观点时存在歧视的现象——他们想要挑选和选择自己相信什么。

为了充分引导学生注意诸如信念和信任等词语的语义方面，教师应该澄清科学家通常不会从信仰的角度谈论科学，而更多的是从信任的角度谈论科学。信念属于信仰的范畴，而信念是与科学截然不同的东西。信仰不需要有形的证据或同行审查，但科学需要。然而，对于大多数普通民众来说，接受大多数科学主张都要经过对科学方法过程的理解。由于显而易见的原因，大多数人无法真正自行判断大多数科学主张的正确性。在这个意义上，由于科学是作为一种思维方式呈现给学生的，而不是简单的可验证和可证伪的事实或观察的集合，因此它已成为每个自主学习活动不可分割的组成部分。当科学被用作一种可靠的方法来质疑所有发现时，学生们学会了信任科学方法，并逐渐接受这样一个事实：在科学背后凝聚力量，每个人都能从中受益。同样地，任何科学家在自己专业领域之外都学会信任彼此的主张，因为他们知道作为和他们一样的研究人员，其他领域的科学家也已经采用了包括同行评审在内的严格的科学方法。科学家们可能从一个假设开始工作，或者只是偶然地发现了一个科学发现，或者确实采用了一种归纳的科学方法，在工作中形成想法。因此，向学生传授科学探究方法是必要的，在某种程度上，这种方法总是包括测试和同行评审，因为通过了解它是什么以及它是如何工作的，大多数理性的人都会理解科学方法的有效性和重要性。

我们主张使用跨学科和整体教学的方法，与学生一起发展真正的整合性科学探究方法，即使他们正在学习非自然科学的学科也没关系。这样，教师可以教会学生在学习文学、历史、宗教、语言、家庭经济学、视觉艺术、音乐等各种课题时使用科学的方法，而不是用直觉的、超自然的或伪科学的方法。随着这一过程成为整合性自主学习的基石，学生就会明白，它不仅仅是一种方法，而是一种包含人类理性、自然主义和道德的哲学，可能在未来会提供更多的机会。对于任何问题，当学生学会从大局出发，相信科学方法来解决问题并找到解决方案时，他们的成功机会就比相信那些不够格、固执己见或弄虚作假的“骗子”更大。科学方法还经常采用建模的方式，通过建立模型，科学家测试他们的想法，从某种程度上说，这正是我们在本书中提出的自主学习方法所要实现的目标。这种审辨思维的自主学习应用了一种科学方法，它根植于世俗人文主义，因为它拒绝教条主义、迷信和超自然主义。然而，我们也鼓励教师在课堂上偶尔使用伪科学的论点，以引发学生的怀疑，并测试他们的轻信程度。事实上，这可能会加强学生对事实的理解以及他们对科学方法的信任，因为他们会揭穿那些糟糕的、荒谬的或不存在证据的有缺陷的论点。在接下来的章节中，我们将通过许多相关的例子，彻底证明这种反直觉的教学方法如何加强学生对可持续知识的理解。

建设性地解决复杂和困难的问题

在涉及这些敏感话题时，绝不能忽视的一个方面是，许多青少年在了解到当前气候变化的挑战时可能会产生一种焦虑感。尽管全球变暖可能造成各种环境灾难，但教师必须传达一种希望感，这一点非常重要。青少年可能会有气候焦虑的倾向，因为有大量的科学证据预测，自然灾害和天气异常的数量、严重程度和频率都会增加。为了防止焦虑，教师必须要把重点置于传递更美好的未来前景，以及摆在年轻人面前的所有机会，以便为更美好的未来做出决定性的影响和改变。与此同时，也要灌输希望，这对任何年轻人来说都是至关重要的，因为他们可能会为我们所有人都面临的危机提供解决方案。在涉及这个跨学科的主题时，教师有责任告诉学生，现在还不算太晚，仍然有可能通过为学生提供启发性的例子来解决这些问题，以增强学生的能力。教师需要问自己的一个最重要的问题是，如何消除学生的焦虑和愤世嫉俗，教师有权提供希望，因为果断的行动很可能带来快速的改善。

墨西哥科学家、1995年诺贝尔化学奖获得者马里奥·J.莫利纳（Mario J. Molina）的故事令人鼓舞，它体现了人类在面对压倒性的科学事实时，通过采取果断的行动，有可能迅速改善现状。他是一位无名英雄，发现了氟氯烃正在消耗臭氧层，不仅如此，他还找到了解决这个问题的办法。每位教师在讲授人类活动引起的气候变化这一令人不安的话题时，都会以1987年的《蒙特利尔议定书》（全名为《蒙特利尔破坏臭氧层物质管制议定书》）为例，为学生提供安慰和希望。在该议定书中，整个国际社会齐心协力，真正采取果断行动，禁止或至少逐步淘汰所有氯氟烃、氢氯氟烃和氢氟烃人造化合物的生产，以阻止两极臭氧层的损耗。科学家们发现了两极的空洞，并找到了解决这一潜在灾难的富有远见和创造性的方法，这一鼓舞人心的故事为后代树立了积极的榜样。墨西哥科学家马里奥·J.莫利纳和他的同事弗兰克·舍伍德·罗兰（Frank Sherwood Rowland）提供了一个无与伦比的证明：当人类面对大量同行评审的科学证据，而情势又要求单方面监管时，就必须在国际政治层面采取行动。当有科学素养、有远见、有恒心的政治家与称职的科学家合作时，人类可以非常迅速地实现伟大的目标。这个振奋人心的真实故事，为教授青少年气候危机提供了一个不会引起青少年焦虑和绝望的好方法。

自1987年《蒙特利尔议定书》获得一致批准以来，臭氧层的空洞已经开始自愈，甚至比预期的还要迅速。这个令人鼓舞的故事也是讨论社交媒体和互联网对当前公众辩论的影响的绝佳机会。莫利纳在2019年10月的诺贝尔奖教师峰会上发表演讲时指出，“如果我们的发现是今天做出的，我们可能会需要与那些否认臭氧层中存在空洞的人进行斗争。那样的话，许多国家可能直到今天仍在使用氟氯烃。事实上，当时并没有一个易于访问的平台，让强大的游说团体和否认者可以轻易进入来传播虚假信息和阴谋论，这使得我们可以立即采取果断行动，迅速解决一个重大的环境问题”。的确，在1987年，当时并没有利益集团或“网络喷子”散布虚假信息，说一些恶作剧的“绿色阴谋是由在维持现状方面拥有既得利益的特殊利益集团领导的”，就像我们今天所看到的那样。

教师还需要向学生介绍过去类似的事件，以便他们能够进行相关的比较，并获得更多的视角。例如，有充分的证据表明，在那些日子里，是烟草行业的说客参与了一场咄咄逼人的欺骗性运动，故意提供虚假信息，并不是绝大多数医生和健康专家欺骗吸烟者。同样，化石燃料游说团体目前也在积极游说，希望他们在传播有关气候科学的虚假信息的同时照常营业，鼓动对要求改变的活动人士或团体进行人身攻击。相比之下，《蒙特利尔议定书》的共同签署国在1987年不必应对这些障碍。这使得称职的专家和政治家能够迅速采取行动，而不会受到太多恶意干扰。当时也没有任何氟氯烃游说团体或利益集团有同样的能力，可以让虚假信息充斥社交媒体，传播对可再生能源和气候科学的怀疑。不幸的是，如今的现实使一切变得难上加难，因为故意无知和被误导的人们选择相信固执己见的说客和舆论导向专家，而不是称职的气候科学家。可悲的是，这些人中的大多数都没有意识到他们在传播虚假信息，所以这是虚假信息如何运作的一个极好例子，如果教师没有给学生提供基本技能来理解科学方法和科学性的硬知识来得出正确的结论，或者在分析科学发现压倒性地证明环境威胁存在的有效性时进行相关比较，那所有人将继续暴露在巨大的虚假信息浪潮中，就像科学家首次敲响警钟，敦促世界采取果断行动，遏制大气中人为排放的过量温室气体以来，大多数气候活动人士所面临的情况一样。但是，如前所述，教师需要通过提供大量像马里奥·J.莫利纳那样鼓舞人心的例子来赋予学生希望，以应对地球上人类未来面临的任何生存威胁。

当然，在能够清楚地证明科学方法的有效性之前，在学生能够应用诸如来源批判等软知识之前，大量的硬知识是必备品。正如我们之前所论证的，要实现真正吸收必要的硬知识、将各个连接点联结起来这个目标，通过跨学科和整体教学的方法来实现是最有效和最可持续的，整合多个不同的学科，以便调焦并呈现出更广泛的涉事图景。通过采用学科间、交叉学科和跨学科的策略，学生会注意到事情是如何重叠的，以及为创造这些硬知识而采用的科学方法在每个学科中都是一样的，从而最终会体验到一种收获的感觉。所激发的情感将是一种满足感，这反过来将有助于使这种整合形式的教学更加全面。这种学习过程中审辨思维最好的部分是，学生还需要学习一些基本概念，如天气和气候之间的差异，以了解季节是如何运作的，以及不同的气候带和亚气候是如何在全球气候中发挥作用的。对他们来说，了解海洋对气候有很大的影响也很重要，这一点在讨论中经常被忽视，这也是教师经常未能呈现更大图景的一个好例子。不同的活动人士或纪录片呈现出各种世界末日的场景，学生会产生某种形式的焦虑是可以理解的。然而，我们想强调的事实是，正如每个人都知道的那样，有一个现实且迫在眉睫的气候危机，我们绝没有试图降低其重要性，但如果我们真的想激发行动，我们需要采取建设性的方法，教师有责任为希望而教。

不管人们对格蕾塔·桑伯格（Greta Thunberg）这样的环保活动家有什么看法，对于我们这样的中年教师来说，批评一个勇敢的少女试图采取行动来推动科学解决迫切问题，效果是恰恰适得其反的。批评她和她的努力是一个错误的审辨思维的完美例子，因为大多数时候，人们把她作为一个个体来看待，试图避免谈论真正的问题，是在犯“人身攻击”“稻草人谬误”和其他类型的逻辑谬误。此外，教师认为他们只是对她的言论进行批评，这可能是在向他们的班级发出失去权力或影响力的信号，暗示他们这个年龄段无论做什么，都不会被认真对待。事实上，这里唯一真正重要的是更大的图景和她所传递的信息，即我们需要“团结起来支持科学”。

培养事实核查技能

一旦学生掌握了核查图片的技能，教师必须确保他们不会养成坏习惯，即认为网上的每张图片都是经过修图处理的，或者是为政治或经济议程服务的。为了说明这一点，让我们以瑞典摄影师克里斯蒂安·奥斯隆德（Christian Åslund）为例，他收集了一系列大约100年前拍摄的冰川照片，设法找到了这些照片拍摄实地的确切位置，并于2018年用现代数码相机重现了每一张照片中的冰川。通过将新旧图片并置比较，他清楚地展示了冰川在20世纪融化的程度。其中一些图片在互联网上疯传。尽管它们已经经过了该领域专家的验证、同行评审和确认，但网上众多气候变化否定论者滥用怀疑论，声称那些图片是假的。这是抵制事实的一个典型例子，教师同样要善于解释什么是捏造的证明和真实的例子，这样学生就不会成为愤世嫉俗的否定者，这一点极其重要。

使用辩证法，频繁地重复三步循环

第一步：提问

从一开始，教师就需要要求学生质疑一切。大多数时候，这之后，聪明的学生就会举手讽刺地问："为什么？"这正是你想要完成的第一步，因为你的目标是尽快将苏格拉底式探究法作为一种自主学习的方法引入使用。教师在这样做的时候需要表现出谦逊和理智的执中（intellectual modesty），他们当然应该鼓励学生对他们听到的和正在被教授的所有事情提出质疑。在回答疑问和矛盾的陈述时，教师必须始终避免听起来有居高临下的感觉。与其直接回答问题，不如简单地问，"我们为什么知道这是真的？我们如何知道这是真的？"或者"我们为什么要对这个或那个做出假设？"，以清楚地解释知识理论如何被用作自学教育努力的一部分，从而向学生介绍认识论，这样可能会有所帮助。许多教师会选择使用柏拉图的洞穴之喻作为入门练习，用“冒热气的茶杯”等例子来证明假设是如何被推导出来的，这些都是不错的主意。

在黑板上画一个茶杯，茶杯里的热气正在升腾，这一简单的练习可以帮助学生用简单的术语来概念化认识论。第一个要问的问题是：你认为杯子里有什么？最自信的学生会断言，看杯子的形状，里面很显然是茶。与此同时，更谨慎的学生可能会说里面可能是任何一种热饮料。最不轻信的学生可能会回答说，杯子里甚至不需要装任何热液体来产生“白气”，因为有人可能试图用干冰欺骗我们。这项练习说明了任何特定群体中不同程度的好奇心。通过发起一场关于茶杯中可能有什么的辩论，教师肯定会举例说明如何根据有限的可用信息做出假设。最初，在讨论开始时，那些最自信的学生会断言这可能是茶，因为它在茶杯里，而当其他学生说热巧克力或其他热饮料也可以用这种杯子喝时，辩论就会取得进展。然而，其他学生可能会开始推断并提出一些问题，如：仅仅通过看黑板上画的图，我们就能假设茶里有牛奶或糖吗？其他学生会说，他们曾看到父母用茶杯喝咖啡。过了一会儿，每个人都会明白，要想确定茶杯里有什么，唯一的办法就是品尝它，因为即使是看起来像茶的饮料，也可能是其他东西。这样一来，他们的审辨思维水平就通过一个简单的自主学习活动得到了发展，除了在黑板上画一个冒热气的茶杯简图这一点努力外，不需要准备其他任何材料。

当培养审辨思维能力时，教师需要记得问一些温和的问题。教师存在的意义不是证明学生是错的，如果他们错了，教师最好让学生自己得出结论或自我纠正错误的假设。学生可能会觉得，如果他们自己悟出了一个道理，他们的学习经历似乎会变得更有意义，这种满足感最终可能会成为他们长久的记忆。研究表明，像这样的积极情绪有利于知识的编码，因为它大大促进了学习者的认知过程。在这类学习过程中，情绪的注意力和动机成分将在很大程度上增强所学课程的可持续性，而不是通过文本、教师或任何其他个人使用权威来提供答案。另一种提高学生知识记忆的方法是在每节课结束时问："你今天学到新东西了吗？"答案很可能是：学到了！通过这个问题，大多数学生首先明白他们在学校是为了学习，而不是停滞不前，因此，这个简单的问题将帮助学生吸收新知识，因为它鼓励他们列举一些他们学到的新东西。这为他们提供了一个机会，让他们反思在课堂上学到的内容，并有助于将新获得的知识从短期记忆"存储"到长期记忆中。

第二步：调查和评估

第二阶段从一个明确的目标开始，即教导学生承担责任。为了验证课堂上所涵盖主题的基本内容是否已被吸收，教师需要提出具体问题，以建立对所学内容的数量、相关性和实用性的诊断。完成后，教师可以鼓励学生通过调查不同的来源来评估内容的质量。作为一种练习，教师可以在讲课开始时警告学生，在接下来的几分钟内分享的一些信息将是谎言、半真半假和可验证的事实的混合体，学生的任务是从教师的话语中识别出哪些是准确的，哪些是不准确的。我们将在后面提供一些例子来说明这种教学技巧，但目前重要的是将这种练习视为教师进行持续评估的绝佳机会，通过观察学生如何调查和评估不同的来源，以驳斥或确认教师的各种陈述。

再多的信念也不能使某件事成为事实，因为统计数据可能会误导或被用来操纵观点，所以，更有建设性的做法是提醒学生在任何学习过程中，最重要的是取得进步。此外，鼓励学生追求质量而不是数量。希望提高学生调查和评估资料来源的技能的教师可能会鼓励学生在建立论点时使用"我认为"而不是"我相信"。这实际上是审辨思维的主要观点之一，也是我们首先要鼓励的：思考行为和要求实际可验证的事实，而不是让学生信口开河，相信一些无法得到任何有形证据支持的东西。我们还发现自己不得不看重伦理而非道德，因为前者是基于合理的哲学论证，而后者的根源是"圣典"，而这些圣典往往起源于青铜时代，比任何类型的科学方法都早几个世纪。引导学生指出历史上的各种时代错误，特别是帮助他们指出经常被用来制造宣传的历史修正主义和误读，对于培养学生的审辨思维是非常有用的。这也将使学生具备发现任何事物矛盾之处的基本技能，因为这将有助于培养他们的求知精神。这样，他们就会意识到历史电影往往是极其不可靠的信息来源，因为它们经常包含时代错误和不准确之处，例如出于娱乐目的而进行的讽刺，或是为了吸引观众，在不真实的地点开展富有想象力的浪漫情节，从而损害了准确性。我们多次提倡教师使用不断接触虚假新闻的方法来教育青少年识别假新闻。通过这种方式，他们将学会识别潜在的危险信号。在电影中指出时代错误和讽刺是培养怀疑主义的绝佳方式。本书中反复提到的另一个技巧是使用都市传说和神话来测试轻信程度，并举例说明人们是多么容易上当受骗。

第三步：综合

综合是一种思维方式，可以对知识进行彻底的提炼。这种方法与哲学的不同分支密切相关。教师可以问假设性和开放式的问题，迫使学生发展综合分析技能，并将从不同来源获得的新知识进行整合。毫无疑问，任何审辨思维的综合性教育都应该努力阐明跳出思维定式思考的意义，以及什么可以培养创造力。在开始讨论之前，教师应该让学生提出自己的假设和问题，最好还能鼓励学生相互学习，以巩固新的见解。这也是一个绝佳的机会，可以提供多种机会练习修辞，以培养他们的说服力，提高他们的沟通能力，但最重要的是帮助他们说服自己，真理必须使用逻辑和科学的方法来发现，而不是直觉、超自然或伪科学的方法。他们还将学会综合分析，因为他们掌握了在他人心中“播下怀疑的种子”的技能，以推动任何讨论取得进展。教师在使用两难困境练习时可以使用类似的方法，随着论点的形成不断增加新的信息，以教导学生改变想法未尝不可。这一技巧将在本章后面逐步解释。

一旦学生掌握了足够的分析技能来综合信息，他们就能迅速指出，目前在网上传播的所有阴谋论中，大多数都是基于极为薄弱的论点，无法提供确凿的证据，而且通常很容易被认为是不可信的。确实，最近出现的一些阴谋论纯粹是某些人想象的结果，它们有着不成立的原因，往往类似于科幻小说，情节平淡薄弱，故事曲折离奇。事实上，接触过这种培养审辨思维能力的跨学科自主学习方法的学生会注意到足够多的原型，从而能够得出这样的结论：传播错误信息和虚假信息的人的推理能力往往匮乏和混乱，以至于典型的阴谋论专家无法就其故事的“最佳”版本或“真实”版本达成一致。阴谋论者之间的辩论往往是完全无序的，而且从未受到任何形式的审查，对他们的主张不鼓励进行同行审查，这对任何重视科学研究方法的人来说都应该引起警惕。

那么，在学校里进行来源批判的基本技能是什么呢？

第一，学生需要学会批判性地审视一篇文章、一张图片或一段话。他们还需要解释来源，并评估它们是否可以可靠地用作证据。他们必须学习必要的技巧，以查明消息来源是否真实可信。通过这种方式，学生能够寻找和发现可验证的事实。换句话说，教师应该鼓励学生不要再相信他们在网上看到的一切。学生会在不知不觉中吸收展示在黄金位置的知识，比如走廊墙壁上的知识，他们会以不同的形式把这些知识带回他们的课堂。在每间教室的墙壁上展示检查清单，提醒学生调查资料来源的可靠性，也是一个好办法。所展示的注意事项应该鼓励读者（也就是学生）经常问一些重要的问题，比如谁创建了这个来源，它来自组织、公司、政府还是个人呢？这个人是该部门的权威吗？学生必须时刻问自己，某个来源的创造者是否是一个值得信赖和可靠的人或组织。第二，提醒学生问为什么要创建该消息来源，是为了娱乐、提供信息、欺骗、宣传观点，还是为了告诉人们一些有趣、悲伤或轰动的事情？第三，要求学生分析资料来源的外观，仔细检查是否有可靠的参考资料，在线内容是否包括功能性链接，是否有资料来源的联系方式，当然，是否有可用信息的最后审查日期等。继续提醒学生问自己，他们是否可以从其他地方获得相同的信息，让他们比较不同的来源，并通过试图找到作者的资格证明来评估其来源的质量，或者是否可以将发现的信息与被认为是常识或公认的同行评审科学进行比较。教师要提醒学生，如果乍一看检索到的信息似乎不太可能，那么在作为事实呈现之前，需要有确凿的证据。

引入图像检查软件

从不同学科的一些基本练习开始是一个好主意，目的是教会学生评价在互联网上找到的图片，同时探索不同搜索引擎的功能。例如，地理老师可以让学生使用“海啸”一词搜索图片。多年来，图片网站上显示的最受欢迎的图片大多是不成比例的洪涛巨浪淹没著名海岸线的照片蒙太奇[1]，在训练有素的人眼中这似乎很不现实。事实上，大多数展示的图片很明显都是假的，这是一个绝佳的机会，可以让学生们参与小组讨论，以便相互学习如何识别经过修图的图片，这些图片被制作成“标题诱饵”，与真正的海啸图片反差很大，真正的海啸图片充斥着灾难性，尽管更加真实，但是看起来并没有那么壮观。

这种自主学习的策略对教师来说是非常有益的，因为通过观察学生在讨论中发表的评论类型，可以仔细研究一些图片是如何被认为是简单的海浪，而另一些图片则被荒谬地夸大，明显是假的。学生们可能会发表这样的评论：“像这样的巨浪不可能冲到内陆这么远的地方，淹没像伦敦这样的城市”，或者“真的有可能有人在海啸中幸存下来，拍下一张像摩天大楼一样高的巨浪照片吗？”然后，讨论可能会演变成不同的观察结果，一些学生可能会开始质疑如何才能找回拍摄该照片的相机。学生可能会意识到，观察真实的海啸图片会发现没有一张有蓝色巨浪，而大多是夹裹着碎片和漂浮物的褐色海水，就像2011年日本仙台海啸的照片，或者

[1] 将多张照片拼接在一起组成一个故事。——编者注

像2004年影响印度尼西亚班达亚齐和泰国西海岸的印度洋海啸的照片那样。当学生看到漂浮的自由女神像或完全被吞没的悉尼歌剧院的图片时，教师可能会看到热烈的讨论，偶尔听到笑声。而后，为了教会学生如何找到用来制作照片蒙太奇的原始图片，教师需要指导他们使用搜索引擎，并使用搜索相似图片的功能。这样，经过几分钟的研究，大多数小组的许多学生都会发现照片蒙太奇的不同组成部分是独立的图片，其中一张图片可能是一个巨大的蓝色浪花正在拍打里约的科帕卡巴纳海滩。一些学生可能会告诉老师，在他们的搜索引擎中，不到两分钟就能找到平静的海滩的原始图片，而撞击海岸的蓝色巨浪只是一个波浪，它被粘贴到科帕卡巴纳海滩的原始图片上，并被拉长了比例，使它看起来比实际上壮阔了很多。教师把这个学习活动变得参与性十足，参与的学生负责调查他们的搜索引擎所提供的不同的假照片，通过这种方式，他们就具备了新的技能，可以有效地保护自己不受这类高点击率图片的诱惑。让学生对他们在互联网上看到的东西多一点怀疑，代表着他们获得了一项终生的重要技能，这将在未来的许多重要场合帮助他们。修图艺术家有时让人眼花缭乱，深度造假技术也在快速发展，但通过学习寻找经过修图的海啸浪潮图片中使用的不同图片的来源，学生们也学会了用同样的技巧处理他们在互联网上发现的所有伪造的图片。它可以教会学生批判性地看待这些图像，总是持有些许的怀疑态度，这种类型的练习对他们审辨思维能力的发展有很大的帮助。

就像之前提到的“鳄鸭”的例子一样，为了欺骗观众，很容易将两张图片拼接在一起。我们的学生发现的一个伪造照片的佳例是这样的：巨型章鱼搁浅在海滩上，周围围着几十个好奇的旁观者。使用同样的功能，在20人的小组中，学生们往往能在不到10分钟的时间内找到两张原图，一张是海滩上好奇的旁观者在看一条搁浅的鲸鱼，另一张是一只中等大小的章鱼搁浅在海滩上，背景是一对年轻夫妇。在发现这两张原始照片后，他们很容易理解照片是如何经过篡改，让人觉得章鱼看起来比实际要大那么多，他们还注意到旁观者是如何被移动以适应被篡改的照片蒙太奇的，其中搁浅的鲸鱼被那个被过度放大的章鱼所取代，图片中经过技术处理的章鱼看起来无比巨大，这张图被用作多个互联网平台的点击广告。

一旦这一技能被学生吸收，教师就需要加深学生的理解，教他们在观察似乎被改动了的图片时提出正确的问题。通过系统地询问谁说了什么以及为什么这么说，学生可以调查谁最初发布了这张图片，并询问它是否试图促进一个看不见的幕后议程或隐秘议程。他们还将学会问自己，为什么自己会接触到这种材料，是因为算法还是其他既得利益者。但最重要的是，他们将学会知道哪些图片值得信任，也学会在不确定来源是否可靠的情况下不要分享图片。当然，如果目的是幽默，那就是另一回事了。互联网上充斥着各种编造的表情包，这些表情包完全没有攻击性，也很有趣。最近的一个例子证明了这种趋势，甚至为慈善机构筹集了数百万美元。当伯尼·桑德斯（Bernie Sanders）在美国总统约瑟夫·拜登（Joe Biden）就职典礼上的照片成为网络表情包时，网民用它制作了成千上万张不同的照片蒙太奇，其中伯尼·桑德斯戴着针织手套和口罩，坐在折叠椅上，这样的他被拼接到各种不可思议的地方，比如地铁上、过山车上、各种影视剧和音乐视频的经典场面上。这些无害但有趣的表情包实际上是为了告诉人们，用PhotoShop或类似的照片编辑软件制作照片蒙太奇已经变得非常容易。

无论用什么例子来培养审辨思维，教师都应该致力于提供一套正确的技能来识别可靠的来源，这样学生就可以毫不费力地识别出这些来源。教师在与学生建立对话并解决诸如萨斯科奇人（又称大脚怪）、地平论、光照派、蜥蜴人、化学凝结尾、比萨门等阴谋论时，越是使用自主学习的方法，学生就越能认识到这样一个事实：通常，相信其中一个阴谋论的人往往也相信其他阴谋论。不幸的是，大多数容易被阴谋论迷惑的人更倾向于相信大量未经证实的事情。相比之下，如果他们接受过审辨思维的教育，然后在网上听到有人声称水中的化学物质会让青蛙变成同性恋，他们可能更容易理解这种说法也许没有任何科学依据。他们也会明白，那些提出怪异主张的人通常都不是可靠的来源。当学生学会理解这些类型的信念不是基于有形的证据，而是基于一厢情愿的想法，或者是基于那些宣扬这些信念的人的信念时，他们会意识到，这些想法不仅使人们远离真相，而且也使他们无法面对自己的缺点和问题。这最终可能成为那些感到无能为力的人的避难所，让他们相信比自己更强大的东西会对自己的个人问题负责。同样重要的是，教师要解释，高度不健康的不信任并不是怀疑主义，而是变得过于极端，当个人对事实产生抵触情绪时，他们会变得过于愤世嫉俗，只会成为落入一厢情愿陷阱的否认者。

如何教会学生识别可靠的消息来源

为了让学生充分掌握识别可靠消息来源所需的技能，我们将证明最有效的方法之一是，首先让他们接触大量的都市传说、骗局、恶作剧和阴谋论，这样就可以教会他们如何识别重复出现的模式，并在第一时间将一些常见的“危险信号”识别出来。幸运的是，任何班级中通常都会有许多学生表现出足够程度的怀疑精神，教师必须利用这些先验知识和洞察力来加强基本怀疑主义的融合机制。

英国哲学家约翰·亚历山大·史密斯曾经说过：“如果你勤奋而聪明，你应该能够分辨出一个人什么时候在说废话，在我看来，这是教育的主要目的，如果不是唯一的目的的话。”

教学生识别阴谋论的底层模式和主题

希望通过接触阴谋论、骗局、都市传说和恶作剧的多个例子，学生最终能够获得足够的审辨思维能力，能够迅速识别人们试图操纵他们的虚假信息。教师的目标是让所有学生都拥有足够的智慧，能够自信地排除任何基于谬误的论点，以及任何基于认知偏误的论点，或者注意到基于相关性而不暗含因果关系的论点。通过将这种新发现的机敏和自信付诸实践，学生有望在今后的生活中更好地理解一些个人、团体、公司或组织何时以及如何试图欺骗他们，让他们相信不符合事实的事情。如果教师能够教育学生，让他们知道谁在试图欺骗他们，如果教师能够指导全世界大多数学生进行有效的审辨思维，最终我们每个人生活的世界会更加美好，在那里，大众将不会那么容易被江湖骗子或煽动家愚弄。

使用不同的来源

在以明确的教学目标介绍不同的阴谋论时，教师还应该指出，在大多数情况下，真相可能远没有人们所能想象的那么令人兴奋。特别是当创伤性事件发生时，许多人感到无能为力，选择相信有更复杂的事情发生，有更大的力量在暗中发挥作用，以寻得安慰。当看到大量容易获得的信息时，有知识的人通常会将彼此相关的信息点联系起来。然而，当某人没有意识到自己的确认偏误时，他们可能会不自觉地将实际上没有关系的点联系起来，以加强他们的假设或偏见。

一旦教师教授学生比例性偏误，即认为重大事件必然有重大原因，他们就会明白，有时最可信的阴谋论可能只是试图解释创伤性事件，并应对与之相关的负面情绪。说明这一点有一个好方法，即教师提出一个开放式的问题，同时提供一些容易比较的事实，比如美国总统约翰·肯尼迪遇刺事件和美国总统罗纳德·里根遇刺未遂事件。首先，教师可以提供一项盖洛普调查的数据，该调查显示，61%的美国人认为约翰·肯尼迪遇刺背后存在阴谋，大多数人相信李·哈维·奥斯瓦尔德不可能单独行动。此时教师必须清楚，在提供这些信息时，他们必须保持中立，对这件事不发表个人意见，以达到预期的效果。然后，为了让学生积极反思，教师必须提出这样的论点：很少有美国人相信暗杀里根未遂事件背后有阴谋，而且几乎不可能找到任何人相信小约翰·欣克利不是单独行动的。再次强调，在提出这两种不同的论点时，教师必须注意不要暗示他们自己的个人信念，应该由学生开始讨论并得出自己的结论。做这项练习的目的只是在学生心中播下怀疑的种子，以发起建设性的辩论，并培养学生自己的反思能力。

另一个非常吸引人的例子是瑞典国家电视台在2002年进行的一项实验，约翰·洛夫斯特德（Johan Löfstedt）和瑞典国家广播协会制作了一部关于1958年在瑞典举行的足球世界杯的伪纪录片。他们制作了一部讽刺纪录片，在瑞典电视台被当作事实播出，声称“1958年在瑞典举行的国际足联世界杯并没有真正发生，而是伪造的，只是美国和瑞典电视台、美国中央情报局和国际足联作为冷战一部分的阴谋而伪造的电视和广播报道”。这部纪录片上映几天后，电影导演就坦白说这只是一个骗局和玩笑。尽管如此，许多人仍然继续相信他们的虚假声明，尽管它遭到了原制片人的谴责。这部伪纪录片的导演说，他的目的只是为了说明历史修正主义，例如大屠杀否认者提出的毫无根据和完全荒谬的论点，是如何在那些成为确认偏误受害者的人的脑海中运作的。但是，许多人在被那些制造虚假信息的人告知其不正确性之后，仍然选择相信这个骗局，这一事实非常说明问题。问题是，主动选择故意无知的人会抓住这种被揭穿的信息，从而促成了更多错误的叙事通过多种平台在社会上的传播，有时甚至包括主流媒体。举个例子，就在2014年，丹麦铁路公司DSB的车载杂志《*Ud & Se*》发布了一则公告，一名记者在其中写道，阴谋论认为1958年的瑞典世界杯从未举行过。现在让我们想象一个场景，那些有阴谋论思维的读者，他们没有看过原始的纪录片，读了这篇文章后，反过来通过在随机谈话中谈论它或在网上发布一些东西，声称他们读到这个事件从未发生过，从而传递了虚假信息。所有这些都会促进虚假信息的进一步传播。通过使用这个讽刺性的例子来说明被揭穿的阴谋论仍然可以在普通民众中流传，教师可以帮助学生以同样的方式与其他骗局或被揭穿的阴谋论进行比较。同样值得一提的是，在同行评审后被拒绝的糟糕的科学也可能与之类似，但这种科学仍在普通人群中传播，虚假信息仍然存在。

当然，大多数此类案例都可以被称为无害的，例如明尼苏达州的肯辛顿符文石案例，明尼苏达州的NFL球队根据这个骗局将他们的美式足球队称为维京人，想必对任何人都没有伤害。事实上，据报道，1898年，当瑞典移民奥尔夫·厄曼（Olof Öhman）在明尼苏达州中部挖掘出一块巨大的刻有符文的石头时，该地区的许多人都认为维京人真的是一路深入到了北美的内陆深处，而不是像冰岛传说中所说的那样只局限于文兰和马克兰海岸。尽管经过严谨的语言分析，这块石头被证明是一个恶作剧，许多人仍然相信维京人成功抵达了北美的中心地带。与那些选择相信经过同行评审后被拒绝的科学假设相比，相信石头是真实的并没什么伤害。这可以举1998年安德鲁·韦克菲尔德（Andrew Wakefield）在《柳叶刀》上欺骗性地发表的文章被撤回来的事情说明，他声称MMR疫苗和自闭症之间有明显的联系。由于其他研究人员无法重现他的研究结果，这位前英国医生最终被从医学注册中除名，他是过去几十年以激进主义形式不断发展的反疫苗运动的创始人和主要人物。尽管所有证据都表明他故意伪造研究结果，但公众舆论仍然受到了以可疑方法执行的不良科学的影响。随着对大型制药公司不断扩大但有些错位的怀疑，疫苗不安全的观点在互联网和某些电视节目主持人的助攻下不断增长，尽管他们中的大多数人无疑并没有资格毫无偏见地报道医学新闻。那些选择相信这些被拒绝的医学发现的人是拥有阴谋论心态的完美例子，如前所述，他们将不相关的点和事实联系在了一起。另外一个事实是，许多年轻人在接种甲型H1N1流感疫苗后患上了嗜睡症。的确，现在有些4到19岁的人在接种疫苗后患有这种罕见的睡眠障碍，但是根据世界卫生组织的数据，在这个年龄段，每12000人中只有一个病例。这就证明了我们之前所描述的轶事逻辑错误，当时我们提到了一个特殊案例：一个烟龄60多年的老人在97岁高龄去世。统计异常是强化这些观点的一种方式，需要让学生意识到，当遇到基于轶事统计异常的类似观点时，健康的怀疑态度应该使他们认识到一系列的危险信号，就像我们在描述相关关系不一定意味着因果关系时提供的例子一样。

当然，希望实现上述可持续学习目标的教师需要强调这样一个事实：大多数人分享虚假信息不是为了造成伤害，这将使其成为错误信息的完美范例。安德鲁·韦克菲尔德的故事是虚假信息的举例，他为了个人利益而传播这种虚假的叙事是有既得利益的。韦克菲尔德的利益冲突很明显，因为有报道称，参与研究的家长是由一名英国律师招募的，目的是准备对MMR疫苗的制造商和他们接种疫苗的医院提起诉讼。尽管有大量的证据否定了韦克菲尔德的观点，但今天仍有数百万人在反疫苗接种运动中大声疾呼，在疫苗接种变得比以往任何时候都更安全的情况下，反疫苗接种运动的势头却越来越猛。

然而，教师也有责任指出，鉴于某些无良首席执行官所经营的制药公司过去故意参与了救命药的哄抬价格这一事实，一些不信任大型制药公司的强化因素被放大了。就像臭名昭著的乙胺嘧啶涨价的例子一样，一种以达拉匹林为品牌出售的预防艾滋病毒/艾滋病患者的肺孢子菌肺炎的药物价格一夜之间被故意提高了5000%。因此，公众对这个万亿美元行业的不当行为产生厌恶是可以理解的。通过从不同角度看待这个问题，学生们会意识到导致这种普遍不信任的机制也是审辨思维能力不可分割的一部分。

在这之后，教师可以继续练习，鼓励学生就大型制药公司对人们日常生活的影响等主题进行对话，以及在互联网上像野火一样蔓延传播的其他想法。可举的例子有，越来越多的人认为，制药公司为了销售其他类型的更有利可图的治疗方法或药品而隐瞒积极治疗癌症的方法。为了促进进一步的辩论，教师应该简单地问一下，如果是这样的话，为什么世界上最富有和最有权力的人仍然会死于癌症？这些假设往往是基于制药业每年产生巨大利润的事实。与此同时，经常出现的情况是，散布这些谣言的人也在宣传顺势疗法药物，作为制药业产品的替代。因此，教师需要尝试通过在学生心中播下怀疑的种子，而不分享自己的观点，从而将事情放在正确的角度。例如，教师可以要求学生探究和讨论那些坚决反对大型制药公司推广替代药物的人的观点，只需给出一些数字即可。一旦学生接触到顺势疗法是一个不断扩大的数十亿美元的全球市场，而替代药物作为一个整体每年都会产生巨额利润，他们可能会从不同的角度看待问题。当然，这里的重点不是比较它们的股票价值，也不是比较它们的利润。学生可以做的是理解一些传播这些信息的人可能在传播虚假信息中有既得利益，以便为自己牟利。如果学生能自发地认识到这一点，那么他们将体验到更可持续的学习。通过辩论和讨论探索多种途径，学生不一定能找到最终的真相，但在下次进行类似话题的对话时，会有助于他们增加更细致的论据。当然，上述行业有支持的论点也有反对的论点，为了教会学生进行细致入微的分析，教育工作者需要从不同的角度来展示案例，避免陷入轻蔑的陷阱。

相比之下，最浮夸的阴谋论远远超出了可信的范围。在保持前面描述的谦逊态度的同时，教师需要清楚一些运动的含义，例如假登月或地平论等阴谋论。尽管如此，教师必须允许有不同意见的空间，并明确表示，那些相信地球是平的，或者认为是斯坦利·库布里克（Stanley Kubrick）在好莱坞电影制片厂导演和制作了登月的电影和图片的人，可以自由地表达他们的信仰或观点，而不会受到嘲笑。但是，教育工作者仍然有责任解释，这种浮夸的阴谋论意味着世界各地在这个专业领域工作的数十万人，或者在不同的阿波罗任务项目中工作的人，必须在几十年里出色地保守秘密不为他人所知。只需应用基本的逻辑，学生就很容易理解，这将需要历史上绝对无与伦比的团队纪律水平。教师需要在查看所有奇闻轶事之前指出这个小细节，通过使这个学习过程更具整体性的方式，学生将能够发现地平论者或那些相信假登月的人在推理上的缺陷，他们通常会碎片化地挑选那些加强他们先入为主的想法的轶事，而不是着眼于大局。在课堂上发起这样的讨论比以往任何时候都更加重要，巩固一个更灵活且适应性更强的可持续知识型课程，只会有助于加强民主价值观，并有助于培养学生的反思、分析和审辨思维能力。从长远来看，这可能有助于创造一个更有创造力、更平等、更有道德、更宽容和更尊重的社会。因此，这种自主学习中的整合方法无疑会使学生更加意识到可持续跨学科教育的每一个知识方面都是相互重叠和相互依存的。

尽管如此，教师需要清楚地认识到，某些起初被认为是阴谋论的理论最终被证明是真实的，尽管大多数人在它们得到证实之前是绝对不会相信的。学生也需要接触到一些被证实的阴谋的最佳例子，以保持开放的心态并避免产生犬儒主义。我们建议教师提供一些例子，如：美国政府在1926年禁酒令期间对一些酒精进行变性处理，导致许多致命的中毒案例；水门事件丑闻，直到记者卡尔·伯恩斯坦（Carl Bernstein）和鲍勃·伍德沃德（Bob Woodward）揭露了理查德·尼克松在阴谋中的作用；或者美国国家安全局的“棱镜”监控计划，在爱德华·斯诺登大规模监控泄密事件被证实之前，该计划也被视为阴谋论。然而，也有必要告知学生，斯诺登泄露的机密文件也可以成为众多阴谋论的素材。例如，巴林的《海湾日报》（*Gulf Daily*）发表文章称，英美的情报部门合作创建了极端恐怖组织“伊斯兰国”，他们的头目阿布·贝克尔·巴格达迪是由以色列情报组织摩萨德训练的。当然，这个现在被称为“马蜂窝行动”的阴谋论完全是捏造的，但由于这个骗局的作者声称这些信息来自斯诺登的文件，许多人选择相信这是真的，他们的相信已经变成了信念。因此，从这个意义上说，即使今天被认为是阴谋论的这些事情在未来也有可能最终被证明是正确的，学生也必须学会理解，这些披露仍然有制造虚假信息的潜力。通过学习分析上面列举的特定的已证实的阴谋论的范围，并将其与当今互联网上最流行的一些阴谋论进行比较，那些保持敏锐审辨思维能力的人可能会觉得没有什么相关性。这就是为什么教师有责任确保今天的学生有能力发现这些重要的差异，以便他们能够克服虚假信息的障碍，应对未来的真正挑战，而不是想象中的挑战。

如今，教会学生认识谎言和阴谋论传播背后的机制，这似乎与流行病学家的任务类似，流行病学家在疫情期间为了公众健康，试图教育公众病毒学和免疫学的知识。因此，教师可以用这个类比来帮助学生更好地理解，信息可以像病毒一样，在继续传播的同时快速变异和发展。如今，我们每个人见证了“超级传播事件”，即某些粗心大意的人利用不同的数字媒体和传统媒体同时传播虚假信息，从而“感染”数名受害者，而这些虚假信息又被其他不够怀疑或不够谨慎的公众捕捉并再次传播。不幸的是，正因为如此，大量无辜的人反过来会“感染”这种病毒性信息的不同变种或变化。像大流行一样，信息疫情可以通过鼓励尽可能多的人养成某种形式的数字卫生和实践一种社交媒体距离来缓解。要做到这一点，必须保持怀疑态度，评估信息来源的质量，避免不负责任地传播恶意的病毒性内容。相反，当最容易受骗或最有害的影响者丝毫不遏制病毒式传播的谎言时，信息疫情就有能力不受控制地迅速传播。

教师应该举例说明，某些相信谎言的人会打受害者牌，当他们被证明错误时，他们会采取一种策略，声称自己实际上是审查制度和迫害的受害者，只因他们的开放思想，只因他们是吹哨人，他们就受到了威胁。他们抱怨说，感觉自己一直在犯奥威尔式的精神罪行，还会吹嘘自己的智力优势。通常，他们会坚持自己是为言论自由和正直而战的最后一批斗士，称其他人为绵羊或任何其他易受骗的拟人化角色。他们有时会把拒绝分享观点的人比作鸵鸟，说他们把头埋在沙子里了。这种受害化言论是一种典型的自我替罪羊策略，目的是博得那些不相信他们阴谋论的人的同情。这一现象最具讽刺意味的方面是，这些人将在社交媒体上滥用自己的言论自由，因为他们声称自己才是镇压的受害者，他们被“封杀”了，或者他们的观点被别人系统地压制，只是因为大多数人不同意他们的观点。

困境练习的例子

教师要让学生们知道，当出现新的证据时，改变想法是可以的。让学生在虚构事件中进行困境练习，在不同轮次的小组讨论中添加新的信息。设置这种自主学习活动是为了让学生明白，随着信息量的增加，他们开始看到更大的图景，从而能做出更明智的决策。这也将帮助他们了解做出情绪化决策、道德决策、自私决策和理性决策之间的区别。

在介绍活动时，教师告诉学生要想象自己无所不能，并且有先见之明。他们有独特的超能力来预见和干预，以防止可怕的事件发生，但每次只能针对一件事。然后教师给他们三个假设的备选方案，迫使他们迅速做出艰难的选择。例如，教师可以在黑板上写下：

这些可怕的事件将在几分钟后的同一时间发生，而你只能用你的超能力来阻止其中一件事情的发生。你有10秒钟的时间从以下三个选项中选择一个：

- 选择1：你有能力阻止一个与这里相距较远的国家发生地震，这场地震将导致与你素未谋面的10万人死亡。

- 选择2：你有能力阻止邻市机场的一场飞机失事，200名陌生人将在空难中丧生。

- 选择3：你有能力阻止你家乡的一场车祸，这场车祸将导致两个你不认识的人死亡。

然后全班进行投票，教师收集每个选项的票数。一旦结果显示在黑板上，学生们就会被邀请为自己的选择辩护并展开讨论。

根据经验，在这个练习的第一轮中，大多数学生通常会投票给选择1，以拯救最多的人。这种效益主义的选择并不奇怪，因为班上绝大多数学生自然会平等地重视每个人的生命。这就是为什么拯救离家很远的10万个陌生人，而不是拯救飞机失事中的200名随机乘客或离家较近的汽车上的两位陌生人，对大多数学生来说是非常合理的。

无论每一轮的投票结果如何，教师必须让学生向同学们证明自己选择的合理性，同时尊重那些选择其他两个选项之一的学生。当然，在本练习的整个过程中，学生都将去尝试说服对方，他们的选择是最合理的。在不同的讨论阶段，大多数人通常能够说服那些决定选择最不受欢迎选项的少数人。在第一轮讨论中，少数选择拯救住在附近的两位陌生人的学生，往往会被同学说服，改投选择1。通常情况下，随着越来越多的学生被鼓励“跟风”，选择1几乎全票通过。一旦教师注意到最初没有投给选择1的少数学生开始改变主意，就是开始第二轮投票的时候了。

就在这时，教师解释说，为了看一些学生是否愿意改变他们的想法，将再增加一条信息。因此，教师解释说，这三个选项保持不变，唯一不同的是，那架即将坠毁的飞机上有一位乘客将是“你一生的挚爱，你命中注定要遇到的真正的灵魂伴侣，他/她会让你在接下来的日子里幸福快乐”。然后，学生立即被要求再次投票。随后，教师启动了与之前所述相同的过程。通常在这一轮中有趣的是，许多学生决定改投选择2，辩论变得更加有趣，因为改变投票的“浪漫派”学生开始与选择其他选项的利他主义者和效益主义者争论。教师再次让学生进行辩论，直到有几个学生被他们的同学说服而改变他们的投票。这时，就可以进行第三轮练习了。

教师再一次解释说，三个选项和上一轮一样，只是又增加了一条新信息。这次教师说：“在你家乡发生车祸的人中，有一个是你最好的朋友。你有10秒钟的时间投票！”不用说，加入这个新变量会说服很多青少年改变主意，毫不犹豫地投票给选择3。可以理解的是，在这个年纪，友谊往往比未来浪漫的前景或遥远土地上成千上万个陌生人的生命更重要。然而，总会有一些学生投票给另外两个选项，而且这种练习进行得越久，教师就越能观察到投票的多样性。学生再次被邀请进行辩论，并被鼓励试图说服他们的同学改变主意。在这个阶段，教师需要最敏锐地进行观察，一旦有几个学生被同学说服重新考虑他们的投票，就应该补充另一条信息，以确保每个人在练习中至少会改变一次主意。

在一轮讨论中，学生所使用的论据类型往往很有意思。一些学生可能会说“我会选择拯救我最好的朋友，因为我知道他/她也会为我做同样的事情”，其他人说：“是的，但是，最好的朋友在一生中来来去去，拯救‘生命中的爱人’更重要，因为那是能给你带来最大幸福的长期选择！”同时，其他学生会不断地表达他们的观点，认为拯救最多的人是合乎伦理的事情。这时，教师需要给他们更多的时间来辩论，只要有几个学生再次被同学说服，改变了主意，教师就开始第四轮。在这一轮中，教师又增加了一个新的信息，以便给这个困境问题再增加一个“转折”。

在第四轮中，教师补充了这样一条信息：“即将在车祸中丧生的两个人，一个是你‘最好的朋友’，另一个是越狱的杀人犯，他们一起偷了你父母的车，他们两个人在校区开车横冲直撞，然后撞到了一棵树上。”瞬间，教师会看到学生们纷纷侧目，听到他们发出嘈杂的插话声。然后，教师可以告诉学生，他们只有10秒钟的时间来做另一个决策。你现在想阻止哪场灾难的发生？一旦在选择3中加入了这个新元素，一些学生会说，他们会对自己“最好朋友的行为”感到愤怒，甚至在教师要求他们投票之前，他们就在肢体语言中表现出一种不可饶恕的态度。他们开始表现出的背叛感将有助于选择其他选项的同学说服他们再次改变主意。

在这轮投票之后，很少有学生（如果有的话）仍然会选择防止车祸的选择3，几乎全班都选择了选择1或选择2，他们或可以从山崩地裂的地震中拯救更多的人，或者可以在飞机失事中拯救他们未来的灵魂伴侣。然后，教师开启另一轮的自主学习，让学生们展开辩论，并相互解释是什么让他们改变了主意，直到教师们决定是时候为下一轮投票添加另一条信息为止。那一刻，将是让少数反复投票给选择1的效益主义学生改变主意的最佳时机。

为了启动新一轮的投票，教师说：“在那遥远的地方，即将在地震中丧生的10万人中，有一个小男孩最终会成长为一个臭名昭著的独裁者，他将试图征服世界，发动第三次世界大战，并将对几十年后超过5000万人的死亡负责！”然后，教师又给学生们10秒钟的时间，让他们做出新的选择。显然，由于学生们在面对这一新信息时还没有时间进行思考，绝大多数学生通常会做出情绪化的反应，决定让地震发生，以消除迫在眉睫的种族灭绝战争的威胁，转而投票给选择2。到这时，几乎可以保证，自练习开始以来，班里的每个学生都至少改变了一次想法。

这项活动的后期阶段还包括讨论学生改变主意的次数，这使得这项参与性练习中的自主学习部分变得更加有趣。教师可能会继续进行更多轮的投票，以使选择更加困难，即使在3到4轮投票中就已经实现了教导学生改变想法是可以的目标。但通常情况下，学生在这样的学习活动中变得热情高涨，以至于他们自己开始提出建议，将新的信息加入其中，这表明这种类型的练习也能激发他们的想象力和创造力。

每当教师开始新一轮的讨论时，学生更能容忍意见分歧，因为他们被鼓励互相讨论为什么他们认为人们在面对新的证据时改变主意是可以的。这将会让他们在将来表达自己的选择或意见时添加更多的细微差别。随着活动的继续，学生被邀请提出自己的新信息，使困境问题变得更加困难。例如，他们可能会提出这样的新信息："在即将坠毁的飞机上，坐在你一生挚爱旁边的乘客携带了一个装有病毒的行李箱，这种病毒的威力可以消灭邻国的全部人口"，或者"你最好的朋友与偷了你父母汽车的罪犯一起还绑架了你的一个兄弟姐妹，并将其锁在了即将撞毁的汽车的后备箱里"。"地震的潜在受害者之一是在未来几年内找到癌症治疗方法的人"，或者"飞机不会在机场降落时坠毁，而是在你所在的街道上坠毁，并将摧毁你住的房子和所在社区"……不断增设新的条件，直到所有的学生都多次改变主意。

为什么诸如此类的自主学习活动对审辨思维的发展如此重要？即使所有这些选项都是完全假设和虚构的，但学生们能从中得到的宝贵且可持续的教训是：如果有新的证据，那么一切都应该重新考虑。在某种程度上，这是一种哲学思辨练习，将加强他们对科学方法的理解，同时在集体和个人层面上培养更强的道德感。

教与学中的协作方法

尽管许多教师擅长制订详细的教学计划，能将课程的不同学习目标绝妙地串联起来，但要取得教学成功，仅仅有详细的计划是不够的，因为如果教师无法按照他/她想象的方式讲授自己计划的课程，学生就会产生巨大的失望，这种失望可能会以许多不同的方式表现出来，有时甚至看起来毫无关联。因此，秘诀在于授课，而不是准备教案。这种详细的计划往往会给翻阅的雇主或上级和家长留下深刻印象，但事实上，尽管事先制订好的教学计划周密且看似出色，但这类计划往往无法为学生提供可持续的学习体验。

因此，尽管利用良好的教学计划确实非常重要，但是无需过多的细节，而是要留出适应性和灵活性的空间。教师在开始计划一门课程或一系列课程时，他们常犯的一个错误是花费大量精力过度计划，这样一来，留给学生影响和适应的空间就会非常小。事实上，“过度计划化”的陷阱往往是提供高质量学习经验的障碍，因为教师可能在教学中变得不够灵活。可是，不要过多地即兴授课，只依靠专业经验也很重要，因为即使教师年复一年地教授同样的东西，他们也需要足够了解学生，以便根据群体中所有个体的需求调整他们的教学风格和教学内容。区分专家型教师和新手教师的一个最简单的方法是，专家型教师的行动基于大量的沉默知识储备，而不是制定的规则、程序或广泛的正式计划。如果说新手教师是开放的，高级新手是有洞察力的，称职的教师是理性的，杰出的教师是直觉的，那么我们可以将专家型教师描述为有意识的直觉。

对于那些拒绝协作的同事，你该怎么办？愿意协作的教师应该首先接触那些愿意以整合方式探索学校课题融合可能性的同事。他们应该绕开那些一开始就对协作方式持消极态度的人。如果运用良好，协作的方法将带来可衡量的积极成果，那些抵制变革、对自己的常规工作感到满意的人，当他们了解到他们的学生将从整合教学活动中受益匪浅时，最终也会更热衷于加入学科间项目。在这种情况下，你寻找的不是舒适的共识，也绝对不是一个强迫教师采纳别人议程的工作小组。我们所需要的是相互依存的学习，其中每个协作者也是共同谋划的参与者，团队中的每个成员在计划投入和学习结果中都有平等的利益。由于不能保证协作或者说任何方法都会对学习结果产生影响，因此采用数据驱动的方法来评估学习效果，并使用协作的方法进行评价至关重要。

鉴于学校的时间非常有限，教师必须只采用能够产生真正影响的方法。重点应始终放在协作的互补方面。在整合学习活动中，简单地效仿同事的方法是错误的。为了最大限度地提升学习效果，教师必须解决他们在所在学校学习过程中遇到的问题，而不是遵循教育趋势或解决一般问题或想象中的问题。教育工作者面临着艰难的选择。协作需要纪律，因为这一过程意味着参与的教师愿意做出妥协并达成共识，但最初并不一定总是带来预期效果。每次整合学习活动后都需要进行调整和改进，必须使活动适应下次活动参与者的需要。同时，强烈建议学生参与其中。努力改进和实施协作目标是发展过程中的一个重要部分。在任何改善教育成功的工作的早期阶段，必须从一个切实的诊断开始，需要对预先存在的技能和知识进行一个早期评估，因为试图修补没有问题的技能和知识是没有意义的。当这些过程正在进行时，同事们以及他们的管理者和领导必须帮助提供动力，以维持主动的学习实践，因为在任何转型的过程中，动力很可能会减弱直至耗尽，协作者可能会开始怀疑他们所有辛勤劳动的有效性。此时要想维持良好的协作团队工作方法，使之不至于变得枯竭和过时，鼓励是最好的良药。

整合性协作计划的一个重要方面是始终以学习者为中心，因为主要目标是增强学习体验，而不是教学体验。在教育学的有关文献中，我们可以找到大量错综复杂的协作教学模式，但任何简单地效仿这些整合性自主学习项目（包括在本书中发现的那些）的尝试都可能是不够的，因为创新是成功的关键，实施需要适应性。参与其中的教师有必要问问自己，参加他们下一个整合项目的学生的学习目标和需求是什么。创新应包括学生的影响和投入，以及开发新策略以改善协作的创造性解决方案。一旦这样做了，真正的影响就可以得到衡量。

一旦进入一个项目或某种新合作方法的评估阶段，从学术研究或其他文献中增加更高水平的投入会带来更多的好处。有了健康的外部输入，教师可以逐渐改善他们的策略，而不会落入简单的内部崇拜的圈套。与团队合作相关的人际能力的发展也可以帮助学生培养和实践某些领导力素质。体验式的方法倾向于探索和表达思想，而认知能力的发展则通过这样的研讨会促进反省和自我评价。在课堂上创造一个非竞争性的学习环境有助于团队凝聚力，并成为与其他学校竞争的动力来源。学生们以团队的形式协作，同时努力提升彼此的水平，以期成为更好的自己，最终目标是在与来自其他学校不同班级的同龄学生竞争时，使这样的竞争成为一个巨大的动机来源，并为工作过程增添某种动力。

现代学校教育的一个基本方面是促进对他人的理解和发展同理心的能力。在自主学习和关系型学习的背景下，学生的团队合作可以积极地促进这方面的发展。重要的是，学生们要意识到，个人的福祉和发展往往取决于注重集体成功的群体经验的数量和质量。这方面的知识应该是每一项有计划的学校活动的核心，就像我们在本书中列举的各种竞争的核心一样。团队合作和小组协作不仅促进了思想的多样化，有助于发展对个人在集体中位置的更紧密的理解，还可以促进这些思想的某种类型的国际化。为了促进跨国界流动以及未来劳动力市场的流动性，工作小组内的发展和学习可以教会学生变得更加灵活和开放，接受不同的思想，并更加意识到文化多样性在任何特定群体中通常都是有利的。这给了他们必要的工具，让他们准备好面对未来的一些挑战。

一则协作的方法有助于个人发现。每一个重要的学习活动都会引导参与者进行某种自我发现（哦，看呀！我都没想到我能做到！在我开始跑步之前，我都不知道我能跑那么快！）。这意味着，协作的方法促进了对所有人不同方面的探索。再则，对来自自己和周围环境的信息保持警惕和觉察的能力是可以学习的。因此，这一发现可以让参与者更好地了解自己，同时更好地了解人格动力的不同方面，如需求、兴趣、欲望等。简而言之，任何重要的学习活动都可能，或者说将不可避免地导致发现迄今为止未被发现的资源或力量。这有助于巩固学生对有意义和可持续的学习体验的身份认同，也有助于巩固任何学习者的身份认同。“巩固”这一术语描述的是学生强化他们发现自己的过程。“任何理智的人所追求的都是意义，而不是互不关联的事实，而教育就是一套将原始数据处理成意义的代码。在学校杂乱无章的课程表和对事实及理论的痴迷背后，隐藏着人类探索意义的时代。”即使在教育领域，教师也可以通过简单地传达生命的意义在于赋予你的生命意义的观点，来灌输一种深刻的目标感。换句话说，鼓励多做一些让我们自己快乐的事情。

因此，一个人身份认同的巩固包括三个相互依存的过程：增加一个人的自信、自我接纳和自尊。这些是个人改变和自我提升的关键。在有意义的学习活动中，学生身上会发生个人变化。这与学生审辨思维能力的转变相对应。这种变化是在一个基本层面上以渐进的方式发生的，它需要不断实践。学生通常对自己和他人形成不同的形象，对人生有不同的看法。学生还学会质疑自己的信仰、偏见、习惯和观点，这样做会改变他们的世界观。这种变化会对他们的态度产生影响，从而影响他们的行为。

“作为一名教师，你需要展示、营销和创造对知识的需求。”

因此，教师应该投资于学科间教育，将可持续知识转化为社会效益，因为从长远来看，它总是能带来最好的回报。创新思想的产生是由了解劳动力市场的需求的教师以及引导新技术来激发和预测未来的可能性，并为创业精神奠定基础的教师来推动的。很难想象未来技术和劳动力市场的发展速度，就像没有人能够想象座机电话、柯达胶卷、录像带、DVD播放机和CD播放机会如此迅速地被功能强大的移动电话、数码相机、视频网站、流媒体播放平台和音乐播放软件所取代。这可以与达尔文的演化论相提并论，因为成功的关键在于适应性。

如前所述，让学生具备大胆创新的创业技能的最佳方式是教会他们具有创造性、自学性和多面性，而不是将他们的学校教育分割成强化的、狭隘的、压缩的专业领域。我们还确定的是，没有必要让所有教师都成为全能型人才，因为任何工作团队中通常都能找到大量的技能和专业知识。如果教师学会通过共同规划、共同学习和跨学科的教学方法与同事合作，那么就没有人需要成为超级教师。所有人可以一起成为超级教师。所有的学校都必须适应并确保专业知识始终在广泛的背景理解中得到应用，以便更好地服务于实业界。对许多人来说，新冠危机给未来带来了诸多不确定性，但它也可以为学校和企业创造无数的新机遇。如果未来的上班族可以享受更加灵活和可塑性强的工作环境，那么学校也应该能够在被认为最有利的地方进一步发展更整合和更灵活的远程教育设置。实业界也为更频繁发生的自主学习交流做出贡献，也可以通过受韩国启发的创业教育的形式为年轻学子提供职场实习，而不是像现在瑞典那样，留给8年级学生的只有两个星期的工作实习。换句话说，教育工作者最好准备包括创业精神在内的育人举措。

整体性、协作性和形成性评价

关于评价

★　这会打分吗？——匿名学生

那么，评价如何才能成为协作的同事之间或师生之间的整合行动？作为形成性评价的主要权威之一，迪伦·威廉（Dylan William）坚持认为形成性评价在某种程度上已经在学校存在了很长时间，但他处理这一现象的方式可以说使其更加结构化，并以更系统的方式方便教师使用。威廉的研究揭示了成功的形成性教学和评价的五个主要策略。这五个策略是：

- 目标的明确性：目标是什么？
- 教学环境
- 有效的反馈
- 同伴评估
- 自我评估

威廉接着解释说，明确学习目标至关重要，如果教师没有向学生正确解释这些目标是什么，那么这些努力肯定会失败。当威廉谈到“教学环境”时，他指的并不是实际的教室，而是教师创造一个积极参与的课堂的能力，课堂上有大量的讨论，学生积极参与并讨论自己的学习。

在威廉的术语中，有效的反馈是明确和具体的反馈。威廉指出，研究表明，教师经常觉得他们给了学生很多反馈，但这些学生却说根本没有得到任何反馈。如果学生得到的反馈没有什么效果，那么教师必须改变反馈的方式。此外，威廉给出了大量例子，说明如何以及为什么要使用同伴评估和自我评估来帮助学生学习。

因此，有人可能会提出这样的问题：为什么在大多数国家和学校体系中，仍然在使用分数？显而易见的答案是，教师不得不这样做，因为教学是分级的，而且目前还没有找到其他为高等教育进行选拔的可行方法。就本书而言，我们没有空间去讨论高等教育的选拔过程是否有严格的必要性，或者我们作为一个团体是否能找到机会让年轻人只根据自己的兴趣来学习，哪怕是在非常高的学术水平上。

分数会扼杀创造力吗？

不知何故，世界上大多数国家早就采用了旨在让学生内化等级观念的评分系统。事实上，传统的评分方法经常教导学生，人与人之间是不平等的，大多数人应该服从于精英，而且排名可以根据标准化考试或作业的表现客观地、定量地确定。当然，读到最后这句话时，可能会让那些在上学时非常努力学习以获取高分的读者感到震惊。大多数人在获得好成绩时会感到满足和幸福，这是他们努力的结果，也是对他们所有努力学习和坚持不懈的某种奖励。然而，在这一节中，我们可能有些大胆地提出了一个问题：分数是教育中的真正奖励吗？

我们并没有试图声称应该完全取消评分，但是我们提倡的整合性自主学习需要对给学生评分的观念和传统方式进行彻底的重新审视和修订，以实现本书中所提出的可持续的成果。事实上，不论他们来自哪里，也不管他们何时上的学，大多数幸运的人都记得他们在考试中取得高分时，或者当他们可以展示一张满是A或B的成绩单时，或者他们在校期间在考试和作业中取得高分时，那种得到认可的自豪感。这些人可能非常骄傲地向父母展示他们的成绩，并将他们的成绩与同学进行比较。不幸的是，对于绝大多数人来说，收到成绩和向父母展示成绩单可能仍然是压力和失望的一大来源，这是一种适得其反的经历，因为家庭和社会有时会把不切实际的期望放在学生的肩上。当然，取得的高分是对努力的认可。然而，我们认为，在一个可持续的整合性自主学习环境中，可以通过明确以发展质量为目标，而不是使用等级量表评估数量，以更有建设性的方式来评估成绩。如前所述，有多种方法可以让一群学生通过协作学习的过程来提升个人成就，这将有助于每个学生的成长和进步，而不需要通过团队内的竞争来推动进步。

有人可能会问，为什么世界上大多数国家仍然使用以百分比来评估统计数据的评分系统，或是从A到F的字母排名系统，或其他在每个学期结束时根据计分表编制的其他排名系统，而不是在评价进展和提供进一步改进建议的阶梯系统基础上，通过持续地实施评估，提供持续的形成性和建设性反馈？很容易假设的是，如果不使用传统的评分系统，那么一些学生就不会努力学习，而且其中一部分很可能最终什么都不做。当然，世界各地的学生，不论他们国家使用的是哪种评分系统，确实会花更多时间专注于学习他们知道会被评分的作业或考试，而不会把精力投入到不一定直接转化为成绩单上的分数的自主学习活动中。如果没有对一项学习活动使用世界各地现有的评分系统进行评分，就相当于每个社会都在向学生发出一个信号，即没有评分的事情其实就是不相关或者不重要的。显然，学生最初可能会分配更多的精力和努力在能带来某种奖励的事情上，比如得高分，而不是把精力放在发展其他技能上，比如创造力。

此外，大多数评分系统会奖励那些做出最安全选择的学生，他们一字不差地重复印在教科书上的内容或课堂上讲的内容，教师经常会给正确答案加分，而不是奖励那些愿意冒险、提出不一定能回答的难题的学生。最重要的是，教师不鼓励那些倾向于从错误中学习的学生。过分强调所谓的“正确”，我们无法培养出新一代风险承担者、自由思考者和开拓者。有些人可能认为，如果评分被另一种形式的评估所取代，学生就会停止学习或努力，但我们强烈反对这种假设，认为这是极其错误的观点。一些研究表明，为了使学生适应不同的观点，最重要的因素是营造一种正确的环境，而不是继续那些让太多人沮丧而太少人受益的陈旧过程。有人可能会说，世界上不同的政府也许并不太关心高中的高辍学率，而是更关心那些设法达到要求分数进入知名学府的高材生？也许很容易辩护的是，作为一种社会选择，确保更多的人以令人满意的结果实现他们的学术目标，而不是创造一个环境，让太多的学生因为一个有点过时的、金字塔式的、等级森严的排名系统而感到气馁并被迫提前终止学业，这对国家的发展来说才是更为有利的吧！

事实上，大多数人在无需任何成绩的奖励的情况下，就能从单纯的学习中找到满足。举个例子，音乐家花数小时练习弹奏乐器或排练歌曲，同时背乐谱。这种高度智力的活动给人一种别样的内在奖励，并可能会在没有获得任何分数或任何其他外部奖励的情况下提供成就感。生活中的很多人也曾仅仅因为诗歌的内在美而背诵，在学习舞蹈编排中的复杂步骤或者是学习戏剧剧本的时候，也不一定觉得需要通过排名或成绩来获得奖励。有些人在任何一种运动的比赛前都会投入大量的精力进行训练，以获得与众不同的奖励。最重要的是，许多人在孩提时代都喜欢没日没夜地玩不同类型的玩具，这些玩具有助于发展运动技能、创造力和聪明才智，而不需要以任何方式将有条件的成就水平转化为字母等级或百分比。经过这些解释，大多数人会找到动力，因为他们喜欢学习，想为自己的个人发展做出贡献，或者他们只是想成为自己团队成功的一部分，就像运动员会为了团队或某项运动的更大利益做出巨大的个人努力一样。尽管许多运动员显然是被胜利的前景所激励，但当他们比赛时，胜利并不一定是激励的关键因素。实际上，大多数人都认为练习一项运动本身就是一种收获，即使结果不是胜利。参加体育活动就其本质而言是一种奖励，同样的道理也适用于表演艺术，除了演出现场观众的掌声和认可来见证表现，并没有直接的奖励。通常情况下，这些类型的奖励不是即时的，而是延迟的。为了内化和发展掌握或擅长任何类型的表现所需的耐力，需要某种内在的动力和决心，这种动力和决心来自自我完善的内在需要，而不需要任何即时或短暂的奖励。

除了提供外部形式的奖励外，还有许多其他鼓励学生的方法，此时，真正的成就感反而变得高度内化了。进步的感觉是一种真正的、更渐进式的动机来源。这种想法可能不仅适用于所有学生，教师也可以把它与那些对自己的职业生涯充满热情的人进行类比。每个人可能都听说过这样的陈词滥调：那些找到了自己梦想职业的人可能会声称，事实上，他们一生中从未有过一天在工作的感觉，因为他们热爱自己的事业，从未对自己每天所做的事情感到疏离或无聊。有了可持续的整合性自主学习方法，在没有标准化评分系统的情况下，通过使学习体验更加刺激、更有价值，就有可能提供同样类型的收获感。同样，那些热爱自己的职业、对工作充满热情的人，往往会说他们的工资微不足道。在一些极端的情况下，某些人，也许是特别热情的人，声称他们愿意免费工作，甚至愿意为他们正在做的事情付费。这种职业召唤深深扎根于灵魂炽热的人的心灵深处。

翻转评分

★ 鸡蛋被外部力量打破，是生命的终结；鸡蛋被内在力量打破，是生命的开始。——匿名学生

确实有很多方法可以向学生提供学业反馈，而不需要量化一切。事实上，任何类型的建设性批评、反馈或持续评估，以对话或书面反馈的形式关注任何发展领域，都比以字母等级或百分比的形式获得成绩要有意义得多。在露丝·巴特勒（Ruth Butler）于1988年所做的一项著名研究中，研究人员比较了三种不同类型的学生作业反馈：

- 传统的分数
- 评语形式的反馈
- 传统的分数与评语形式的反馈相结合

研究发现，只使用评语反馈的效果最好，也许有点令人惊讶的是，只给学生打分和将分数与评语反馈结合起来的效果完全没有区别。当给学生打分时，他们似乎连书面反馈看都不看。"课堂上的目标应该是学习和知识留存，而不是兑换毫无意义的字母或数字。作为教育工作者，我们在教学时必须重新调整自己的优先事项，不要问'这个学生得了多少分？'，而是问'我能做些什么来帮助这个学生？'。"

当学生尽其所能，但也许在达到所要求的基本成绩水平方面仍有困难时，在目前使用标准化评分系统的情况下，教师无法正式奖励学生的所有努力。不足为奇的是，许多国家仍在与高中的高辍学率作斗争。为了彻底改革学校评估，需要将重点从学生成绩彻底转向教学质量。然后，在学校和组织中，可以根据学生的社会背

景、家庭学术和经济背景，合理地预期他们将学到什么，以及他们在离开学校时实际能学到什么，来进行对比评估。也许现在教师过于强调对学生的评分，教师其实应该做的是努力在教学中精益求精，让所有学生都因此发挥他们真正的潜力。这样，教师就可以对学校的实际教学进行评分，比较学生学习的投入和产出，同时注意对教学而不是教师评分；这样一来，评估就成为整个组织的责任，而不是任何个人，比如那些处在挣扎中强撑着的教师的责任。

世界上大多数国家的传统评分方式是以客观的形式将学生分成不同的成绩类别。没有评估学生初始潜力的空间，特别是在新的学习周期的开始，没有经验的学生可能会从一开始就被评分，他们甚至都没来得及吸收任何必要的知识，或者没有时间真正发展他们的技能和知识，以在标准化测试中发挥他们的最佳能力。同样的，学生在进入新学校或进入下一个学术水平之前经常被要求参加入学考试，但这些入学考试是用来评估学生是否为进入下一个水平做好了准备。这有时是一种“通过”或“不通过”的考试，评分仅限于所要求的知识水平，或者对于有入学配额的学校来说，入学水平考试可用作对特定学习机构进行标准评价的排名工具。

通过将一定数量的学生拔高到其他人之上，不同的评分系统为更紧张的学习环境创造了条件。评分通常会传递出一种信息，即有些人比其他人好得多，但最重要的是，它给那些在发展曲线上“落后”的学生释放出了一个非常令人沮丧的信号，这给了他们很多借口，让他们直接放弃而不是坚持。

形成性评价的研究表明，当学生有挑战性的学习目标时，他们会更有动力。要解决低期望值的问题，无论是来自教师还是学生自己，都需要很长时间、坚持不懈和大量的支持。克服各种挑战的方法之一是培养所谓的成长型思维（又称成长型心态）。成长型思维是由社会心理学家卡罗尔·德韦克提出的观点，指的是一个人对自己的技能和能力可以得到发展的期望，主要是通过努力工作、尝试具有挑战性的事情、从失败中吸取教训，以及调整策略来完成所渴望的事情。当人们采用成长型思维时，人们更有可能坚持得更久，表现得更好，更享受所做的事情，而非认为自己的技能和能力是一成不变的。

揭穿社会达尔文主义的伪科学思想

一个可悲的事实是，世界上许多现代评分制度很大程度上都是受到源于优生学的伪科学思想的启发。优生学家相信某些种族的劣等性以及某些种族的优越性，其依据是人们可以根据他们的肤色、头发或眼睛的颜色、额头的高低、鼻子的大小等进行排名的荒谬说法。评分的目的是成为一种量化某些人的智力优势的方式。此外，早在19世纪70年代，来自社会达尔文主义的伪科学思想就在欧洲许多国家和西方文明的不同课程的重新设计中发挥作用。这些令人震惊的观念已经被彻底揭穿，但与此同时，由捍卫这些不科学想法的人建立的评分系统在世界上大多数国家仍然存在。

通过假设成绩将有助于防止人口总体智商的下降，不同的教育系统都强加了一个排名表，目的是在教室里将学生进行分类，在某种程度上，一些学校甚至根据学生的成绩水平建立了班级座位表，并根据学生的成绩或预期成就创建了分层教学班。在英国，根据考试成绩或感知能力将学生分成不同的班级学习不同的科目是普遍现象。英国教师露西·克雷汉（Lucy Crehan）深入调查了世界各地表现优异且公平的教育系统的原则，她认为，经合组织PISA测试中表现最好的国家和地区，如芬兰、加拿大、上海和日本，并没有根据能力来区分学生，恰恰相反，至少在15至16岁之前，他们都要参加混合能力课程。作为一所市中心学校的教师，她对英国政府不断变化的政策感到恼火，而这些政策声称是基于“表现最佳”的教育体系的经验。她决心找出那些青少年在阅读、数学和科学方面名列世界前茅的国家的课堂上到底发生了什么。《聪明国度》（*Cleverlands*）一书记录了克雷汉的世界之旅，将她的经验与政策、历史、心理学和文化的研究结合起来，为我们能从这些国家和地区中学到什么经验提供广泛的新见解。

在实践中，所有类型的量化评分都可能是非常主观的，并受到这些陈旧且被揭穿的意识形态的影响。这些有些危险的理念应该被认真地拒绝，因为它们不是基于同行评审和公认的科学。它们所基于的错误观念正是导致20世纪最臭名昭著的种族主义意识形态兴起的原因。事实上，阿道夫·希特勒是这些伪科学思想的行家。正如演化生物学家理查德·道金斯在他的《地球上最伟大的表演》一书中公正地指出的那样，“至于希特勒的‘社会达尔文主义’——他相信种族之间的斗争——实际上是极其非达尔文主义的。在达尔文看来，生存斗争是一个物种内部个体之间的斗争，而不是物种、种族或其他群体之间的斗争。不要被达尔文伟大著作中那个选择不恰当的副标题所误导。遗憾的是，将达尔文的生存斗争误解为个人群体之间的斗争——所谓的‘群体选择’谬误——并不限于希特勒的种族主义。它不断地在业余爱好者对达尔文主义的误解中重新出现，甚至在一些本应该更了解达尔文主义的专业生物学家中也是如此”。

分数膨胀

近年来，在世界不同的教育系统中，分数膨胀[1]已经成为一种广泛的现象，受到教育工作者、研究人员和公众的强烈谴责。有些人甚至认为分数膨胀是一种丑闻，是一种不公，是对学生信任的侵犯。即使是最好的教师也不一定能给学生正确的评价。一个才华横溢的教师可能擅长在课堂上提供丰富的内容，但不一定能客观地评估学生的学业。毋庸讳言，许多国家的学校都存在着分数膨胀的问题，它们试图根据成绩来吸引学生，同时将更多的学校私有化，并建立更多的营利性学校，而这么做可以说是瓦解了各自的公共教育系统。

---

[1] 分数膨胀实际造成了分数贬值，使得分数的分布向高分段集中，分数的集体增长，造成分数的内在价值在降低。——编者注

尽管分数膨胀的原因因国家和机构而异，但教师对工作保障或其他福利的渴望可能会促使一些教师实施分数膨胀。此外，学生可能会被那些实施分数膨胀的教师所吸引，而远离那些没有实施分数膨胀的教师。一些教师也可能仅仅为了节省时间而实施分数膨胀。通常情况下，这些教师拒绝给学生打低分，是因为他们不想花好几个小时为作业或考试中的低分做出解释。因此，为了避免学生出现这种情况，他们只会给比合理的分数更高的分数。

总结性评价

学习的定义必须变得更加包容、更加广泛，我们需要帮助今天的年轻人培养出各种各样的技能以解决未来问题，而保留不同的传统评分系统其实正在变成阻碍。近年来，教学理论和研究一直在摆脱传统评分系统，发现它太主观、太武断，而且往往不利于学习，给学生的写作评分可能实际上还会损害学生的学习。

例如，想象一下，唯一被认为足以表达思想的方式是所有学生在中学都必须学会写的标准而僵化的文章类型。或者说，在科学领域，学生们正在变得擅于复制各种类型的实验报告模板，就好像在一个解决问题已经成为最重要的技能之一的世界里，学会模仿标准化的任务执行方式是最需要的事情。问题是教育工作者这样做能达到什么目的？难道教师不只是在教导学生，比起通过不同媒介找到合适的方式来表达思想和表达感情，通过一种公认的写作方式来表达思想或描述事物更合适？这样做会产生负面影响，即很大一部分学生被边缘化，而不是提高群体的整体工作质量。在这个群体中，适应学生的不同需求将使每个成员受益，包括那些被贴上高成就标签的人。

这种将一切都模板化的倾向可能是一种高效的学习方式，但也可能扼杀表达思想和想法的新方法的发展。很有可能莎士比亚的导师不鼓励他发展个人风格，而正是这种风格让整个英语语言发生了彻底的改变。太多国家都在简单地把学生塑造成一个模子。现在教师已经进入了一个新的阶段，培养学生和激发他们的创造力已经成为一种更受追捧的品质，如果认为团队的集体进步会让学生失去个性，那就大错特错了，因为新型、可持续的整合性自主学习方法将有助于提升团队的整体素质和每个人的能力，而不是将他们按照学术成就排序；不是具体地关注每个人的个人潜力，而是为两人或多人的团队，或一个小组，或一个班级，甚至在一定程度上为整个学校的整体成功做出贡献。有很多例子可以说明如何在不拘泥于模板的情况下表达自己的想法，因为其他表达自己的方式对自由思考和冒险同样有益。这种方法还将培养学生之间的相互理解，让他们在更公平的层面上分享想法，通过实时的建设性反馈提供评估。这种方法通常被称为“形成性评价”，由迪伦·威廉提出。威廉认为，当形成性评价被视为一个过程而不是一个工具时，在提高教师质量和学生学习方面会发挥重要作用。他进一步强调使用课堂提问、学习意图和成功标准、反馈、协作学习和合作学习以及自我调节学习来为学生创建有效的学习环境。

对某些实验班的学生成绩水平的研究表明，在教师不再强调分数的情况下，那些没有被不断强调成绩的学生，其整体的长期知识获取技能和专业知识的内化程度更加持久。在传统的教学方法中，客观的评估方法存在着不足。例如，在使用多项选择题进行考试评估时，一些研究表明，这种形式的量化评估是相互矛盾的，而且往往会产生负面的影响。探索的奥秘和对好奇心的热爱应该是任何类型评估的核心。如前所述，世界上不同国家的私有化学校之间的竞争也在助长分数膨胀，这是极其适得其反的想象，可能会导致通过成绩而不是通过促进发展来实现教育的正常化。

乏味的外加作业[1]

世界各地传统的评分系统都会提倡不会带来任何建设性效果的外加作业，因为一些教师被鼓励用绝对无效的“学习活动”来填补空白，比如填字游戏、数字绘画或地图填色等，这样做只会让学生忙得不可开交，给人一种学生在不断努力学习的印象。然而，在教学中使用这种低效的工作和消遣活动彻底冲淡了教师们的努力，他们正在协作创造一种真正的沉浸式学习体验，让不同的学校学科相互融合，而不是各自为政。

学校里太多的活动并没有教给学生任何东西，通过摆脱由那些乏味的、缺乏灵感的教师提供的疏远且适得其反的外加作业，学生其实可以利用大量的时间来追求自己的兴趣，培养自己的探究精神，而这些已经被繁忙的学校日程表所破坏和剥夺了。即使是不断重复的数学问题，有时也属于外加作业的范畴。一旦学生通过适当的练习有效地内化了方法，理解了数学概念，如果在技能获得和发展之后，重复相同的练习并没有带来任何改善，那么一次又一次的重复练习的目的是什么？这就好像教师要求音乐家一遍又一遍地演奏同一首曲子，而不期望音乐家改进或改变任何东西，因为音乐生总是被期望按照一成不变的旧标准演奏，而不是挥洒自如地主宰乐器，从而可以在一场充满灵感的即兴演奏会上尽情发挥。

最适得其反的做法之一就是要求学生专注于与他们的发展无关的工作。教师必须找到一种方法让学生理解他们所做的事情的意义，以确保他们所学的东西最终会留存在他们的长期记忆中并被正确地内化。此外，对这种无关紧要的外加作业进行评估甚至打分，只会让学生觉得有人在监视他们，而不是有人在激励他们。以这种方式要求学生学习，学习到的内容可能不会持久。这些与我们之前描述的完全相同，即容易被遗忘的信息，只是被简单地记忆而非内化。更不用说，对于绝大多数学生来说，被打分可能是整个学生生涯里最让人紧张的部分。事实上，多项研究表

---

[1] 使学生不致空闲而故意外加的作业。——编者注

明，被打分是焦虑的来源，会产生反作用。不切实际地期望学生在整个上学期间都一直默默地学习，往往也适得其反。如果教师希望学生在一个纪律严明的环境中安静地学习文件资料，费力地阅读课本，并在完全安静的情况下完成书面作业，而没有时间进行反思、集思广益、分析或讨论，那么我们只是在教学生简单地循规蹈矩、照章办事。

激励快速学习者

教师需要通过为积极倾听、思维导图或动手实操活动等创造合适的活动条件，给学生足够的空间和时间进行更深入的思考。然而在当前普遍的情况下，整个评估过程可能会成为一个障碍。对于那些学习速度更快的学生来说，简单地用外加作业填满他们的一天只会适得其反，因为成就高的学生往往需要更多的时间来发展他们的创造力，他们需要清楚地表达复杂的想法或探索困难的存在问题，不能因为他们效率太高而被要求完成作业后再完成外加作业或再看一本书。他们应该得到信任，教师应该为他们提供一个安静但鼓舞人心的环境，让他们能够探索、发现和发展自己的自学能力。海伦·蒂姆勃雷（Helen Timperley）主张教师成为“适应型专家”，并指出参与迭代式探究的必要性。这种探究为教师带来了专业学习，随着他们越来越熟悉如何评估学生并进一步发展自己的教学内容知识，他们将能够更深入地分析学生的需求，并了解他们需要学习什么来满足这些需求。这些已经成为适应型专家的教师会时刻警惕学生不断变化的需求，无论是努力学习的学生还是成绩优秀的学生，无论是学习的学生快还是学习慢的学生；这些教师的部分专长还在于，当他们自己的学生没有有效的学习材料时，知道自己应该在何时何地寻求帮助。专家型教师将不断监测学生的进步，并考查其对自己教学和学习的影响，而不是给学生贴上成功或失败的标签。“适应型专家教师是纪律严明的创新者，他们会监督自己在照顾学生的参与度、学习和福祉方面的有效性。”

标准化测试的局限性

如果一直采用过时的传统教学方法，那么学生将无法学会学习，无法培养自我意识，个人学习过程也可能会对他们失去吸引力。一些研究表明，教师最好不要在每个科目结束后都进行标准化测试，因为许多学生往往会很快忘记他们在考试前匆匆学过的东西。因此，这种短暂的学习是不可持续的，因为当许多学生所经历的仅仅是短期的事实记忆时，他们会对教育失去兴趣。虽然高利害的标准化考试在使用得当的前提下，可以帮助教师识别学生的优点和缺点，但教师不应该像传统上那样急于教授他们的学科并只在每个章节结束时进行笔试，而应该更注重培养解决问题的能力。“尽管人们呼吁用广泛的结果来跟踪学校的表现，但标准化的考试仍然被吹捧为衡量学生表现的最重要标准。最近一项关于加拿大学生评估的研究呼吁在所有省份进行广泛的测试，以衡量和改善学校和学生的表现……因此，尽管标准化测试有其局限性，大多数公众仍然认为这种类型的评估是衡量学校表现的重要机制。”

相反，教师可以利用低利害的测试技术，并向学生解释，记住某些东西的行为会使记忆更加持久。教师可以在课堂上使用低利害甚至是无利害的测试，例如小测验之类的方式来实现这一目标。我们提倡为现实生活中的问题寻找创造性的解决方案，以此来改善学生的学习体验，并且可以通过创造有趣的学科间和多学科的体验式活动，同时整合学科和主题并应用时间和演化的学习时间表，以减少学生的工作量。这样一来，学生可以控制自己的发展，而不需要每周面对主要考查他们保留短期信息能力的评价。加文·布朗（Gavin Brown）和约翰·哈蒂坚持认为，定期的标准化测试对儿童教育确有帮助，但前提是要满足一定的条件，而且测试往往是以一种不那么有利的方式使用。瑞典神经科学家马丁·勒夫登（Martin Lövdén）和他的同事也支持这些关于认知功能和终身教育之间关系的说法。“改善影响生命前几十年发展的条件，对于提高成年早期的认知能力和减轻与认知老化及痴呆症相关的公共卫生负担具有巨大潜力。”因此，这将对每个人的生活质量产生积极影响。我们还将在关于多语言的章节中探讨与长期记忆和无压力学习环境相关的认知能力的保护问题，因为它所代表的语码转换的效果，即每天使用不同的语言，具有相似的认知益处。

适得其反的家庭作业

此外，在学生本就繁忙的生活中增加家庭作业也可能被视为适得其反，因为学生需要有时间去追求自己的激情和兴趣。事实证明，通过提供适量的闲暇时间，大多数人会通过做更多他们喜欢做的事情来发展自己的能力，而不是被限制在放学后做一些外加作业或重复的事情。此外，设置作业作为评估的基础是没有任何意义的，因为学生可能会得到父母或兄弟姐妹的帮助。任何类型的评估都应该基于在学校的表现，教师应该实时提供评估，因为作业过程和结果一样重要。学生可以在整个作业过程中接受评估而无须被评分，因为他们正在与教师建立对话，而不是等待最终作业成果的评分。

家庭作业也为年轻学生对未来前景的认知发出了错误的信号，因为它使学生接受在自己家里长时间无偿加班是正常的，是一种常态做法，而且最终将成为未来对他们的期望。难怪这么多追求事业的人晚上在家时很难与工作分开，他们本应该花时间陪伴家人，而不是花时间在电脑上办公或无偿加班。讽刺的是，大多数教师对这一现象也不陌生，因为他们不在学校的时候，也会花费自己晚上、周末和假期的时间来批改试卷、论文和作业。由于大多数教师已经学会了将其视为他们工作中的常规，他们向学生灌输了相同的习惯，本质上是在告诉学生这是再正常不过的做法。

对评估的最终评论

对于一名教师来说，评分可能是最辛苦、最困难的事情，然而，一些最有野心的教师却正在不知不觉地增加学生的工作量，尤其是那些采用学科间方法的教师，这通常表明他们在评分中存在某种不安全感，因为他们觉得需要大量的材料来对每个学生做出正确的评估。然而，将学生的成绩建立在过多的考试、作业或论文上，同样是极为适得其反的，因为工作量会影响工作质量。

此外，这可能会迫使教师变得武断，以至于将学生分门别类，在这种情况下，评估会消耗教师在准备鼓舞人心的课程或用自主学习活动吸引学生方面花费的大部分宝贵时间。在评分的过程中有很多灰色地带，过程中的主观性有时会对教学质量产生负面影响。如果期望学生的工作量与基于改进可能性的真正建设性评估的时间不成比例，那么要对每个回答给予适当的思考几乎是不可能的。只要把学习行为转换为字母等级或百分比，收作业的人就必须武断地决定什么是好的或坏的作品。在这个复杂的等式中，武断评分的潜在心理伤害不容忽视。

有时，成绩只是突出了抽象的生产力概念，一些学生可能已经内化了他们“就是”某个成绩的想法，他们必然觉得自己的能力和价值不如那些可能获得更好成绩的同龄人。这也释放了一个信号，那就是他们还不够努力，尽管他们已经做出了努力，但他们的努力甚至不足以达到平均水平或及格的分数。相反，那些认为自己成绩优异的学生通常会期望获得最高成绩，并且可能会受到害怕成绩降低的负面影响，因此，由于大多数评分系统的减法性质，学生们不太倾向于冒险，更害怕跳出思维定式思考。

令人遗憾的是，前文讨论过的评分系统今天仍然广泛存在于世界各地。在其中一些系统中，学生从一开始就了解到他们都是以某种类型的“满分”状态开始参与考试的，当他们犯错时，这些分数会慢慢减少，他们的考试成绩将基于保留的分数而定。采用这种方法，学生在发展过程中根本不受鼓励，反而会因犯错而受到惩罚。这样，那些更善于不犯错的学生最终会获得更好的成绩，而一些非常有创造力的学生，他们本可能会尝试跳出思维定式进行思考，或者以独创的方式找到解决问题的方法，最终却因为害怕降低分数而不愿意走不同的探索道路。如果考试成绩是基于某种减法的评估方法，就不会鼓励学生具备好奇心或者勤勉品质。

未来的学校必须解决传统形式的评分和评估问题。人们可能会想，在一个高度形成性和智能化的教学环境中，评分是否真的必不可少。人们可能得出最终的结论：并不是。当然，评估应该是学习过程的一部分，就像某种形式的对话，无论是口头的还是书面的，收到的反馈可以是双向的。教师可以向学生提供反馈以进一步改进，学生也可以通过精确地指出需要更清楚或更深入地解释的事情来评估教师的工作。为了让学生更多地投入到自己的教育中，世界上大多数国家都必须改革评分制度。

当然，以对话形式进行大部分或所有评估可能是一项耗时的工作，许多批评者会坚称，将评估个性化到成为一种对话形式是不现实的。然而，在一组学生中可能经常会出现这样的情况，即小组中有相当数量的学生要为相同的方面工作，而其他一些学生要为另一方面而工作，因此，个人评估可以合并到一个学生协作小组中，以协作的方式处理这些意见或反馈。在小班教学中确实可以做到这一点，但在大班教学中也并非不可能，只要反馈的目的是让需要额外帮助或额外刺激的学生受益即可。换言之，作为一种改进的方式，它必须是双向的，我们在本书后面将要讨论的配备人工智能的自动校正数字工具可能在这个方面非常有帮助。这样一来，评估的经验可以变得更加整合，学生和教师最终都可以在相互评估的情况下接触到建设性的批评，但最重要的是，对话的重点是通过对话实现个人成长和互惠成长。世界各地的评分制度不应再被默许扼杀学生的创造力。

教育游戏化

教育游戏化的前景为激励一些青少年提供了新的机会，他们将游戏和电子竞技视为动力的重要来源，在某些情况下，这可能是提高他们注意力水平和发展更精细的动作技能的途径，这可能成为未来就业市场的资产，特别是在即将到来的增强现实和/或虚拟现实的应用中。这种大胆的辩证法需要进一步探索，以评估这种教学方法的质量。游戏化或基于游戏的学习并不局限于教育类电脑电子游戏或电动游戏，它可以纳入各种各样的实体游戏或虚拟棋盘游戏，并作为竞争或团队建设的工具使用。一个有效的游戏化教育方案必须熟悉学习者目前所处的技能水平，并相应地将下一个级别设定得更高一些，同时教学目标不能让学习者感到厌烦，也不能太难以至于学习者不愿尝试。因此，学习者会尝试、尝试、再尝试，直到实现所追求的目标。根据约翰·哈蒂与克劳斯·齐耶尔（Klaus Zierer）的说法，这正是教师为学生设定目标时应该做的。设定适当的挑战性目标，并提供许多有趣的学习机会以达到这一目标。当学生达到下一个级别时，学习挑战的难度就会提高，学习循环就会继续。如果在教育领域也能找到一种模仿电脑游戏工作方式的方法，那将会节省大量的时间和金钱。因为表现出色而获得星星或积分这种方式肯定也是一种非常基本的游戏化形式，但我们在这里所倡导的是一种完全更具开创性的理念：真正的教育游戏化将使许多学生自己推动、指导和评价自己的学习。他们会渴望继续学习，以达到个人的下一个成就水平，基本上没有办法阻止他们中的大多数人在更短的时间内学习更多的东西。最终，教育的游戏化可以包括许多类型的有趣的STEAM动手学习活动，其灵感来自国际数理科学创意大赛（IMSCC）上举办的各种比赛，如4D Frame机电车辆比赛、障碍物比赛，甚至无人机比赛、机器人摔跤、桥梁搭建比赛和鸡蛋撞地球[1]挑战赛等，这里仅举几例说明。

[1] 一项青少年科技活动，利用生鸡蛋、降落伞材料、缓冲包装材料等制作装置，使鸡蛋撞地而不碎。——编者注

游戏化示例：以液压装置为例

为了以积极的方式加深学生的知识，设置有趣的学习活动是完全有可能的。

比如，在8年级的技术课上，不同小组的学生被要求探索机器人的基本概念，同时教师鼓励他们使用注射器和塑料管来构建简单的液压机器人和装置，可以将其当成一个游戏来开发。

图3.2 7年级水力学液压装置实验

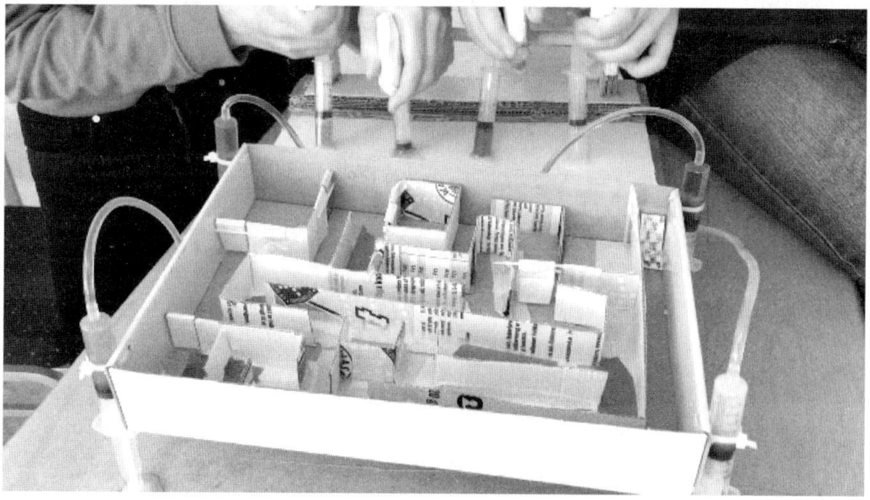

图3.3 液压装置迷宫游戏

学生们设计的不复杂的模拟液压系统能够执行简单的任务，同时它们可以在游戏中创造出一种刺激。在某学年，一个被设计得最简单的游戏是带有弹珠陷阱的迷宫。4个注射器竖着粘在一个盒子的每个角上，盒子里面装有学生们设计的迷宫。每个注射器都装满了带颜色的水，它们通过一根塑料管连接到另一个颜色对应的注射器上，被连接的注射器都位于一个配有杠杆的控制面板上。这4个杠杆可以触发连接在迷宫上相应的注射器，使盒子可以向不同方向倾斜。游戏的目标是在只使用控制杆的情况下操纵玻璃弹珠穿过迷宫。为了让4个角上装满水的注射器更容易操纵弹珠穿越正确的路径，每对注射器的水都被配制成红色、蓝色、黄色和绿色。

同样，另一组学生设计并制造了一个机械臂，可以使用同样简单的液压系统将物体从一个地方移动到另一个地方。

图3.4 液压动力机械臂

另外，数字学习平台将如何发展将是一件有趣的事情。为了说明市场上许多可以作为学习平台的数字游戏的优势，我们将以数学游戏《神算宝盒》（*DragonBox*）和《我的世界：教育版》（*Minecraft Education*）为例来继续讨论。这两个平台允许教师在课堂或在线学习环境中为学生提供让人兴奋着迷的教学内容。此外，有很多家长们注意到，他们的孩子很乐意在家里的空闲时间使用这种数字自主学习平台[1]。

通过试错学习

想象一下，你需要向一位新同事解释你们学校的计算机系统是如何工作的。当然，你会采用一种教学法，尽你所能来促进他/她的理解。之后，你的同事会感谢你手把手地耐心解释需要做什么，因为你，他/她可能会觉得自己能用个5分钟或10分钟的时间，就理解了所有事情。但是，如果你感觉有点难以置信，你可能会让你的同事用他/她自己的话重申他们所理解的内容，然后你会发现，在你介绍的计算机系统如何工作的概念和你的新同事实际上推断出的概念之间存在着巨大的曲解。这种现象是“精通错觉”（illusion of mastery）的典型案例。为了克服这种错觉，大脑需要通过试错的学习方式进行训练，这就是为什么自主学习对这种更加整体的创造性学习方式至关重要。试错法经常被忽视，但它是终身学习和可持续知识的最重要特征之一。通过试错学习包括操纵你大脑中已经吸收的信息，同时将自己的头脑置于测试的环境中，以便自我纠正。试错学习的有趣之处在于，它要求学习者敢于面对自己的无知。大多数人都会自发地倾向于避免这些情况，但为了有效地教授这种方法，我们需要让学生消除疑虑，学会淡化这种不可避免的错误。当学生犯错时，不应做出价值判断或评估，因为在这种方法中，错误本身就是可持续学习的关键。

教授如何通过犯错来避免错误是一种极具价值的学习方法，如果这些方法扎根

---

[1] 关于本小节提到的3种液压装置实验和两个数字学习平台，想要了解更多，请查看资源访问的提示。——编者注

于学生的思维方式中，那么他们将学会更加自信，学会不把自己的错误视为失败，而更多地把它视为通向更好理解的垫脚石。为了培养这种试错学习方法，必须给学生提供定期反馈，直到学生开始将错误视为小事，最重要的是，将错误视为成功学习习惯的基本条件。我们通过各种各样的研讨会、活动和竞赛观察到，很多最好的想法是从最初被认为是错误的想法中产生的，此外，一些最原创的想法事实上也是从极度非原创的起点形成的，它们被组合成一种混合体，类似于明星主厨在上榜米其林指南的时尚餐厅里发明的融合菜。

为了在可持续学习教学法中实现这一点，教师应该学会要求学生向同学重新复述他们所学的知识，并以尽可能简洁的方式进行，或者创建一个简单的思维导图，同时寻找最适合自己学习风格的环境，以便将刚刚学到的东西付诸行动。确保为处于不同水平的学生提供足够的适应空间，让每个人都有机会犯错，而不仅仅是初学者或有困难的学生。要敢于给出精确的反馈，但反过来也要敢于给出不太精确的总体评价。有时你可能会选择给学生提供大量的信息，以最大限度地提高他们的学习能力；但有时你必须选择不太具体的反馈，只给一些提示，告诉他们如何改进，如何给出更好的答案，或者如何以更简洁高效的方式更加清晰地表达想法和概念化所学。

教师在介绍需要整合的主题时，使用这种方法也可以提供更好的学习体验，以教授需要学习的概念。教师有时会使用视频、图像、音频源、海报或动画，但也经常依赖于他们在教科书中可用的书面文本。我们相信，像Loops这样的数字工具可以很好地以视觉方式概念化时间叙事，还可以将各种类型的多媒体材料纳入其中，同时为学习者提供大量的选项，以供他们选择出最有效的学习方式。此外，混合不同类型的媒体也有助于感官的可塑性，例如通过图像、音频或视频传达的信息将大大提高理解能力，并有助于更长期地记忆概念。

这一代学生的注意力持续时间似乎越来越短，因为他们的手机、平板电脑和电脑已经成为他们人格的延伸，并且不断受到更新、短信、通知和其他信息的轰炸。教师需要明白，学生注意力的时间仅限于实际讲课的短暂时刻。因此，一场讲座应该被划分成更小的部分，包含更易消化的信息、用于复习的微停顿，借助多媒体材料重申课堂上讨论的重要内容或者在过去5到10分钟内介绍的内容等。

通过这种方式，多媒体元素被用来重新概念化所学。在瑞典隆德像蒙台梭利双语学校这样的多语言学校，可以采用一种语言解释事物，并借助以短视频或多媒体剪辑为代表的另一种语言来提高学生的概念习得能力，以达到更好的效果。

创造性冒险

有创造力的学生是天生的冒险家，当他们不确定自己是否知道某件事时，他们通常会采取试错的方法，并在发挥想象力的同时进行调查、提出假设和创造新事物。最好的学习者是那些不怕犯错的人，他们最能意识到衡量学术成功的真正标准是个人进步，而非获得诸如分数之类的外在奖励。通过采用定性的方法，他们将形成一种态度，从错误中吸取教训，从而收获创造力的果实。作为教师，我们经常观察到，一些最大胆的想法最终产生于最初被称为错误的地方。它们几乎不可避免地对先前的想法、草图或原型进行重新构思，使之成为完全不同的、创新的东西。这些年来，我们观察到的最有趣的一件事是，最有创造力的学生是那些具有混合和融合能力的学生。换言之，他们有能力融合那些最初看起来不一定有联系的想法，但当他们综合在课堂上获得的理论知识时，他们能够通过建立乍一看不明显的联系来重新组合概念和想法。这种能力是一种非常特殊的智力，我们预测今后它将会备受欢迎。当然，偶尔这种创新能力也不会带来任何实际结果，甚至不会带来合乎逻辑的结果。然而，如果教师养成了鼓励这种反思性概念化的习惯，即使只有10%的想法从这种方法中变得可行或实用，也意味着学生已经成功地掌握了参与富有成效的创造性学习过程的技能。我们可以观察到的是，如果学生不准备偶尔犯错，他们就不会变得有创造力。他们会沉湎于对犯错的恐惧中，而这种恐惧会一直阻止他们跳出思维定式。传统的教学方式有着更为严格的量化评估过程，通常是基于这样一种想法：学生犯了错误就会失分，而这种扣分制将导致他们的成绩下降。这种情况会造成不必要的压力，成为真正可持续学习方式的障碍。当一个学生因为害怕犯错，而被鼓励不要去冒险时，这种犹豫不会产生真正的创造性，学生开始优柔寡断、审时度势，因为他们不希望自己的成绩受到冒险态度的影响。本书始终如一地提倡一种基于项目的学习，因为即使经过多年的教学和心理研究，学生们还是经常被要求记住当天的课程，以相同的速度学习，并在既定的场景下应用单一的方法。相比之下，项目式学习，例如本书案例与启示章节中描述的各种竞争性项目，要求学生在较长的时间内积极参与有意义的现实世界问题，测试自己的想法，以参与更具创造力的教育。

互动的创造力

不幸的是，即使在全球一些最先进的教育体系中，理论能力仍然被用来作为评估智力的一种方式。我们需要为获取能力的经验方面留出更多的空间。试想一下，如果我们只通过一个音乐家的读谱能力就评估他/她的能力，而不去听他们演奏乐器，会是什么情形？工程学也可以做一个类似的比喻，如果我们只评估学生的理论技术能力，让他们画出一座桥的草图，而不让他们亲手建造一座桥，他们就永远学不会正确应用他们在理论方面所学到的东西，因为我们不必面对学生动手学习经验中的基本问题解决阶段。当然，没有良好的学科知识，就不可能有问题解决能力和审辨思维能力。当学生已经掌握了浅表知识时，基于问题的学习可以对更加深层的知识和理解产生积极影响。颇为有趣的是，大多数课程都包括自然科学的必修实验课，但很少有非科学相关的学科包括同样类型的自主学习方法。当然，每所学校都有一些富有灵感的启发型教师，他们在使用体验式学习策略的同时找到了令学生着迷的教学方法，例如语言教师与学生一起安排剧本、电影或戏剧表演，帮助他们吸收他们在理论中学到的东西。还有些启发型教师会带着学生进行多次实地考察，真正帮助他们以可持续的自主学习方式应用课堂上获得的理论知识。这种基本类型的互动性对学生的感官有刺激作用，同时使学习经验的类型多样化，有助于发展一种更有活力的创造性智力。创造性是一个过程，在这个过程中，跨学科的互动可以带来一些有用或实用的东西。事实上，人类想象力的天赋必须在可持续的自主学习方法的帮助下得以释放。

在未来的学校系统或课程中，创造型学习必须超越简单记忆事实的冰冷行为，主要原因是教师们需要让新一代做好准备，迎接即将到来的信息时代的新现实的挑战，以及基于联合国全球目标和可持续发展基本方面的经济的出现。此外，随着人工智能的进步，越来越少的人仅仅依靠他们的短期记忆来模拟事实，这样他们就能够释放出大量的脑容量来应用创造力，而不是记住目前几乎无时无刻不能在网上轻松获得的事实。虽然能够记住事实肯定仍很重要，然而，在这个信息时代，有一项技能将变得更加重要，那就是学生发展他们的审辨思维能力，以便能够识别网上真正的事实信息，并更容易识别不可靠的来源，同时意识到自己的确认偏误和偏见倾向。

营造宽松的学习环境

日语中的“宽松教育”（yutori kyõiku）是指日本政府为减轻学生的高压力而推行的一种方法。它的意思是“轻松的教育”或“没有压力的教育”。为了解决课堂纪律问题，同时解决恐吓和欺凌问题，必须减少教学时间，减少课程内容。根据山野健史（Kenshi Yamanouchi）的说法，虽然这种方法会导致学业能力的下降，但是提高了日本学生独立思考和学习的能力。尽管受到了批评，但这种方法带来了更可持续的自主学习活动的发展，从而提高了学生的创造力和自我激励。批评人士指出，日本在PISA考试等教育成绩测试中的排名有所下降，但他们也承认，这种方法更适合培养学生的才能和自立能力。

这个特殊的例子可以进一步证明，更无压力的自主学习活动可以带来发现、获取和处理信息的不同行为。世界其他地方也尝试过类似的方法和战略，结果好坏参半。学生有必要采取不同的策略来创造无压力和更周到的学习环境，也许可以找一位同学或同伴讨论一下自己学到了什么，然后再做出回答。这就是所谓的“思考一配对一分享”，是一种处理信息的策略，也是一种回忆新获得的知识的策略，在与更大的群体分享自己的想法或将其作为成品记录下来之前，通过与另一个人讨论，将其变成自己的方式。这一过程可能看起来很耗时，但这种自主学习策略的减压性质可能会带来更可持续、更有效的知识获取过程。

营造开放的课堂环境

如果教师能将上述所有例子视为一种财富而非威胁，那么就能够在关系型教学领域取得巨大成就。事实上，这种情况屡有发生：学生被教师称为自命不凡，因为他们在某些话题上表现出比教师更高的理解水平。试图建立传统的师生等级制度所花费的精力绝对是适得其反的，会造成不必要的逆境，并影响到整个班级和整个组织，因为它会产生连锁反应。一个没有安全感的教师可能让学生感觉受到感情上的阉割，因为教师不想在学生的面前丢脸，坚定着自己必须成为真理的最终来源的信念。这种方法是一种老式的教育方式，可能永远不会有助于培养自由思考或创造性的头脑。

教师不应该在那些可能对某些话题有着更广泛或更深刻理解的学生面前感到不安，而是应该让学生充当助手，从而使他们成为教师的财富而不是威胁。当然，这取决于教师已经与学生建立了良好的关系，教师已经了解到学生的长处，并在师生之间建立起信任的纽带。安·路易丝·利永布拉德（Ann Louise Ljungblad）认为，这种合作关系的工作是一种努力，以理解多元化中的团结以及民主是如何发生的，没有什么比我们共同的未来更重要。幼儿教育工作者艾丽卡·克里斯塔基斯（Erika Christakis）在《大西洋月刊》（*Atlantic*）上犀利地写道：

★ 即便在新冠之前，学校也没好到哪里去，值得注意的是，随着时间的推移，学校几乎没有变化。大多数公立小学都固守着一种模式，丝毫没有反映出认知科学的进步和我们对人类发展的理解。一年前，当我走进我10岁儿子的4年级教室时，它看起来几乎和我如今已28岁的儿子在2001年的教室一模一样，而2001年的那间教室又和我在1972年学习的4年级教室惊人地相似。它们有着相同的桌子、小隔间，和严格按照特定年级而配备的教学用具。学校的课程表也基本保持不变：每周35个小时的教学时间，持续180天左右。同样的，家庭作业也是如此，尽管越来越多的证据表明，小学生的家庭作业（除了夜间阅读外）带来的好处微乎其微或根本没有。基础教育也重视相对浅表的学习，这种学习过于注重掌握浅层但利于考试的技能，而脱离了真正的内容知识或审辨思维。

最优秀、最成功的教师，甚至可能是任何职业中最优秀或最成功的人士，都能意识到自己的弱点，并且愿意接受自己还有很多东西要学的事实。优秀的教师明白学习是一个终生的过程，他们意识到自己的确认偏误、偏见、先入为主的想法和偶尔犯逻辑错误的倾向，意识到自己的错误对于获得学生的尊重和在课堂上建立一个真正可持续的学习环境至关重要，学生们在课堂上无畏地表达自己的观点，这也会让他们意识到自己的优势和不足。学生们必须看到，尽管他们的教师知识渊博，但他们脚踏实地，为人谦逊，即使是最有学识的教师也不可能是无所不知、无所不晓的专家。开放的心态和向学生学习的意愿将为最有成效的关系型学习体验创造适当的条件，同时给予学生所需的全部自信，使他们成为最好的自己，并在智力、社交和学术上充分发挥他们的潜力。即使是最博学的教师也会遇到在某些方面比他们更有才华的学生，真正称职的教师会注意到这一点，并鼓励学生在课堂上为有机的学习体验做出贡献，为他们提供一个安全的空间来发光发热，并通过贡献教学体验来学习。

助记术

助记术是一种记忆技巧，可以帮助人们记住一长串信息，通常是按照特定的顺序。这种能力，正如本书所讨论的许多其他能力一样，主要不是一种天赋，而是任何人都可以练习并变得更加精通的能力。教育在某种程度上总是包括对事实和数字的学习，因此，助记术的技巧必然是一个方便的工具，可以纳入任何学习者的工具箱中。第一个要提到的窍门是分块记忆，即把较长的信息串分成几块，使其更容易记忆。第二个常见的窍门是使用缩略语记忆法，即简单的字母缩写，例如使用长句或指令中每个单词的首字母来帮助记忆复杂的单词序列，或者相反，使用缩略语，你可以通过创造单词或句子来记住一串看似无关的字母。我们在这里要提到的最后一个，也是第三个窍门是所谓的古老窍门记忆宫殿，即一个人想要在记忆中储存大量的事实，可以想象一个房子或者一个大宫殿，然后在他们的想象中，把不同的事实或物体放在房子的不同房间和空间里，某种程度上其实是一种视觉分块。

为了使课程更好地适应每个学生的需求，我们提倡教师使用各种教学、激活或刺激材料的能力。这是我们在本书中试图鼓励的整合性教学设计的一部分。教师一直在寻找帮助学生记忆和留存知识的方法。关键是要找到将重要内容内化为长期记忆的方法，并学习如何克服短期记忆的局限性，系统化一种新的学习方式，这种学习方式有可能有助于相关内容进入长期记忆的过程。有句老话说，一张图像胜过千言万语，如果将长期记忆看作是通往信息或知识的路径的集合，就可以说明这种效果。人们拥有的路径越多，当人们在已经储存在长期记忆中的事物之间寻找联系时，就越容易在它们之间架起桥梁。

这就是为什么对于所学的每个新概念，使用多种类型的教学材料来支持和帮助学生将新发现的知识保留为长期记忆的能力是很重要的。当然，你可以用一段文字，也可以用一张图片或一段视频来加强和加深理解，但还要用能激发学生想象力的东西来激发灵感。我们还特别发现，如果所使用的材料能引起学生的情绪反应，那么它就能够对持久学习产生宝贵的影响。学生经常会忘记教师说了什么，或者课文的内容与什么有关，但他们会永远记得这些带给他们的感觉，比如触发从大笑到流泪的情绪，这对长期记忆和可持续学习是非常有益的。另一种确保学生记住你试图以一种更根深蒂固的方式教给他们的东西的好方法，是准备一些令人不适的、略带冒犯性的笑话来阐述一个观点，这通常是一个吸引学生注意力的妙招。同样，使用极其悲伤的图像或视频片段来说明一个敏感或创伤性的现象，也可以成为强大的记忆工具，因为它触发了情绪反应。例如，学生可以在教科书上读到亚美尼亚种族灭绝的内容，或者听教师讲述奥斯曼帝国在第一次世界大战期间犯下的暴行，利用视觉向他们展示那些生灵涂炭、惨绝人寰的图片或视频，就能让学生们对这些侵犯人权的悲惨事件终生难忘。这也同样适用于任何能够引发情绪反应的事件，例如卢旺达种族大屠杀、斯雷布雷尼察大屠杀或2001年世贸中心的袭击等图片或视频，仅举几例。当然，这些类型的图像必须进行敏感的调适，以适应适当的年龄群体，但从经验来看，9年级15岁左右的学生在接触能触发各种情绪的多媒体材料时会表现出高水平的知识记忆。心理学研究表明，情绪对人类的认知过程有重大影响，包括感知、注意力、学习、记忆、推理和解决问题等。情绪对注意力有着特别强的影响，特别是在调节注意力的选择性以及激励行动和行为方面。

在使用这些技巧并引发情绪反应的同时，教师让学生与同伴讨论，以整理吸收的内容并讨论课程类型，这一点非常重要，教师还可以从课堂上使用的额外多媒体支持中学习。通过鼓励学生进行简短的讨论，以简洁的方式重新构思和重申他们所学的东西，教师还可以鼓励以更深入的方式发展自主学习的关键方面。教师可以告诉学生，他们的任务是能够以尽可能简单的方式解释复杂的事情，就像他们在和一个比他们小得多的小孩子说话一样。

教师需要专注于最有价值的信息，而不是惧怕在不同的时间以不同的方式重复同样的事情，但不要留下冗余的印象，因为重复也是可持续的学习—记忆的有效途径。

相对适度地使用重复也是强调每个学科最重要的学习目标的一种方式，在学科间的背景下，重要的是要培养一种能力，让学生明白所学的东西对其他任何学科也有用处，这对他们的终身学习、常识和未来的心理健康至关重要。在更传统的学校环境中，科目、主题和信息往往是碎片化的，可能会对学生产生负面影响，因为这种碎片化会产生大量不相关的信息，不利于任何整合或整体的环境。相比之下，通过感知看似不相关的主题之间的合理互联，学生可以理解他们正在学习的东西在未来将是有用的，因为他们将能够通过拥有广泛而深入的知识库来培养复杂的关联类型。因此，如果在学校教的东西是作为一个更大的整体的重要组成部分，它将帮助学生以一种更积极和持久的方式吸收这些概念。中学教育中的许多主题实际上本质上是多学科的，与科学、技术、数学和艺术有关，因为实质性的问题和主题很少受到长期建立的“学术科目的人为界限的限制。在科学方面，学生需要处理复杂的问题和自然现象，这些问题和自然现象不容易从单一的学科框架中理解或解决。然而，以学科为基础的科学教育体系仍然是初高中课堂的常态。这一体系阻碍了学生发现和建立任何相关科学学科之间的联系，最终导致学生对问题的跨学科理解不深，科学素养低下”。有意识的知识往往隐藏着储存在短期记忆中的难以表达的或潜在的想法，而无意识的知识往往显示出储存在学生长期记忆中的技能和能力。

“科学家善于像科学家一样思考”，但要做到这一点，不仅需要了解和实践思维策略，还需要拥有允许他们使用思维策略的背景知识。这可能就是为什么著名的地质学家H.H.里德（H. H. Reed）说：“最好的地质学家是见过最多岩石的人。”

很多教学材料可以用于展示应用历史和其他非STEAM教育相关的学科的理论方面所需的不同概念获取技能，类似于对导致技术演化模式的创造过程的理解。我们将努力证明，在使用诸如4D Frame的材料时，采用整体方法有可能激发分析和创造性思维，但最重要的是，为学生创造一个饶有趣味的跨学科教学和学习环境，同时帮助他们对历史和技术概念及其相互关系有更深入的理解。

这种使用不同材料的方法也适用于自主学习的情况，当教师让学生做动手实验或手工作业时，会一遍又一遍地测试相同的手工技能，而不会给人留下冗余的印象。它可能有助于基于创造性方法的任务系统化，同时关注最重要的概念并突出其重要性。在这样做的过程中，通过采用受黑格尔启发的辩证方法，教师可以说明，对立的思想和方法往往会促进对整体具有更深层次的理解。然而，重要的是不要同时引入太多信息，特别是当这些事情的复杂程度超出了最初所需的理解水平时。

当自学成才的学生表现出艺术鉴赏力或创造技能时，他们的直觉知识总是比任何书面或口头描述更加丰富。这种类型的知识可以与音乐家、画家或足球运动员的技能相提并论，他们经常能够完成扣人心弦的器乐独奏，画出妙手丹青才能晕染出来的水彩佳作，或在展示运球技巧的同时完成一个出人意料的进球。也许他们谁都无法解释自己是如何做到的，那是因为他们将无数个小时的主动训练付诸实践，所以才使演奏、画画、踢球看起来很容易。然而，要在文字或论述中详细解释是如何做到的将是一项艰巨的任务，因为这强调了知识的获取，而不利于发展出分析和解决问题所需要的技能。

演化的方法

2020年，针对会议主题是无国界联结的“推进STEAM教育国际会议”（International Conference on the Advancement of STEAM，ICAS），我们撰写了一篇论文，其中我们建议：“将技术的演变作为任何历史课程的一个组成部分，实际上就是在学生的头脑中播下创造力的种子。当教授与科学、技术、工程、艺术和数学相关的新概念时，使用跨学科的教学方法和自主学习方法，可能对未来新兴的环境可持续经济产生重大影响的想法将会在学生的想象中蓬勃发展。”

在学校的时候，我们每个人可能都经历过零碎的学习，我们可能不得不记住公式、日期、句子、乘法表、词汇表、动词变位，等等。也许这些都是在某种形式的标准化考试前的最后一刻才背下来的。我们大多数人都可以说，那些我们用心学习的东西，很多在考试后的几天或几周内就被遗忘了。促进可持续的自主学习的主要原因是为了避免将短期记忆仅仅作为评估学生能力水平的一种方式，而是提倡在标准化测试后不会简单地被遗忘的持久知识。

“即使在最好的学校，（我们）仔细检查课程及其顺序，也会发现其中缺乏连贯性，存在着大量的内部矛盾。幸运的是，孩子们无法用语言来形容他们对不断违反自然秩序和顺序而感到的恐慌和愤怒，他们以为这就是教育的质量。”

通过共同规划并了解每个学科可以重叠的地方，教师可以以一种更具体的方式协作教授相关主题，这将帮助学生了解每个科目是如何与所有其他科目相互依存的，以及每个科目是如何成为更大整体的一部分的。最重要的是，这样做可以确保学生不必在两个不同的学科中学习基本相同的东西。可以以学科间的方式教授重叠的主题，从而为学生和教师节省时间，同时避免在学校周期的不同阶段以非整合的方式重复两次相同的主题，这只会导致混淆。这样做也有助于协作评估，从而为学生腾出大量时间来真正专注于自主学习、做实验、进行团队合作和更有趣的学习。

确保教师为学生留出互动学习的时间确实有好处，因为传统的教学方式无法提供同样的条件来真正培养学生的创造力、审辨思维能力以及终身学习最重要的方面：自主教育或自主学习能力。

同事观摩

让一位教师观摩和分析另一位教师在课堂上所做的事情，往往能让两位教师在各自的发展中都达到更高的水平。这种观摩有助于推进合作，而这往往成为迈向更为整合的教学法的第一步。通过从同事那里获得建设性的反馈，教师们在无形中得到了提升，并帮助他们的同事变得更加胜任。有时，观摩会为他们带来自己已经做得足够好的证明，或者给他们走在正确改进道路上的指引。大多数称职的教师都会以某种方式得到同事的肯定，这无疑增强了他们的信心。与此同时，这种活动还可以帮助那些在某些情况下陷入困境的教师从观摩他们的人那里获得提示和建议，如果观摩能够以支持和共情的方式进行，那么所有参与方都会从中受益。

时不时让别人关注你一下是很重要的。有时，或者说通常情况下，教师无法用语言描述他们出色完成的工作，从而这一部分就成了整个工作团队的隐藏知识。教师也应该知道，同事观摩他们并不是为了控制他们或监视他们在课堂上做的事情，因为这可能会对他们及其学生产生负面影响。如果有些教师觉得自己力不从心，或者觉得自己也许不够资格教授某些东西，那么课堂观摩可以帮助他们意识到，他们可以依靠那些有才能和兴趣的同事，通过与他们平等交换一些课题，从而促进学科整合、协作和学科间学习活动的发展。例如，物理老师可以询问地理老师是否愿意负责讲解天文学的一个章节，因为他/她知道这位同事对与天体物理学有关的一切都充满热情，而他/她自己却对这个话题从来没有兴趣。作为交换，这位或许同时也是生物教师的物理老师可以提出花更多的时间来深入探究地球的生态系统，这是地理学的一个重要课题。这就为协作规划和学习提供了另一个机会，教师之间可以协调自己教授的学科，这无疑会提高学科整合的水平，当然，前提是事先与同事进行良好沟通。

开拓性的协作规划与教学

在实践中，协作规划和教学对教师来说意味着什么？首先，一开始，教师们需要坐在一起的时间，这段时间需要专门分配给协作规划，而不是被其他更实际的事情所取代。尽管有很多教师愿意腾出时间来做这类工作，但如果你真的想让整个教师团队都参与进来，就需要确保并提供足够的时间。其次，教师需要敏锐地意识到自己和同事的核心课程。一旦教师了解到其直接同事学科领域的核心内容、目标和/或知识要求，他/她就可以准确地找出这些学科重叠的地方。当教师知道他们的同事在教什么时，开始第一次协作就更容易了，也许可以从一对一协作开始。以这种协作方式工作的教师通常会意识到，不同学科的知识要求在很大程度上是重叠的，这些学科及其知识要求实际上有更多的共同之处。

未来的教育将基于重叠的部分，即我们今天在学校所教内容的学科间部分。一旦你有3个以上的科目重叠成某种类型的项目式/专题导向，那么学生们将以一种更加共生和协同的方式学习。对于一个刚接触这种工作方式的教师团队来说，在实际工作开始之前就开始规划过程可能会很有帮助，合理的时间框架可能类似于开始下一学年的计划。最初制订更长期的计划也很重要；我们需要考虑整个学习周期，并把最初的计划作为一个概述，比如为期3年的学习，在此期间，教师需要创建一种按时间顺序的叙事。它可以被视为一个整体规划的画布，一个合作的工作大纲，每个团队都尽可能努力去遵循一种综合的时间轴，从时间的伊始直到未来。例如，教7年级时，所有教师可能会决定讲授基础知识，然后他们可能会在教8年级时专门研究也许更接近现代时期的知识，当达到9年级或同等水平时，他们可能会选择讲授上个世纪甚至更远的未来。如果教师有这种历史时间表作为他们的授课背景，那么他们可能更容易更自由地合作。这样一来，不论你正在教授法国文学、数学、英语还是家庭经济学，你都可以随时查看这个时间线，确保你教授的课程符合时间顺序，这样会为所有学生提供更多的完整性。接下来，你会读到更多与此相关的具体事项和示例。

进行协作学习的教师倾向于在日常的基础上进行合作，帮助学生发现不同学科之间的联系，如自然科学、社会科学、数学、语言或艺术。在一个理想的世界里，教师们应该对其他学科也很擅长，但在我们生活的这个专业化和碎片化的世界里，情况并不总是这样，甚至说这是不现实的。相反，教师只在自己的学科领域非常专业。但是当教师们互相交谈时，他们可以互相学习。每个人都可以创造出伟大的想法，但为了让学校真正向前发展，教师需要共同努力，就如何最好地为学生服务展开对话。如果他们每周或每天都有一定的时间坐在一起，共同计划如何专注于满足学生的学术需求，至少像满足他们的社交需求和情感需求那样，那么这样一定会在学校里创造出一种氛围，在这种氛围中，社交需求和情感需求会得到改善，因为学生对他们所学的东西更有热情，会更加投入到自己的学习中去。这可能创造了合适的条件，让学生们对学校不同主题产生真正的兴趣，因为他们以多学科的方式工作并学会合作。与此同时，学生将看到他们的所有教师也正在作为一个高效、协作和共同生产的团队工作，从而为他们树立了学习团队合作的榜样，我们相信这种品质很可能对未来的就业市场极为重要。

当观摩一组有着有效协作规划经验的教师时，你可能会发现他们这么做不是因为他们不得不这么做，而是因为他们似乎真的想这么做。他们很可能会在与同事的显著共生关系中发展和扩展想法，你可能还会注意到，在一起规划时，不同的教师和他们不同的学科专业创造了一种协同效应，一个增强型的整体优于他们个人能力的总和。参与这种真正的协作规划的教师利用开放的问题和开明的思想，对彼此充满了同理心，会逐渐从协作规划中受益并日益重视这种协同。对于教师来说，要实现这种非常有益的工作方式，他们需要学校的管理层和教学领导为他们提供合作的机会。他们需要预定的规划时间，并同时进行所有工作，以实现真正富有成效的、相互促进的协作。

为了培养学生的创新思维方式，教师自己必须成为先锋，在教学中勇于创新。这并不要求所有教师都成为多面手或“文艺复兴式”全才，因为这种复合的技能和专业知识通常可以在常规的教师工作团队中找到，团队人数从5人到20人不等。如果参与协作规划的教师在促进跨学科方法的同时选择专注于自己的优势和兴趣，他们实际上会成为更好的教师，因为他们会在教授自己觉得擅长或感兴趣的内容时感到更舒服，而不是尽力去激励学生学习他们自己都不感兴趣的东西。因为当教师不喜欢教学的主题时，实际上很难激励学生；协作规划提供了一种途径，帮助每位教师专注于他们最有信心和最感兴趣的事情。

在后文，我们会通过整合STEAM教育的不同方面提供一些例子，帮助你看到艺术教师可以在很大程度上涵盖数学课程，比如艺术中的几何基本部分。你会读到关于重叠的主题部分，教师是如何从一个学科“交换”到另一个学科，以创造更整体的学科间学习。在一个理想的、乌托邦式的未来，我们设想并希望实现知识的完全整合，在那里，学科不再从任何年轻人开始生活所需的先验的、完整的知识体系中割裂开来。在芬兰的一项研究中，教师组成团队，协作规划教学，并为学校中基于探究的综合科学教学制作材料，参与者可以反思理论和实践，他们在团队合作中体验到了更多关于探究和整合方法的知识，并报告称这是一种极具支持性的方法。由于教师是本学科的专家，教师能力的进一步发展有可能使教师在可持续教育方面拥有更高水平的专业知识，特别是在与其他教师合作时。不同学科之间有大量的主题重叠，这也将允许一组教师主动减少每个学生的工作量，并以非常有效的方式减轻学生在考试前记忆事实的学习负担。这样做的目的是协调不同的学习目标，形成一种更广泛的培养氛围，在模拟或数字材料的帮助下，有更多的空间进行有趣的自主学习，从而创造一个更具参与性的学习环境。

第4章 案例与启示

我们已在第2章解释了地球物理学、自主学习和跨学科博客中的学科间项目，这些项目支持竞赛和比赛，将其作为实现项目式学习的理想手段。贯穿整个工作的一个核心基础是协作，包括学生之间的协作、教师之间的协作、师生之间的协作、传统上分离的学科之间的协作，甚至是人类与机器之间的协作。

我们相信，在世界各地的学校里，接受我们教育的年经人拥有能力，只要研究用心专注的瑞典青年活动家在过去几年里对政治和企业特权的影响的案例就足够了。我们承认，作为教师和教育工作者，我们有责任教导我们的学生实现真正的改变。我们相信，只有通过教授审辨思维技能才能真正实现这一目标，并举例说明为什么以及如何教授逻辑谬误和认知偏误等主题，以加强理性和培养健康的怀疑精神。

体验式学习

从经验中学习无疑是最古老的也可能是最基本的学习形式，这种类型的学习涉及几个传统的过程，这些过程和正规教育系统本身一样古老，在某些情况下，比正规教育系统本身还要古老。事实上，关于学习是一辈子的事，我们必须追溯到公元前5世纪之前。传统上，古希腊认为整个雅典就是一所学校，围绕公民的一切都被视为他们教育的一部分。他们的教育没有限制，因为古希腊人相信在城市环境下的学习将持续一生。在古典和现代时代，柏拉图、亚里士多德、约翰·洛克和让-雅克·卢梭率先提出了经验是学习的重要基础这一观点。

对于体验式学习方法，英语中使用了各种不同的术语，例如：行动学习、行动科学、基于冒险的学习、情景学习、创意工作坊、基于经验的学习、动手实验、偶然学习、自主学习、综合方法、以学习者为中心的教学、从经验中学习、从实践中学习、终身学习、非传统学习、校外教育、开放式学习、户外教育、基于问题的学习、真实世界教育、自我导向学习、服务学习、情境学习、基于工作的学习等。

在这些领域，人们提出了不同的体验策略：学徒制、自传式叙事、远程学习、小组项目、可视化、教育契约（educational contract）、案例研究、游戏、模拟、师徒关系、实习、指导、实际工作、实验室、工作实习、研讨会等。我们还可以想到一些与体验式学习明显相关的已知教学方法：翻转课堂、合作教育、半工半读培训、解决问题的方法，以及新信息和通信技术的使用等。

作为教育过程中可持续学习过程的一部分，学生需要体验成就感；成就感通常与个人旅程的成功、实现梦想的能力，或成功完成我们思考已久的项目有关。学生需要体验到完成一项任务或项目达到顶点或实现的满足感，这种体验需要在学校经常发生。杰弗里·科尼利厄斯·怀特（Jeffrey Cornelius White）对119项研究进行了元分析，这些研究涉及教师的个人品质（如同理心和热情）如何决定学生在审辨思维、数学和阅读方面的表现，并得出结论，当教师表现出对学生的关爱时，他们可以促进学生的发展。

同样地，学生也需要体验到被认可的感觉。被认可是对学生所取得的成就的一种积极判断，这种积极判断能促进学生的发展和进步。有两种类型的认可可以对学生的可持续学习产生积极影响，那就是自我认可和来自他人的认可。自我认可是指学生对自己的进步有积极的感受，如在某方面变得更好，感到自豪，对自己的工作感到满意等。他人的认可更对应于来自他人的积极看法，如当人们说“你已经进步了！”或“你已经变得很好了！”等时。成就和认可的情感方面对于可持续的整体学习至关重要。任何类型的积极反馈和建设性反馈都将有助于所学知识的可持续性。通过自主学习的体验式方法，学生可以定期取得小成就，例如在比赛中获胜或表现出色，或被选中代表班级或学校参加科学博览会或其他课外活动。

旅行

应该鼓励每个有志于成为教师的人在成为教育专业人员之前，去旅行并获得与教学无关的专业技能。有时，人们从与他人会面、与客户交谈、参观博物馆、参观不同的城市和国家中学习到的东西，比读书或上课要多得多。书本和学校固然重要，但持久学习的最好例子往往来自生活经历，这些经历有时会永久地改变生活，并在其他方面有所回报。

接触不同的人和不同的文化十分重要，因为它有助于将知识保存在长期记忆中。人们永远不会忘记他们积累的改变生活的经历。这种经历的汇编成为一种资本，供教师在任何适当的时候在课堂上提出，以扩大和延伸学生的理解。作为2030年可持续发展议程的一部分，联合国将全球公民教育列为“一个更加和平、宽容、包容和安全的世界”的组成部分。在17项可持续发展项目中，有一项是“优质教育”，而全球公民教育主题是实现全世界所有学生优质教育的关键因素之一。作为一名教师，通过旅行和教导你的学生如何成为优秀的全球公民，你可能会为星球更加美好的未来做出贡献。

重塑历史

在使用4D Frame等材料的同时，我们采用时间顺序方法进行学习的一个实例是在历史时间线上整合技术的演化，这与瑞典《学科教师》（*Ämnesläraren*）杂志中的学生学习曲线相对应。这让我们收获到很多。学生们被鼓励建立不同历史发明的4D Frame模型，通过这种方式，他们能够自己发现在特定历史时期可能存在的技术挑战，并被鼓励以创造性的方式找到解决历史技术问题的方案。例如，在讲完关于古代史的第一部分，即古希腊的知识之后，学生们了解了古希腊的情况，这一部分的阐述以亚历山大大帝的军事成就，以及他的军队在征服整个中东地区的浪潮结束时拥有何种技术优势结束。这门课程鼓励学生建造自己的弹弩或弩炮，这样他们就能学会建造一个古希腊的机械攻城战技术设备。通过使用这种来自韩国的教学材料和一根简单的橡皮筋，学生们在教室角落里用纸杯制作了一堵墙，并被告知他们有1个小时的时间来制作一个弹弩的功能原型，然后用一个乒乓球（用作石弹）来摧毁这堵纸杯墙。不用说，学生们都热情高涨，在不知不觉中，他们以一种可持续的学科间关系方式学习，因为他们所做的事情保证了他们自主学习的长期影响，增加了他们的一般知识和具体知识。

由于4D Frame材料是由不同的连接器和塑料管组成的，它可以真正帮助学生发展他们的二维和三维几何技能。他们能够在数学课上使用他们在理论和书本中学到的东西，也可以使用他们在其他科目中使用的实用性材料，这些科目不一定与技术或历史有关。这些学生从7年级一开始就习惯于以学科间的方式工作，这就产生了一种协同效应，就像他们在实验室做化学实验一样。我们得出的结论是，通过做像上述那样有趣的活动，他们的知识会更持续、更长久。

同样重要的是要强调这样一个事实，即在学习时应用时间轴是一个以更好的顺序来概念化事物的好方法。例如，当学生正在建造代表古希腊的弹弩时，他们对之后学习的古罗马历史就会有更好的理解，要知道如果古希腊人没有不断改进自己的技术，那么古罗马人就不会在此基础上继续改进这项技术并建造出投石机。事实上，如果不了解以前的发明，就很难理解任何发明是如何构思出来的，因为创造出来的新事物往往是受到之前发明的启发。

正如前文所提到的年表重要性的章节，当有人了解到工业革命和蒸汽机、收音机或汽车的发明时，如果不首先了解更早出现的其他发明是如何设想的，几乎不可能理解叙事的每一部分。例如，在美索不达米亚人发明轮子之前，人类不可能发明出汽车；在古埃及人发明风帆之前，克里斯托弗·哥伦布不可能发现美洲；在了解古罗马人如何发明古城输水系统之前，人类不可能真正理解卫生设施的工作原理。同样的道理也适用于我们目前用来创造绿色电力的现代技术；如果不理解荷兰人如何从阿基米德螺旋泵等先前的发明中获得灵感，改进风车并将其用于水泵，我们就不可能那么容易理解它。

在常规的历史课上，学生们有幸了解到历史上人们面临的不同技术挑战，以及不同的文化是如何找到这些问题的解决方案的；同时他们也在技术课上竞相寻找不同的解决方案，以了解这一过程是如何推动技术发展的。鼓励学生们自己建造这些历史发明的模型，这样他们就可以了解当人们第一次开始实验时，这些技术挑战是如何实现的，并试图找到解决历史上人们遇到的此类问题的方法。学生们在建造原型时可以发挥他们的创造力和想象力，找到他们将遇到的简单问题的解决方法；然而在学生们建造不同的物理模型时，不断给他们提示和指点也很重要。我们需要提醒学生一些他们以前学过的几何基础知识，例如他们在7年级早期就学到了三角形是最稳定的形状之一，我们甚至用了4D Frame来说明它是多么稳定，因为在那个学年的前几周，我们建造了简单的金字塔和四面体。随后，学生们往往会记住三角形是如何在不同的结构中创造稳定性的，同时也要提醒他们一个移动的部分会如何改变结构的平衡，所以他们需要测试，并将质量保证原则应用到他们设计的所有东西上。

通过这种方式，学生们意识到，过去发明不同机械装置的人在使用不同类型的材料时会经历类似的思考过程，面临类似的挑战。学生们往往会觉得，通过进行这些实际的实践式实验，他们获得了更广泛和更深刻的理解。这种理解不一定与实践所涵盖的两个主题有关：他们理解自己；学会合作和交换意见，在创造过程中求同存异，尊重彼此的想法。学生们以一种实际的方式学习事物的运作，相比于只看发明的图片或听教师讲课，这是一种可持续性更强的学习方式。

更多使用4D Frame的示例

跨年级活动：从教中学，唤醒科技好奇心

我们经常鼓励学生使用创意教育教具4D Frame增加他们的地理知识，让他们

有机会从头开始设计对象，而不是简单地重新创建已经计划好的东西。该教具支持他们搭建不同国家的地标建筑模型，比如比萨斜塔、埃菲尔铁塔、布鲁塞尔原子塔等。使用4D Frame会让他们创建的模型更加对称，在数学上更加精准。学生设法在尊重几何基本规则的情况下对称地构建它，这样搭好的模型会更稳固。教师可以鼓励学生使用尽可能多的等边三角形来稳定结构，同时应用结构稳定的基本原理。

以下是一个双赢的完美案例，参与双方都在潜移默化中学习。我们邀请7年级学生借助4D Frame教具向2年级学生讲解基本的工程技术知识。在学习了基本的几何和机械概念后，13岁的学生被指示在两个不同的教室里同时为两拨8岁学生开一个介绍研讨会。负责的老师扮演了观察员的角色，他们不断评估高年级学生指导、协助低年级学生的方式。2年级学生被要求设计任何类型的交通工具，但至少要包括两个带有3到6个轮子的可替换标准件，同时运用13岁“教练”教会他们的基本几何规则，设计对称性和功能性兼备的车辆。

这个长达90分钟的创意研讨大获全胜，活动开始后不到半小时，教师就观察到7年级教练被2年级学生的创造力所折服，低年级学生敢于尝试不同的材料使用方式，他们敢于掰弯连接管来创造有曲线的模型，切割海绵状的轮子发明出在现有4D Frame套件中没有的新组件。低龄学生的新想法和新技巧很快就被高年级学生捕捉到，他们向其学会在运用所学知识的同时融入新技术的方式。一些高年级学生随后将这些新观察到的技巧应用到后来学年结束时的启迪想象力比赛中。他们把通常用来制作轮子的海绵4D Frame部件雕刻成新的有趣的装置，或者用新的创意方式组装连接管。此外，他们还学会提供清晰的指令，注意以简化的方式解释复杂的元素。

7年级学生可以在低龄学生需要时提供帮助，但他们被告知不要过多干预。在场的每位小学生都在尽自己最大的能力参与其中，所有小组都想保护自己的创造成果，因为他们对自己共同创造的东西感到自豪。此外，7年级学生也能从教中学。

他们学习到我们在整体整合水平中描述的社会情感方面，因为他们要和需要鼓励的尚未成熟的小学生打交道。有些小学生在第一次尝试设想但没有奏效后就开始哭泣，他们需要安慰和鼓励。有些小学生因为没有征得队友的同意就借用了零件而发生冲突，对其负责的7年级学生必须以灵活变通、有建设性的方式解决这些问题。他们还需要通过加强纪律等方式，处理小学生在学习1小时后就开始捣乱这类问题。最重要的是，通过小学生创意无限的动手能力，他们学会了应用所学知识的同时融入新技术的方式。这是跳出思维定式的真实例子。

中学生也一致认为，小学生很好地遵循了他们的指示。由于教具本身色彩丰富，给低龄学生一种前所未有的兴奋感，这有助于提高每个小组成员在整个研讨会中的热情水平。这种跨年级活动是无价的，给不同年龄组的学生搭建桥梁，从而促进了一种不同形式的融合，这在一定程度上促进了学校不同级部之间的和谐与协作。

作为这种综合性自主学习方法的一部分，这种跨学科方法是可持续的。当参与活动的学生在8年级学习工业革命时，他们不仅通过讲课或教科书学习，而且还学会制作齿轮箱、活塞、差速器、齿轮、起重机（见图4.1）和水泵（见图4.2），最终在9年级时，他们开始使用4D Frame 机电一体化技术材料来制造机器人汽车或其他交通工具。

在9年级前习得如何建造坚固稳定结构的知识是很重要的，因为在我们学校，每年学生都被要求用意大利面建造桥梁。每个团队得到1公斤的意大利面和热枪胶棒，然后用重量测试桥梁，直到它们坍塌。学生知识掌握的标准之一是他们反思使用不同类型的材料及其对应功能。在使用雪糕棍和学习如何使用4D Frame材料建造坚固的达·芬奇桥（Da Vinci bridge，见图4.3）后，学生能用意大利面建造更坚固的桥梁，在理解更多的工程基本原理后，他们最终的上水量也控制得比以前更精准。

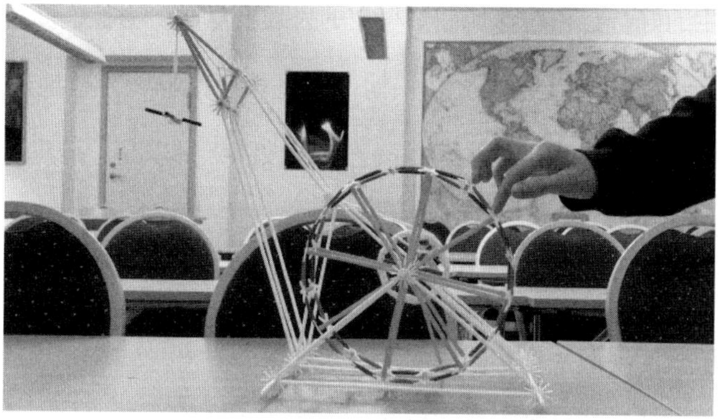

图4.1 起重机4D Frame原型

图4.2 水泵4D Frame原型

图4.3 达 · 芬奇桥模型

唤醒学生的好奇心和培养他们对科技的兴趣要尽早，当他们面对新材料时，鼓励他们的创造力是至关重要的。如果他们只是按照指导，简单地还原指导中的过程，他们学不到太多东西。虽然很多孩子都能按图纸拼乐高，按照说明书组装宜家家具，但这可能不是我们未来需要的最重要的技能。

协作体验式活动解决现实问题：瓦尔卡水塔

这是一个培养团队精神，并通过合作在不同文化之间建立桥梁的活动的完美案

图4.4 学生搭建的瓦尔卡水塔模型

例。在2018年和2019年，我们的学生参加了在韩国首尔举行的IMSCC比赛，参赛队伍由来自菲律宾、中国、蒙古、以色列、印度尼西亚和瑞典等不同国家的学生组成，他们被要求用大号4D Frame材料搭建瓦尔卡水塔。这次活动鼓励学生去寻找克服语言障碍与和不同语言背景的学生沟通的方法，大部分的交流使用基础的英语进行，尽管一些学生的词汇量有限，但每个人都为瓦尔卡水塔的搭建做出了积极的贡献。

向学生描述瓦尔卡水塔是什么是很重要的，它是由意大利建筑师阿图罗·维托里（Arturo Vittori）设计的，结构呈轻盈的花瓶状，延伸5至10米高。它本质上是一个集水装置，从稀薄的空气（大气中的雨、雾等）中榨出水，收集表层的水滴到水塔底部的容器中，平均每天提取高达100升的饮用水给饮用水稀缺的居民。这个装置可以改善在非洲、中东和世界上大多数干旱地区的人民的生活。水塔可以由天然材料制成，比如外层结构就是由竹子捆绑而成。了解到这些，学生们携手合作，用4D Frame 材料将其结构还原出来。

地球物理学：一个学科间项目

为了减轻7年级学生的课业负担，但最重要的是帮助他们认识到不同学科之间实际上是有关联的，我们成功开发了一种提质减量的方法。几年前，我们注意到物理和地理教学大纲中有很大比例的内容或多或少是相同的，甚至这两个学科使用的教材在有关天气、气候、温室效应、生态系统、热传递、洋流和气候带的章节中都呈现了完全相同的概念。由于这些主题在地理和物理方面有明显的重叠，两科的教师同时决定协作制定一个整合规划，以展示物理和地理在许多层面上的实际关联。

我们注意到，当教师协作设计像这样的学科间主题时，他们会逐年整合越来越多的主题。在这种情况下，地球物理学的学科间规划变得更加一体化，因为近年来化学和生物的部分教学大纲也被纳入其中。通过纳入气候变化对生态系统的地球物理影响这一主题，学科间主题已经成为一个跨学科的主题。此外，审辨思维的一个重要元素也被纳入其中，因为学生们被鼓励用来自可靠来源的未经过滤的原始数据制作自己的图表和图形。教师在Excel表格中提供了来自南极洲和格陵兰岛的冰芯样本的所有测量结果，使学生能够看到他们自己的图表是否相互关联，是否与称职的气候学家所说的相符。此外，我们鼓励学生自己确定政府间气候变化专门委员会提供的信息是否与他们自己的图表相符。让学生接触未经过滤的原始数据是培养他们审辨思维能力的绝佳方式，因为这加强了学生对科学方法的理解，通过学习直接从信息来源获得信息，他们变得更善于发现虚假信息。他们学到了一个终生难忘的教训，那就是对互联网上可以找到的东西总是提出质疑，这是一个好习惯。

为了让学生充分掌握必要的工具以对抗气候变化否认者所传播的虚假信息浪潮，负责确保以可持续的方式吸收自然科学的基本学习目标的教师最好能紧密合作。正如这个不断发展的交叉学科项目案例所描述的那样，地理、生物、物理、技术和化学的教师们应用灵活的整合性教学设计法向7年级学生教授地球物理学的基础知识，这种从多个角度切入基本教育主题的方式无疑帮助所有学习者持久地吸收发展理解力所需的概念，同时也为寻求丰富教育内容的学生提供了多种专业化的途径。换言之，随着这个项目发展成为一个更灵活、更广泛的整合项目，所采用的跨学科方法将使教师能够为学习困难的学生提供坚实的知识基础，同时也能让最有抱负的学生在自己的学习曲线上达到新的高度。

事实上，没有人会掉队，每个学生都会达到足够的理解水平，以应对虚假信息宣传对气候变化的有害影响。例如在协作教学活动结束时，以跨学科的方式对学生进行灵活的评估，所使用的不同类型的评估让评估者观察到，每个学生都能更好地定义这个协作项目中各个学科的不同概念之间的本质联系，而这些概念传统上是以碎片化的方式教授的。此外，为了向学生们证明在这个跨学科地球物理学活动中吸收的概念已经在7年级开始时以可持续的方式获得，在这个整合教育项目中协作的教师会为学生提供机会，在9年级结束时，在瑞典国家考试之前，就同样的主题再次进行评估。通过这种方式，教师有机会观察所有学生是否已经在长期记忆中获得了所学的知识。年复一年，9年级的学生毫无疑问地证明，通过这种综合学习活动提高长期知识留存水平的目标正在实现。这是一个完美的例子，将来可以成为学者们更深入地进行长期研究的对象，以验证我们的学术研究，并在更大的时间范围内评估我们的学生在12岁或13岁时所学概念的知识留存水平。我们很想知道，在所有学生长大成人后，他们对所学知识是否仍然记忆犹新，或者他们中的一些人是否已经忘记了某些基本要素。

我们的基本目标之一是长期保存核心工具，使今天的学生能够抵御一波又一波的虚假信息浪潮和不良的伪科学论调。我们认为，未来的成年人必须记住他们在青少年时期学到的关于这个重要话题的知识。我们在本书中提倡的跨学科方法是所学知识得以持续的关键。但我们很想知道，几十年后，我们的毕业生是否还能理解，人类正在通过燃烧化石燃料向大气中释放碳，而古老的史前碳在大气中以碳元素的三种自然同位素之一的形式枯竭。他们会记得这些吗？还是他们已经选择拒绝科学证据，去相信各种社交网络上最激进的气候变化否认者的一些简单化论点？他们还会明白，人类燃烧的化石燃料越多，这些碳同位素的平衡受到的影响就越大吗？事实上，三种碳同位素（12C、13C和14C）的比例变化，为人类世时期人类对气候变化的影响提供了无可辩驳的科学证据。气候学家将碳同位素的这种比例变化称为苏斯效应。事实上，自20世纪70年代以来，直接观测已经清楚地记录了碳-12和碳-13与大气中二氧化碳之比的下降，这是通过测量在南北半球极地气候区采集的冰芯中微气泡的含量所得出的。气候学家从中获得可靠的数据，这些数据在比较时间尺度上显示出明显的相关性，清楚地表明，自工业革命开始以来，我们观察到化石燃料的使用也是造成今天大气中碳-14同位素比例变化的原因。在过去的一个世纪里，这一点更容易观察到，因为全球气温上升也留下了同位素信号，而这些信号并不局限于极地冰川。这些同位素的波动甚至对所有遥远未来的科学家来说都是显而易见的，他们将有机会对我们这个时代暴露的岩层进行化学分析。通过保持足够水平的数据支持知识和良好的审辨思维能力，我们相信我们的学生将来绝不会轻信气候变化否认者的宣传。

在这个互动和跨学科的计划和操作过程结束后，学生们通常会在数字测试的帮助下进行评估和评价，其中包括回答几道多项选择题、多个图形组织器和三个较长的开放性问题，学生可以在回答开放性问题时展示他们的分析能力和所有新获得的知识。如前所述，教师的目标是确保学生不会只在考试前努力地学习，只是为了在考试中获得一个好成绩而记忆大量的知识，然后在考试后忘记大部分的内容。教师会问自己，他们如何才能确保课程内容会不断推进并成为学生的长期记忆，以及如何确保学生是在终身学习。此外，教师们还注意到，一些学生对他们所学的内容投入了感情，其中一些人甚至成了某种积极分子。事实上，他们中的一些人在了解到气候形势的严峻性后，请求教师允许他们在某些周五外出为气候而活动。许多学生的环保意识增强了，每年都有一些学生在完成这一阶段的学习后甚至选择成为素食者或纯素食主义者，因为他们越来越意识到自己的生活方式选择对人类共同的全球环境的影响。

通过在跨学科规划中加入情感因素，协作教师可以达到整体整合性教学的终极水平。学生学到的东西对他们整个人生都有着深远的影响，所以它不仅仅是跨学科的学习体验，因为它引发了情感方面的问题，可以被定义为真正可持续的整体性自主学习体验。事实上，教师如果学会协作，为平时热衷于环境和气候变化问题的青少年策划类似的整合学习活动，往往能够提供一种深刻的整体学习体验。这可以为学生充分赋能，让他们对所学的东西充满热情。因此，可以说学生在这样的整合活动中的学习是终身学习。

教师还需要利用这样一个事实，即大多数学生对所涉及的主题已经有了先前的知识和信念。对所有人进行早期诊断以评估先前的知识通常是有益的。这样，教师将能够真正确定深化知识的领域，为某些方面添加更多细节，并对最复杂的主题采用更科学的方法。能成功激励学生的教师往往会传达这样一种感觉：每个人都有能力成为解决方案的参与者。因此，学生对所学内容充满热情，这一事实使得整个教学体验更加持久。

将动手操作引入音乐和声学教学

再举一个学科间教学的实例，它发生在学生学习声学时，各科教师聚在一起，将音乐理论与物理学结合起来。人们很容易想象如何将这种学科间的学习活动转变为强化的整合活动。通过将数学、木工和技术加入其中，教师可以开创合适的条件来碰撞出可持续的整体自主学习活动。整合性自主学习可以用几个简单的想法来体现，例如让学生尝试用几个音符来自编歌曲，同时用装了水的杯子或瓶子等物体来创造音调。为每个玻璃杯或瓶子调音所需的分析水平无异于一次科学发现。在测量每个瓶子所需用水量的同时，学生将学会积极理解波长和声音在物理学中是如何体现的。此外，学生在地理课上学到的天文学知识或毕达哥拉斯调谐系统的一些知识也可以应用到这个整合性学习体验的理论方面。在这方面，前面讨论的学生已经熟悉了多普勒效应的概念，他们在建造风力驱动的4D Frame风琴轮时也学会了将音乐和技术结合起来，这种风琴轮可以通过模拟编程在木琴或手风琴上演奏旋律。他们被鼓励以同样的方式创造音乐循环并将其录制下来。学生在4D Frame的帮助下积极学习采样和开发多层次的旋律并创作歌曲，所以他们在另一个互动学习练习中使用玻璃杯或瓶子来重现相同的体验自然很简单。

作为项目式学习的竞赛

鸡蛋撞地球挑战

几年来，我们一直有进行“鸡蛋撞地球”挑战的传统，要求学生将一个鸡蛋放在降落伞装置里，从教学楼的三楼投下，保证鸡蛋安全着陆。通常提供给学生的材料有塑料袋1个、绳子若干、塑料/纸杯、纸盘、胶带、胶布、管道清洁器等。

当然，材料不固定，每年会有或多或少的变化。学生们发挥奇思妙想制作装置、测试效果，进行实验，最终他们各自的鸡蛋在落地时完好无损。

此外，还有一个升级版的“鸡蛋撞地球”活动，将环保的3R原则（Reduce：减量化；Reuse：再使用；Recycle：再循环）贯穿其中，培养学生的环保意识，比赛谁制作的降落装置更环保。它不一定是类似降落伞一样的装置，也可以是纸风筝，或者使用纸吸管或其他易于回收的材料。鼓励学生使用垃圾或回收材料进行创造性的实验和活动，而不是购买新的材料来完成科学活动后就将其丢弃。鼓励学生围绕如何做到环保这一问题分析思考，对学生的评估可能基于他们背后制作过程的反思。此外，在学生的鸡蛋安全着陆后，一起带着学生对所有用过的材料进行分类、回收和利用。通过这个活动，学生在进行充满创造性的自主性的团队协作活动时，也会减少对环境的影响，这是一个整体学习内容，不仅包括物理，还包括技术、生态和经济的整合。要知道，任何教育活动都有改进的空间，按照这个思路，你也能为学生设计可持续学习的协作活动。

启迪想象力与国际数理科学创意大赛（IMSCC）

将技术的发展演变作为任何历史课程的一个组成部分，实际上是在学生的头脑中播下创造力的种子。当教授与科学、技术、工程、艺术和数学（STEAM）相关的新概念，同时使用跨学科教学法和自主学习的方法时，那些可能对未来新兴的环境可持续经济产生重大影响的想法可以在学生的想象中蓬勃发展。

我们本着证明应用历史和其他与STEAM教育无关的学科的理论方面所需的不同概念获取技能与导致技术演化模式的创造过程的理解是相似的教育，进一步努力论证，在使用4D Frame时采用整体方法可以激发学生的分析和创造性思维，但最重要的是，可以加深他们对历史和技术概念及其相互关系的理解，同时创造令人兴奋的跨学科教学和学习环境。

为了说明这一点，我们将用案例研究来证明科学、技术、工程、艺术和数学之间的界限重叠到如此程度，以至于它们可以完美地融入按时间顺序排列的历史叙事。在这个叙事中，技术创新是文明演化的核心，同时让我们的学生为明天的挑战做好准备。我们以两名8年级学生在启迪想象力竞赛期间设计的4D Frame风力播种机原型为例，说明这种自主学习的方法如何产生可持续的学习和创造性思维。

这个案例研究试图探讨历史和技术教师如何在使用4D Frame作为教学工具的同时，将STEAM教育的五个基本方面整合到各自课程的核心。学生使用塑料管和连接器创造了可以运动的3D形状，同时STEAM教育的原则也得到了应用。通过努力开发一种教育模式，将科学、技术、工程、艺术和数学等传统学科构建成一个框架并以此来规划整合课程，从而创造一种更整体、更整合的教育，教师们积极地将各种主题融入到当前任务的描述中。通过努力实现更主动的学习和教学形式，我们试图展示学生如何整合他们在其他学科中所学到的知识来构建4D Frame机械设备，同时关注跨学科教学法中思想的连通性。

4D Frame竞赛的背景

下面的内容对这一特定竞赛的不同阶段进行了细致的描述，介绍了“启迪想象”竞赛的规则、数据和观察的分析、发展的定性水平、一些获胜团队的想法和原型的简要描述、4D Frame播种机的具体例子，以及与联合国全球目标相关的更多例子。

“启迪想象”是每年在韩国首尔果川科学馆举行的国际数理科学创意大赛（IMSCC）决赛的瑞典国家4D Frame资格赛。瑞典比赛由北欧4D Frame总经理马里亚纳·巴克（Mariana Back）和瑞典各地的不同科学中心组织。2019年的比赛是基于4D Frame的发明者朴豪杰的原创想法。这次活动旨在模仿之前在韩国举办的以体验为基础的“4D Frame节”的参赛者所做的事情。然而，最初的想法是想出一个创造性的设计来概念化一个可以发电的风力涡轮机。根据朴豪杰的说法，他的目标是“学习使用4D Frame材料中的塑料管和连接器制成的模型来利用风能，并了解如何利用风车的机械齿轮来发电”。

然而，在2019年的瑞典版比赛中，增加了一些元素来进一步激发创造力。启迪想象“风力挑战”要求学生建造风力驱动的设备，创造一台机器或建造一个未来对环境有益的设备。与朴豪杰最初的想法相反，发电的想法被利用风能节约能源的想法所取代。由13—14岁的瑞典参赛者制作的模型应该至少有一个或多个可移动的部件，这些部件可以在任何方向上运行，同时在风力的支持下相互作用。评审团评估了这些模型在风力来源的帮助下是如何工作的，比如电风扇或吹风机。每队两名参赛者获得一套4D Frame材料的比赛套件。参赛者有一个半小时的时间来完成建立模型的任务，为它定义一个原始的名称，写下并描述所使用的技术和科学原理，同时为他们的发明提出创造性的替代用途，重要的是，他们需要在随附A3大小的表格上绘制模型蓝图。为了获得资格，他们的风力驱动模型必须在电风扇或强力吹风机等风源前正常工作。填写表格时，学生们必须描述他们的4D Frame原型的特点，同时强调他们所使用的技术和科学原理。评审团根据他们的模型和草图的质量、创造力、团队合作能力以及设计中使用的数学和科学原理来打分。学生们被鼓励使用他们在理论技术课上学到的几种不同的机械原理，如齿轮、差速器、杠杆。该比赛允许参赛者使用铅笔、尺子和剪刀切割材料。在他们的模型完成后，所有剩余的材料都应该放回各自的塑料袋里。因此，在比赛结束时，都会根据每个团队工作空间的总体整洁程度进行评判。

有些人认为，“为了使跨学科学习尽可能有效，它应该发生在一个现实和应用的环境中”，国际数理科学创意大赛（IMSCC）提供的这种竞争机会，对学生来说，就是这样一个现实和实用的环境。学生们能够将他们的模型概念化为真实物体的代表——这些发明将在现实世界中起作用并有益。比赛中最有趣的是，参赛者不仅运用了他们在技术课上吸收的理论概念，而且他们的灵感大多来自他们在学校其他学科中学到的东西，如数学、地理、物理、历史和家庭经济学。

每个团队在构建时，会依据定性梯级水平进行记录，并以此作为一个比较点。

- 级别1：该团队设法构建了一个尊重基本科学、技术和数学原理的稳定结构。
- 级别2：该团队成功地建造了一个在电风扇前面自由旋转的风力涡轮机。
- 级别3：该团队设法让另一个机械装置与他们建造的风轴自由互动。
- 级别4：该团队设法让两个或更多的机械设备自由地相互作用，其中至少有两个是由风轴驱动的。
- 级别5：在尊重比赛的指导方针的前提下，该团队设法为他们的4D Frame模型定义了一个明确的目的。
- 级别6：该团队清楚地表明，他们受到了其他与STEAM教育无关的学科（例如历史、地理和家庭经济学）中获得的概念的影响和/或启发。

寻求刺激者大赛

背景介绍

从2012年到2021年，我们学校的9年级学生每年都参加一个名为“寻求刺激者”（Spänningssökarna）的科普比赛。我校学生每次参赛都能进入总决赛，并且荣获奖项，其中有一年两个班级在与该地区其他35个班级的比赛中获得了一等奖和三等奖。“寻求刺激者”大赛是一项针对来自瑞典相邻城市隆德、埃斯洛夫、霍比和洛马的9年级学生的年度比赛。该比赛由地区能源公司克拉夫廷根（Kraftringen）组织。我们参加这个比赛的主要目的不是赢得任何奖项，而是让学生和教师从学习过程中感受到协作本质，以及收获在整个项目期间进行团队建设活动的绝佳机会。对学生来说，那些奖品并不重要，他们的最终目标是提高自己对于能源生产、保存和储存电力的知识储备，同时探索改善每个人的生活质量的环保方法。得益于这种整合性竞赛的设计方式，学生可以发挥他们的创造力，以可持续能源为主题制定创新的解决方案。该创意大赛的主旨是鼓励学生思考如何开始公平利用和共享地球资源以改善人类的共同未来。大赛组织方相信当今年轻人的潜力，因此希望他们能为人类未来的能源需求找到创造性的解决方案。

“寻求刺激者”大赛之所以成为可持续的跨学科自主学习的优秀范例，是因为几乎所有的学科都有可能参与其中。通过尽最大努力应用瑞典义务教育新课程的学科间要求，我们学校在发现创意和做出杰出的原创演示方面是最成功的学校之一。协作的方式促成了我们的班级年复一年地取得成功。此外，这些年我们也逐渐将不容忽视的关系型教学融入其中，从而提供了一个将这种跨学科的学习活动转化为一个无所不包的整体学习项目的绝佳契机。

有人可能会问：教师在这样的整合项目中扮演什么角色？如何评估学生？如何确保每个人都能达到所有的学习目标？如何确保学生的创造性和审辨思维能力得到可持续发展？除了获奖的可能性，这些整体性项目的主要成果是什么？在本章中，我们将通过提供真正成功的可持续的整合性自主学习项目的相关实例来明确回答所有这些问题。

竞赛结构和项目实例

以“寻求刺激者”大赛为例，参赛者必须回答一些问题或规范，如未来的能源解决方案是什么样子的，鼓励学生想出使用可再生能源的新方法以及高效地生活的新方式。每年的主题都不一样，例如2019年的比赛主题是“互联城市”。它鼓励学生们思考他们如何想象未来的城市，以及在那里如何尽可能地节能。比赛分为六个阶段：报名、工作坊、网上投票、能源委员会、演讲准备、大结局。

水塔系统环保发电项目

隆德双语蒙台梭利学校（Bilingual Montessori School of Lund）9B班赢得2019年度“寻求刺激者”大赛一等奖，获奖作品被命名为“Water U Waiting 4”（是what you waiting for“你还在等什么”的同音）。该项目的理念是设计一个复杂的水塔系统，利用地下水为房屋和工业降温，同时以一种环保的方式发电和储存电力，以使电力需求曲线变平。

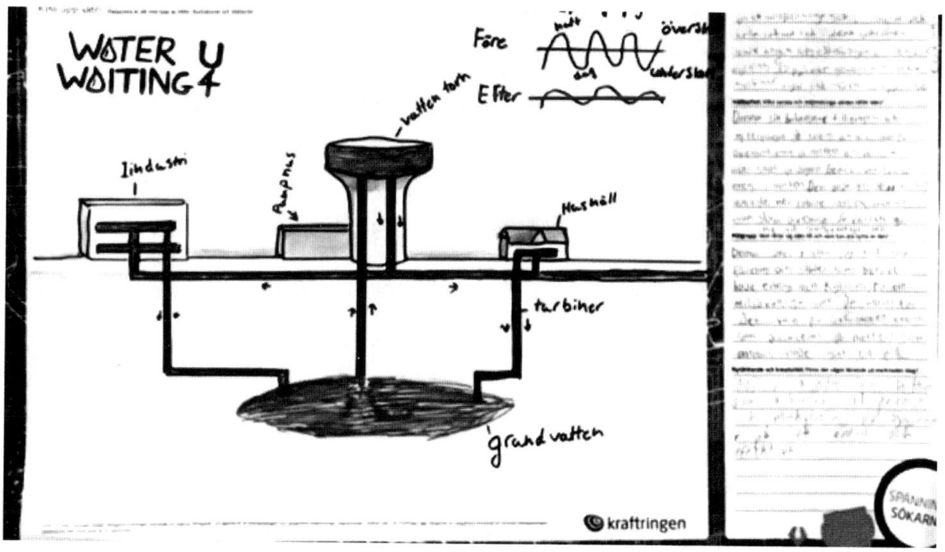

图4.5 学生们手绘的项目初稿草图

在与20名同学进行头脑风暴之后，学生们提出了一些想法，比如创造一棵人造树，学生们创造性地将其命名为“YggdrasEL”（电力和挪威神话中神圣的树Yggdrasil的合成词），它可以在发电的同时捕获并储存大气中多余的二氧化碳。学生们唇枪舌剑，将不同的想法合并到一个项目中，他们称之为“Water U Waiting 4”。在集体头脑风暴中，他们同意开发一个新办法，储存主要在夜间产生的多余能量，这些能量如果不用于现有的或新的水塔，就会被浪费掉。

原理是当电网上有多余的可再生电力时，抽取冷却的地下水，并在能源需求高时释放它来激活小型涡轮机以产生额外的电力。同时，储存在水塔中的冷水可以被输送到不同的工业、住宅、商业建筑中，以减少夏季热浪期间或需要冷却时的空调成本，就像需要冷却的服务器一样。通过这种方式，他们将创造一个封闭的循环，将地下水抽到塔里，然后通过重力带下来，激活涡轮机，同时，通过用这种新的冷却技术取代空调，有效而低成本地节省更多的能源，最后，这些水将回到地下水中后再次被抽回，由于它是一个不影响环境的闭环系统，因而水质也不会受到影响。

一旦开始开发这个想法的团队得到了其他同学的支持，他们就细分成更小的团队来处理项目的不同方面——模型制作小组、演示小组、后期制作小组等。

一些学生主动用聚苯乙烯泡沫塑料、纸板、纺织品和回收的塑料碎片及箔纸制作了一个项目模型。他们的目标是概念化他们的发明是什么样子的，以及它如何在较小的规模下工作。他们构建了一座水塔模型，为了将水循环概念化，他们使用了一根由电池供电的蓝色LED灯串，以显示地下水通过涡轮机进入水塔的路径，并作为一个循环系统进入不同的工业、商业住宅或公共建筑等。代表地面和地下水的装饰水滴是由纺织品制成的，擅长缝纫的学生将其固定，有的学生开始雕刻聚苯乙烯泡沫塑料，并用绿色的纸覆盖它，以概念化绿地，有的学生正在建造微型房屋和工厂，有的学生开始用回收网状物搭建围栏，还有的学生甚至去校园收集小石头和其他自然材料做一些景观建筑，使他们的模型看起来尽可能真实。为了给评审团和活动的主要赞助商留下深刻印象，一些学生甚至打印了能源公司的标志，将其贴在他们的水塔模型上，以示水塔完全由回收材料建造。

另一组学生忙着做研究，准备最具说服力和鼓舞人心的演讲，但最重要的是准备好回答评委提出的任何问题。演示小组正在为现场表现做准备，尽力依据从研究小组那里得到的提示。

另一组学生正在制作一首歌曲和一段音乐视频，作为开场演讲的开场白。经过一番研究，他们首先找到了一首歌曲并使用第二语言（英语）为其重新填词，准备和加入了不同类型的和声演唱，重新录制。他们先使用数字音乐软件做了编曲，然后在学校音乐老师的帮助下录制了人声和声，并用学校的电脑将器乐声和人声混合起来。音乐组的成员会在午休时间骑车到当地的水塔建筑物下录制他们边唱边玩的主题曲影像素材，并拍摄一些录音室工作镜头，在视频剪辑软件的帮助下，他们做好了专属的音乐视频，准备在舞台表演时播放。

与此同时，另一组学生用一些简单的电脑动画制作了一段信息丰富的视频，在视频中，他们用图形化的方式解释了他们的发明是如何在蓄能水塔和冷却系统的帮助下，使白天和夜间的能源供需曲线变平的。

很多学生是跨小组合作的，他们在自己可以帮忙的时候就会灵活加入其他小组发挥作用。但有的学生会把精力和专注力集中在一个小组。

正如我们之前提到的，除了可能获胜之外，最重要的事情是走完从第一个想法到最终展示的全过程。学生从这样一个整合性和可持续的学习经历中获得的是，他们以一种真正跨学科的方式学习，包括许多不同的学科：不仅是项目指导老师负责的三个科目，即科技、地理和历史，甚至涵盖了编程、设计、视频和音乐编辑等多项技能。学生还从中学会了时间管理，如何准备和制定一个合理的时间表，以满足明确的最后期限，无论是彩排还是压场。一切都必须准备好，经过测试，并在控制之下，以避免给负责演示的成员带来不必要的压力，学生还主动承担了许多后勤工作。学生的团队精神超越了班级的界限，归属感增加并不局限于自己的班级，他们对全校的同学都表现出忠诚。

在赛场上，学生演讲展示项目内容，回答组委会评委现场的提问。赛后，评委会主席、克拉夫廷根公司总裁兼首席执行官塞兹金·卡迪尔（Sezgin Kadir）对该团队和作品赞不绝口：

★ 所有学生围绕着我们这个时代的命运表现出多么旺盛的精力和承诺啊！这进一步证明了今天的年轻人极其重视气候问题，他们有很多解决方案。现在，我们有责任管理好这些好想法，并努力把它们付诸实践……评审团为此颁发一等奖的理由是："利用我们现有的东西，这样我们就能从剩下的东西中得到更多。"

长期跨学科项目："系外行星"

"系外行星"项目是一个长期跨学科项目的完美范例。这一切都是从几年前开始的，当时我们和一位从事英语作为第二语言教学的同事一起，开始集思广益，讨论如何将尽可能多的科目整合到一项创造性的综合作业中。当我们第一次向学生介绍这个想法时，他们的积极反应被瞬间点燃，并且参与程度空前高涨。这位同事曾尝试过一个类似的教学实验项目，名为"乌托邦"。自从我们在2012年合作设计了第一个真正跨学科的"系外行星"项目以来，我们用来培养学生创造力的数字文件已经有了很大的发展，特别是我们整个工作团队决定联合起来，通过在文件的数字模板中整合更多的学科来扩展这个跨学科项目的内容。在我们第一次引入这个项目的那一年，它还只是一个实验性的项目，在学年的最后几周，一旦期末成绩已经确定，我们就把它变成了一个为期两周的项目。有趣的是，我们看到学生是如何从中受到启发的，看到尽管他们知道这个项目不会对他们的最终成绩产生任何积极或消极的影响，他们依旧认真对待这个项目。我们意识到，大多数学生都在努力获得知识和经验，而不是为了取得更高的成绩而努力。对于一些学生来说，这项创造性的作业已经成为他们不可思议的灵感来源，他们基本上是通过尝试应用他们多年来在众多学科中获得的大部分知识来开始这个项目的。我们没有对该项目所需的工作量进行任何限制。我们唯一的目标是激发学生发挥想象力，运用他们的科学知识来完成这项创造性任务。

2020年3月，我们重新推出了这个整合性的学校项目。当时，大多数教师认为学校即将面临着停课，师生都会被限制在瑞典，就像世界其他地方一样。为了保证学生即使被迫在家进行远程学习也仍有机会参与自主学习的创意研讨会，我们在原版“系外行星”项目的基础上推出增强版，同时使用协作计划，以确保学习效率更高的学生在比预期提前完成作业时总是有事可做。通过这种方式，我们可以保证即使是最有抱负的学生也能一直受到激励，并确保他们有机会将在学校获得的知识应用到一个项目中，从而激励他们在享受乐趣的同时发展自己的学术能力。

“系外行星”项目背后的理念是让学生发挥自己的想象力，创造自己的幻想世界，同时让他们有机会发展自己的科学、艺术和文学技能。学生在项目开始时收到了以下指示：

★ 你肩负着巨大的责任，你必须创造自己的世界。利用你对地球的了解，你将创造另一个星球。它可能与我们的星球相似、不同，可能更好、更坏、更大或更小。这个创造自己独特世界的项目需要你的留心关注和周密思考。在这个过程中，你将了解更多关于地球的信息，并预测你的“系外行星”和地球的未来。

然后该项目被分成不同的部分，其中一项任务是描述他们想象的“系外行星”的地理特征，并将这些特征与地球上的特征进行比较。学生被要求用手画出他们“系外行星”的地图，并为他们的画作拍照，然后直接粘贴在文档的一个方框中。这种方式可以培养学生绘制地图的能力，同时融合艺术和制图技能。之后，为了培养他们的第二语言（英语）写作能力，他们被要求写一篇短文来更详细地描述创造的“系外行星”。文章必须包括在地理、物理、化学和生物学科中学到的概念，因为学生被要求描述他们想象的星球上的动物群、植物群、气候、生态系统、人口和食物供应的情况。

随后，学生必须描述“系外行星”的大气成分，逐渐加深他们对大气化学的理解。他们还需要运用自己的想象力，引入至少一种地球大气中没有的元素。在开始行动之前，他们收到了以下指示：

- 地球的大气层是一种气体和气溶胶的动态混合物：氮气（N_2，约78%）和氧气（O_2，约21%）；氩气（Ar，少于1%）；水蒸气（H_2O，少于1%）；二氧化碳（CO_2，少于400ppm，即少于万分之四）。请描述一下你的星球大气层的化学成分。

在文档的后面，学生们发现了一个带有几张图的表格，他们被要求画出并描述在他们的星球上发现的5个物种。他们需要给每一个物种一个名字、一个分类、一个状况和一个估计的数量。同样地，他们必须在纸上手绘，给他们的图画拍照，然后把照片粘贴到他们的数字文档中。这样一来，学生们既利用了他们的生物学知识，又利用了他们的艺术技能，来想象他们各自星球上的奇怪生物。随后学生们用不同的颜色画出他们各自星球上的三种不同景观，它们应该代表具有不同地理特征的地区、聚落、农场甚至水下景观。例如城市景观（城市）、乡村景观（乡村）和野生景观（沙漠、森林、丛林、海洋）。他们被要求发挥自己的想象力，介绍之前在他们的项目中描述过的动植物的图形元素。此外，一旦学生在项目中取得了很大进展，他们就会被鼓励谈论他们星球的未来。他们会被问道：

★ 100年后，地球和你的星球上会发生什么？地球正在变化，它每天都在变化。越来越多的人出生，气候也在变化，自然资源正在被耗尽。一些预估表明，到2100年，地球人口将在120亿至200亿之间。大多数科学家都认为，全球变暖正使地球环境处于危险之中。一些科学家预测，到2100年，目前存在的物种中有一半以上将灭绝。你认为地球和你的星球会发生什么？100年后地球和你的星球的状态如何？气候怎么样？其他生物怎么样？是和平还是战争？请描述一下。

这样一来，学生在书写他们的星球和地球的命运时就不得不使用将来时了。这个项目的最新版本还包括许多其他科目，甚至包括纺织工艺、家庭经济学、体育和音乐等。例如学生被要求在笔记本电脑上使用一个名为Soundtrap的在线音乐数字音频工作站为他们的星球谱写一首赞歌，或者为他们“系外行星”上的某个国家谱写一首国歌。他们的作品可以是器乐，也可以包含人声。作为作曲者，他们可以选择他们认为最适合他们星球和居民的音乐。他们可以从他们星球的环境、居民、传统和文化中找到灵感，并试图创造出一些适合它们的东西。完成后，他们被要求通过Soundtrap的共享应用程序与音乐教师分享他们的数字作品。

一个有趣的现象是，在新冠疫情开始时我们所在的教师团队就创建了一个版本，一些7年级和8年级的学生询问他们是否可以在下一学年继续做同样的项目。由于我们总是乐于听取学生的建议和意见，我们允许他们进一步发展自己的想法。因此，“系外行星”已经成为一个长期项目，无须在意任何最后期限。他们的创造性努力不会以任何方式进行评分，但是在从事这个激动人心的项目时发展的技能将有可能发展学生在众多看似不相关的学科中的技能。与此同时，通过定期接受不同教师的反馈，学生们可以得到持续的定性评估和形成性评价，但却不必担心任何成绩。对于绝大多数学生来说，发现自己的创造力有所提高的满足感无疑是值得的，他们勤奋地编写了一份内容丰富、全面深刻的文档，详细描述了他们想象中的星球的历史和现状。例如，学生有时会去询问某个老师："我需要提高什么才能达到下一个水平？"当这种情况发生时，教师会要求学生回到他们的"系外行星"文档，继续精进他们的文本、图画、歌曲、计算或公式，并以创造性的方式展示他们对课堂上获得的概念有了更高级的理解。由于这个项目是真正的跨学科项目，整个工作团队的教师都会注意到自己的学科与同事的学科是如何重叠的，在进行集体协作评估时，这将有助于他们看到协作规划方法的必要性，并进一步发展协作规划方法。不用多说，许多愿意接受刺激挑战的学生都以无与伦比的热情投入到这个项目之中。有的文档已经演变成一部短篇科幻小说，学生定期阅读彼此的文档，比较他们想象中的世界。在这个跨学科项目中，创造力的培养是无可争议的。现在，我们教师合作团队的目标是将"系外行星"项目变成一个真正的整体学习体验，最终将包括更多的社会、情感、身体、心理、美学、哲学、精神、道德和伦理维度。

"乌托邦"项目

这个跨学科项目与"系外行星"项目有点类似，但它适合年级更低的学生。在过去的几年里，5年级的学生们都收到了一份纸质文件，他们必须利用自己的想象力创造自己的民族国家。在为他们想象中的国家命名后，他们必须绘制一份地图并设计一面旗帜。此后，他们需要编写一部法律章程以解释他们的机构是如何运作的。他们还被要求解释他们的国家是民主国家、独裁国家、君主制国家、联邦制国家、王国、帝国，还是任何其他类型的民族或国家。随后，学生们被邀请写下他们国家的历史，描述不同的硬币、宗教和文化，同时概述他们的“乌托邦”所使用的经济制度。该文档必须用他们的第二语言（英语）撰写，同时视他们绘制的地图为所有行动的舞台，使用他们的宪法中描述的不同法律来发展关于公民的叙述，并描述他们“乌托邦”政治领土上成员的日常生活。教师还鼓励学生讨论他们国家不同地区的技术发展水平，同时解释过去、现在或未来发生的冲突类型。这个较短小的跨学科项目最初是由中学英语教师设计的，后来我们开始合作开发出更高级的“系外行星”项目。这个整合项目不仅在学生发展的早期阶段发展了他们的创造力，还有助于提高他们对公民教育的认识，在很大程度上培养了学生对地图学的好奇心，也唤醒了他们对真实的宪法以及真实的过去及现在的民主国家和王国的法律的学习兴趣。最后，它为培养学生对神话和文学的普遍兴趣提供了机会，因为许多学生决定在自己的“乌托邦”中加入龙、美人鱼或巫师等传奇生物。有相当多的学生已经对《哈利・波特》《火翼飞龙》《猫武士》或《指环王》充满热情，同学们互相鼓励并开始阅读更多关于这些不同幻想世界的书籍，以便为他们自己的“乌托邦”项目获得更多灵感。在完成这个项目的过程中，我们看到了许多类型的混合幻想世界，从《威利・旺卡》与《星球大战》，到《纳尼亚》与《侏罗纪公园》，甚至还有类似于《小马宝莉》中的角色居住在受希腊和罗马古典神话启发的幻想世界中的宇宙。我们还看到了各种各样的环保天堂，其中有仁慈的哲学家国王，甚至是只由儿童管理的民主国家。另外，这个项目还增设了一个趣味特色，即鼓励那些比平均速度更快地完成作业的学生，在完成“乌托邦”任务后，按照同样的模板创造一个“反乌托邦”。

跨学科历史博客

每年我们学校会让9年级学生在上高中前的最后一个学期用瑞典语写一篇关于二战的历史博客。这个周期性的跨学科项目是瑞典语教师与历史、地理和技术教师协作进行的，其中最有趣的部分是如何将学科合并在一起，以及如何将联合规划以一个包罗万象的跨学科项目呈现给学生。在整个项目期间，两位教师每周都会与9年级的学生单独会面多次，但他们会使用不同的方法与学生讨论类似的话题，同时为各自的科目提出不同的学习目标。值得一提的是，这不仅仅是一个多学科的教育主题，更是一种持续数周的增强型沉浸式整合学习体验。

两位教师在整个项目中协助学生，同时提供不同的建议和指导，鼓励学生对任何与二战有关的主题进行大量的研究。学生面临的挑战是教给教师一些新的东西，一些他们以前不知道的东西。此外，教师持续不断地为学生提供建设性的反馈以改进他们的博客，同时教师在纠正和评估博客的过程中也参与了协作评估。但是，在做这种整合时，哪些方面的学习可能会使学生受益最多？其中一个好处可能是他们获得了更广泛的知识，因为一位教师在技术课上指导他们如何创建博客，而另一位教师在语言课上重点指导结构和方法。此外，学生定期参加历史讲座，在那里他们会接触到面面俱到的特定主题、名称、事件、地点和分析列表。教师鼓励他们在瑞典语课上阅读有关二战的图书和文章。这些图书和文章通常会成为学生在选择各自博客主题时的灵感来源。通过共享一个共同的项目和目标，教师为学生提供了更大的视角，同时他们各自的知识和专长的总和为学习成果创造了附加值。他们观察事物是如何整合在一起的，因为一切最终融为一体。这种共生的方法在同事之间创造了一种新型的协同作用，而学生将真正从中受益。一位教师可以把主要精力放在语言的结构和质量上，而另一位教师则强调历史内容、审辨思维和博客的设计。讲座变成了一种不太传统的课堂，因为当学生被鼓励采取探究方式时，教师的角色就被重新定义了。由于这个学习项目侧重于促进审辨思维和来源分析发展的多种知识要求，参与该项目的教师需要解决大屠杀否认者的虚假主张。为了实现这一点，教师需要在各自的讲座中提供多个例子，说明纳粹是如何通过散布关于犹太人统治世界的古老阴谋的虚假叙事，从而为德国的军事扩张和对欧洲犹太人的迫害辩护。最重要的是，他们必须探究后来促成纳粹德国“最终解决方案”的虚假叙事。因此，教师必须邀请学生审查多个可靠的历史来源，并将其内容与不可靠的来源进行比较，以反驳他们发现的有关大屠杀和二战的虚假信息。

例如在历史方面，学习的目的不是列举事实和日期，而是激发和灌输新的兴趣领域。由于学生知道他们不必在本阶段学习结束时参加标准化考试，他们敢于选择集中精力研究他们最感兴趣的主题，而不是试图记住大量的事实、地点、名字和日期。此外，得益于他们在瑞典语课上接触到的文学作品，大多数学生在学习中投入了情感，因此更有动力。这些情感和心理方面的学习对于发展真正的整体教学法是不可忽视的。当学生学习这些敏感主题并接触到在可怕的战争期间犯下的暴行时，他们对那个时代的生活可能会是什么样子有了新的认识。他们使用大量的传记、小说和文章作为资料来源。教师给学生提供了一种近乎完全的自由，让他们去研究二战的不同事件。此外，学生被要求在他们的博客中至少有一篇帖子包含大屠杀的主题，因为这是瑞典历史课程的必修学习目标之一。9年级学生在15岁的时候通常已经足够成熟，具备一定的能力、适当的知识和兴趣，可以在他们关于大屠杀的帖子中进行多方面的分析。

这个项目的重要性还体现在对瑞典语和历史这两个核心科目的审辨思维、参考方法和来源批判的发展的知识要求。例如，学生可以学到如何在博客中最好地定位他们的受众，如何审查互联网上的图片和其他无版权的材料，如何普遍地进行批判性思考，如何正确地说明它们的来源，以及如何撰写和建立一个优质的、专业的、有趣的个人博客。在历史课和地理课上，学生学会了发展一种可持续的科学方法来进行来源批判，他们获得了与科学家在交叉检查资料来源时使用的相同的经验技能。两位教师的整个教学实践都渗透着培养学生的主动性、探究性、好奇心和实用主义的雄心。学生不断得到反馈，因为他们的目标是达到项目中每个知识要求的最高发展水平。毋庸置疑，两位教师都通过建议探究特定的主题来尽力激励学生，但最后学生们必须选择自己帖子的内容。他们必须找到可证实的事实，探索同行评议的文章，并真正深入挖掘不同的来源，才能写出一个原创的、吸引人的博客。一些学生的主要困难是避免简单地列举事实。为了实现这个学科间项目的学习目标，他们需要培养自己的分析能力和反思能力。

在项目的研究阶段，教师注意到学生比以前花费更多的时间寻找可靠的第一手资料，因为他们被鼓励尽量避免使用维基百科等网站。在做研究分析的过程中，学生了解到关于不同战线上的战役、关于在不同集中营发生的事件以及大量有据可查的个人故事，都有大量来自不同角度的第一手证词。一些学生选择在一些帖子中谈论不同类型的武器被发明，其明确目标是提高他们的技术课成绩。他们还学会根据当时的地图正确命名和描述地理位置，以提高地理成绩。通过这种方式，学生培养了在时间和空间上明确定位的技能。例如，如果一些学生正在讨论奥斯维辛-比克瑙（Auschwitz-Birkenau），地理老师希望他们提到它曾经位于纳粹德国占领下的波兰，在现代波兰南部克拉科夫以西约50公里处，就在一个叫奥斯维辛的城镇外。这种类型的地理准确性是展示严谨的绝佳方式，也是学生展示他们努力追求精确性的一种简单方式。当然，这些年来有些主题反复出现。学生喜欢发表关于安妮·弗兰克（Anne Frank）[1]、约瑟夫·门格勒（Joseph Mengele）[2]或拉乌尔·瓦伦堡（Raoul Wallenberg）[3]的帖子，当发现暴行时，他们往往变得非常激动。他们的投入总是会

---

[1] 《安妮日记》作者。——编者注

[2] 人称“死亡天使”，德国纳粹党卫队军官和奥斯维辛集中营的“医师”。——编者注

[3] 拉乌尔·瓦伦堡，瑞典外交家、人道主义者。1944年起献身于营救欧洲被纳粹占领区犹太人的工作。——编者注

引发情绪，而这将有助于他们所学的东西的可持续性。

这个项目还有变得更加跨学科的潜质。通过将其他学科纳入这个组合，或是让其他同事参与协作规划，一切都准备就绪，可以实现真正的整体学习体验。通过培养可持续的整合性自主学习，学生可以终身学习，不仅因为他们想获得好成绩，而且因为他们获得了看到更大图景的能力。如果学生听到有人使用类似于导致纳粹主义和法西斯主义兴起，并进而导致第二次世界大战发生的论点，他们也能了解纳粹德国、意大利和日本使用的蛊惑人心的煽动修辞会导致什么后果。这让他们了解到这种情况可能会再次发生，他们还了解到，他们谈论和反思的越多，对他们个人意识形态的发展、他们的容忍程度和未来政治观点的影响就越大。最终，这一跨学科项目在学生的脑海中播下了怀疑主义的种子。希望学生能以史为鉴，在自己的生活中追求自己的兴趣时，积极应用所学。

上述方法通过历史、地理、技术、瑞典语（第一语言学科）、英语（第二语言学科）、社会研究和宗教等领域以协作、交际和整体的方式跨学科工作，以阐明、说明和解决任何偏狭、仇外心理、反犹太主义或种族主义的表现。在整个教育阶段，特别是在中学，学生必须以民主的方式学习，以培养他们的反思能力和比较能力，例如在处理历史学科中涉及大屠杀和其他种族灭绝的知识要求方面。通过一种非常周密的来源批判方法，学生获得了抵制偏狭的技能，比如说，他们对某些团体通过各种阴谋论否认大屠杀或其他种族灭绝事件的发生有了理解。学生在极大的个人自由下被引导去发现时至今日依旧存在的伪造和歪曲的事实。例如，土耳其当局仍然否认1915年至1917年间奥斯曼帝国对亚美尼亚人的屠杀，或者现代大屠杀否认者甚至不接受第二次世界大战期间大规模种族灭绝的照片证据。当学生通过自己的努力获得见解时，知识就会变得更加整合和持久。通过提供正确的工具，鼓励学生独立地发现偏狭和仇外心理背后的原因。通过大量的来源批判努力，学生学会了识别不可靠的信息，从而发展出防止灌输的过滤器。

在以更传统的方式描绘大屠杀之后，学生可以与其他学科的教师进行学科间的合作，他们可以创建和发布他们自己的博客，描绘二战。一些学生仍然有自己的故事要讲，这些故事与他们自己的家庭背景有关，可以是任何事情，从小故事到他们可以带进学校与同学们分享的现存文物，这样的故事再多也不为过——一切都可以讲述。这与高度关系化的教学方法一起，创造了更高程度的情感投入。学生也在情感上参与其中，这有助于形成可持续的知识，使之永远不会被遗忘。一些班级还选择用他们的班费去参观萨克森豪森集中营和柏林的恐怖地形博物馆，那里记录了二战之前和二战期间纳粹主义的罪行。

这种学习方式的创新之处首先在于与当今世界各地正在发生的事情进行比较。学生首先需要按时间顺序学习在一战之前、一战期间和两次世界大战期间发生的事情，然后再探索冷战之后发生的事情等；除此之外，他们还必须了解，二战期间使大屠杀成为可能的修辞还在一再上演，比如反映在美国、巴西、匈牙利、土耳其和英国等国政治家的反民主倾向中，这些只是其中一部分。这种修辞不仅仅是语言，它以美学和戏剧化的方式创造意义，借助高度多样的象征主义创造替罪羊，表达人们最基本的恐惧。对我们今天的年轻人来说，最重要的是要明白，那些为复杂问题提供简单答案的人永远不会可靠。

自主学习示例：背包环游世界

在瑞典的国家课程中，每学期都有时间分配给学生选择。学生受邀参与创造不同的教学活动，这些活动必须与课程相关。每个学生选择的活动需要与至少一个学科相关联，并且要有学生自己的建议，即教师设计的学习活动要适应学生的要求。几年前，一些8年级学生提出了设计一个长期项目的想法，他们希望在限定资金的情况下，计划一次背包环游世界的长途旅行，以便他们将来可以执行。整个项目发展成为一个完全跨学科的学习活动，我们已经举办多年，其整合性与可持续性已被我们的学生证实。通过参加这个活动，学生学会使用地图软件的不同功能，比如查看街景和飞行模拟器，同时发展了与预算、物流和数学相关的技能。学生们被邀请使用不同的网站来调查食宿费用、保险价格、签证和出行交通等信息。一个明确的目标是发展他们的地理和数学技能，加强他们的公民教育，提高他们对家庭经济学理论的理解，并对他们进行全面教育。

这个活动的指导非常灵活，旨在让学生在设想梦想之旅的同时了解世界。假定场景是学生正处于间隔年：学生们被要求选择至少10个不同的目的地作为开始，其中一个要求是他们必须环游世界，同时游览至少3个大洲。除此之外，他们有完全的自由决定他们要去的目的地，但他们需要为这趟离家10到12个月的出行做出

一个预算明细。

事实证明，这个研究项目对学生启发很大。活动结束时，他们通过幻灯片进行口头演讲，展示他们向往的目的地的地图、行程和图片、坐标建筑，以及过夜住宿类型。他们还被要求在每个目的地至少展示一种他们想尝试的特定国家或异国风味的餐点，并找到每一餐的成本和配料信息。学生还需要解释他们选择搭乘的交通工具，并提交整个行程的详细预算。此外，他们需要提供关于他们决定游览的国家的文化和语言的资料，并调查在一年中何时是前往参观的最佳时间或季节。他们需要介绍在环球旅行中自己可能找到的兼职工作，以便缩减出游成本。一些学生探讨在酒店游泳池当救生员的可能性，另一些学生探讨在希腊、意大利、以色列、澳大利亚或法国等国从事农业工作的可能性，还有一些同学寻找在亚洲为讲其他语言的人担任英语教师的机会。

开始执行项目的第一步是让学生打开地图软件，确定他们想要游览的地方和日期，并且计划好在每个目的地花费的大概时间。下一步是调查和确定交通成本，同时选择最具成本效益的方式在各个目的地之间穿梭，无论选用哪种出行方式，学生被要求必须访问不同的网站来查找每个目的地之间的航班、巴士、火车或乘船（渡船和/或轮船）的价格。接下来的步骤是调查每次住宿的费用，并在城市地图上找到每种住宿形式。在预算有限的情况下，学生必须评估在每个目的地消费的最佳时期。下一步是为每个目的地的餐饮花销制定每日预算。他们需要根据每个目的地的生活成本来制定预算，通过使用数据统计和分析的网站来灵活运用汉堡经济学的概念，通过“巨无霸指数”来比较世界各地不同国家食物的平均成本。

这些统计数据为一系列非常复杂的数学分析打开了大门，这些分析突出了不同国家的经济和增值税制度之间的差异。想象一下，如果学生必须为一日三餐做预算，他们可以根据一顿巨无霸的平均价格得到一个比率。这为他们提供了一种方法来衡量每个目的地的餐饮成本。尽管我们不推荐学生在探索世界各地美食文化的时候去麦当劳就餐，但这个比率在某种程度上反映了当地的生活成本，也会反映每个目的地的其他经济现实，包括城市内公共交通的价格，也会反映每次逗留期间选择的所有活动的成本，包括博物馆的门票等。一些学生发现，当他们试图准确地制定预算时，货币转换领域尤其成问题，例如，他们试图将所有成本从其他货币（如欧元、日元、南非兰特、印度卢比或美元）转换为瑞典克朗。学生还要访问不同网站，以获得必要的签证信息和所需费用。

这种整合的、可持续自主学习活动不需要用分数来评估成功，因为这类活动不需要提交任何类型的定性评估。每个项目的最终评估由老师在每个学生口头展示时做出。有很多学生在20岁那年，按照自己4年前在学校项目中计划的那样，在澳大利亚的黄金海岸、法国的尼斯和阿拉伯联合酋长国的迪拜度过了8个月，梦想成真。

学会影响变化：让学生参与到改善周边环境的活动

自主学习的另一个不应被忽视的方面是鼓励学生成为各种活动家，让他们参与到有能力改变的事情中去。如果你给他们留下印象，让他们意识到他们有能力改善他们的环境或条件，那么他们的动力水平将不断得到提高。例如几年前，住在我们学校附近的一些家长在城市网站上发起请愿活动，要求在通往学校的必经之道上修建一条自行车道。这给教师们带来了很多启发，他们创造了各种自主学习计划，要求学生两人一组，制作一份分析报告，并提出策略建议，以解决这条当地道路的交通问题，而无须新建一条自行车道，因为那意味着需要砍伐树木并重新设计通往校区的人行道。学生到外面去测量，查看道路的布局，拍照，采访附近居民，并就如何改善那条街道的安全提出了许多不同的原创想法，包括重新布置不同的公交车站点，使道路窄一点，这样汽车就不会开得那么快，拓宽人行道，这样自行车和行人可以更直接地共享空间等。另一个双人团队建议设置减速带，以减缓在学校停车场前的行车速度。学生完成实地研究报告后，将其发送给他们的教师进行评估和反馈。然后这些研究报告被打印出来，装在密封的信封里寄给市议会和负责该地区城市规划的相关人员。不出3个月，学生的一个提案被市议会采纳，他们在学校停车位前修建了一条鹅卵石减速带和一条人行横道。自建成以来，双向交通确实得到了缓解。在9年级结束时提案学生为他们的母校留下了真正的财富，他们用真正的创造性解决方案解决了一个真实问题，改善了学校周边的安全。

第5章 讨论和分析

教师的角色

快速彻底的教学改革实践

无论是数字教学还是课堂教学，学校始终需要更传统的全班教学（whole-class instruction）。有些变革性教学大纲将传统的讲课式授课类型从课表中完全删除，其主要问题是真正有凝聚力的知识传播过程的空间更小了。教师的角色可以被重新定义，而不仅仅是把他们变成“身边的向导，而不是台上的圣人”。在适当的时候，教师当然应该继续定期讲课，他们的职责不应该被简化为仅仅帮助学生发展创造力，因为学生在没有获得概念、词汇、方法和一般知识与文化的情况下，其创造性技能仍然很差，他们的想法在大多数情况下都会缺乏创意。

幼儿通过接触并使用本土文化的语言进行交谈，自然而言地获得了讲母语的能力。但年轻人需要学习的多数基本概念并不是以同样的方式自然获得的。这些概念需要正式教学和明示教学。当然，当我们建议教育工作者肩负起促导者的责任时，我们仍然主张教师继续向学生传达所有必要的信息、提供知识，同时提供可持续学习体验所不可或缺的基本概念。毫无疑问，一些知识是学生必须和应该了解的，为了激发学生的智力，要让他们吸收很多具体的细节。对于重要的科学发现来说，这点千真万确。例如，如果学生放任自流，他们很可能不会发现万有引力理论，因为在牛顿成功发现并解释这一普遍科学真理背后的理论之前，苹果会掉到地上这一现象已经存在几个世纪了。一旦取得了这些科学突破，只要有人向我们解释，我们就都能理解；但如果都让我们自己去发现，大多数人一辈子也搞不明白。

如果优秀教师只是简单的助教，而不是课堂上的焦点，就很难鼓励学生追随自己的创造力，培养出审辨思维能力。学生最终将缺乏产生合理假设、进行相关比较、形成思维链或在需要时进行高质量分析的常识性知识。大量的基础知识需要被吸收和内化。这些基本事实和获得的心理意象应当成为一个内化的快速大脑数据库的一部分，作为系统推理的基础。1987年，E.D.小赫希（E.D. Hirsch Jr.）撰写了一本关于文化素养的著作，备受争议。他在书中提出了一份关于“每个美国人都需要知道的东西”的广泛清单，人们很可能会得出结论，我们各自的文明都需要这样一份汇编。

打个简单的比方，年轻学生掌握了乘法表后，他们在快速进行复杂计算时就很容易。同样，获得了大量常识、文化参照的学生也能更迅速地处理信息，并得出更细致、更准确的多层次结论。由于他们勤奋好学、博览群书，吸收了知识诀窍，获得了足够的常识，在分析不同主题时，他们将更有能力得出正确的理性结论。

教师无法保证学生在家中或社区中能够接触到足够的信息或通识文化，从而真正确保他们掌握了大量的知识，这些知识对于发展他们在学校和社会中表现良好所需的技能至关重要。因此，在没有任何精英主义意图的情况下，教师需要确保他们的学生不会因为缺乏基本能力、缺乏好奇心或对自身社会环境的充耳不闻而智力匮乏、情感压抑、认知受限或受激不足。时不时让学生保持在传统的课堂环境中有更多的好处，然而，无论教师的角色如何，课堂的实际焦点都需要是教育者，无论是真人还是虚拟的，即使教学的重点适用于以学生为中心的教学法也是如此。

保持更为传统的教学方法的另一个教学优势关乎着在课堂上发展集体纪律。在一个群体中发挥作用所需的凝聚力和自律水平需要通过重复的日常活动来获得，然后学生才能发展出在个人和集体学习努力中真正独立的技能。核心课程需要包括“具体内容”，即所有学生需要知道的事实和概念的冗长清单。这些内容可能因国家、地区和文化而异，但这些基本知识规定的清单应包括大量普遍接受的科学和世俗的人文主义价值观，包括《世界人权宣言》的条款。通过向学生提供适当数量的事实，我们将有助于维护民主，促进科学方法，并保护子孙后代免受知识性错误、逻辑谬误和大量认知偏误的影响，这些可能导致另类事实的出现，现在也被称为假新闻。简单地使用工作表、班级项目和单独计划的项目，将导致学生整体素养的降低。每个人都需要接受正确的刺激，感受到鼓舞，才能取得进步。否则，如果教师使用激进的“革命式”方法而不是改良主义方法，我们将无法发展创造社会凝聚力所需的基本文化层面。此外，通过让学生接触不同的观点、大量自相矛盾的事实和来自自身文化之外的大量信息，教师有能力帮助学生在自身文化参考点之外获得更广阔的视野和沉浸式的观点。换句话说，这类获得的知识可以将学生从以种族为中心的思想牢笼中解放出来。最后，如果学生没有获得足够的专业知识和生活经验来真正发展他们的创造力、批判意识和聪明才智，那么过度关注解决问题和审辨思维等技能的获得，可能是白白浪费时间。

教师只为结果，不为收入？

教师为塑造年轻人未来所做的一切努力都应该得到合理的报酬，这是理所当然的事。然而，最好的教师被定义为职业人士，他们通过学生的成功和进步获得回报而非工资支票，这也几乎已经成为陈词滥调。经济合作与发展组织（OECD，以下简称为经合组织）2019年的全部数据显示，世界各地收入最高和最低的教师之间存在着巨大的差距。相比之下，在卢森堡，没有任何经验的高中教师的起薪约为每年7万美元，经验丰富的教师最高年薪约为12.4万美元。卢森堡和瑞士在高中教师薪酬方面仍占主导地位。同样，韩国教师在职业生涯中的薪酬涨幅最大。显然，由于不同国家的生活成本差异较大，教师的薪酬不能直接进行比较，也不容易比较，但来自经合组织的可靠数据还是非常清晰地表明了这些国家的相对薪酬以及教师职业的相应地位。

那么，教育的真正价值是什么呢？也许全世界教育体系的改善在很大程度上取决于整体经济增长水平的说法是正确的，但更正确的说法是，长期经济增长水平取决于教育质量的改善。虽然大多数人都同意优质教育是最重要的事情之一，但也有很大一部分人往往低估了发展优质教育体系的经济价值。的确，如果全球收入的增长不足以支持这一目标的实现，联合国最雄心勃勃的可持续发展目标之一就永远无法实现。回顾一下斯坦福大学埃里克·哈努谢克（Eric Hanushek）教授的理论，他根据过去50年在几个不同国家收集的数据进行了定量估计，得出的结论是经济繁荣的发展与教育质量的提高方式之间有直接联系。根据哈努谢克的说法，“一个优秀但并非伟大的教师，可以使每个学生的终身收入增加10 600美元。如果一个班级有20名学生，他/她将使他们的总收入增加212 000美元”。如前所述，大多数教师并非根据他们在职业生涯中可能获得的预期收入来进行职业选择。同时，哈努谢克教授的研究还表明，在重视教师工作的国家，教师工资的增加对国民生产总值的增长有着积极的直接影响。这一观察之所以有意义，取决于教师是否处于一个不断发展的社会的顶端，取决于他们是否有潜力对社会产生最大的长期积极影响。这种潜在的影响是成倍增长的，因为他们有机会在整个职业生涯中影响如此之多的学生。这些学生将成为未来社会的雇员、雇主、消费者、选民和纳税人。哈努谢克认为，教师对学生的影响与父母对学生的影响一样重要，甚至更加重要。

哈努谢克教授的研究和经合组织的研究都表明，国家的经济增长率与学业成绩和教师对学生的持久影响密切相关。因此，世界各地教师的公平报酬对经济发展具有重大影响。“但是，除非我们能够用一个将教师招聘、薪酬和留任与效率更好地联系起来的制度来取代当前的制度，否则我们的学校和经济的表现都将低于它们的潜力。”哈努谢克教授研究了教育投资的长期影响，通过分析表明，国家的繁荣与该国人口的技能直接相关。为了实现这些可持续的社会目标，必须重视教师职业，以便吸引在教学方面表现出色的个人，而吸引和留住这些有才华且有影响力的教师的明显方法就是赋予他们的职业更高的价值，并通过相应调整他们的工资来提高他们的地位。

重新定义教师的角色

自主学习不仅仅是做一些实践活动的研讨会，而是将教师的角色转变为学习的促导者，学生获得理解他们如何学习的技能，同时增加他们的知识留存，以实现更加可持续的教育过程。通过提供自主学习活动以获得更深入的学习体验，提高学习成果和更长期的信息留存，教师正在为培养创造力和审辨思维所需的概念获取技能做出贡献。

这是一种让学习者积极参与学习过程的教学策略。哈佛大学最近的一项研究表明，即使“学生觉得他们从传统的课堂学到了更多，但实际上，他们在采用所谓自主学习策略的课堂上学到了更多”。在《美国科学院院报》(*Proceedings of the National Academy of Sciences*)上，有一项研究证明“深度学习是一项艰苦的工作。自主学习所付出的努力可能会被误解为学习能力差的标志……然而，一位超级明星讲师解释事情的方式，会让学生感觉他们学到了比实际更多的东西”。诸如此类的多项研究表明，这种创新方法带来的结果可以转化为可持续性更强的学习体验。通过给学习者更多的机会直接应用课堂上学到的理论，或作为家庭作业或辅导的一部分，学生可以更好地分析并综合运用新获得的知识以及先前获得的知识。这在众多不同学科或科目中培养的不同类型的能力之间建立了关系、关联和联系。

约翰·哈蒂谈到一所亚洲国家的学校，其班级规模约为每班70名学生，教师会用麦克风向全班同学讲课，以便让大家听得清楚，而学生只是偶尔问一个问题。在这种情况下，教育当局希望改善学校的教学和学习，决定将班级规模减半，每班约35名学生。隔了一段时间，当局又对学生的成绩进行了测试，但令他们沮丧的是，他们发现没有任何改善。当他们调查改善不足的原因时，他们意识到教师们仍然在以完全相同的方式教学——站在教室前面，用麦克风让学生听清——教学方法没有任何改变，因此，当局所谓解决问题的办法是改变错误的地方——班级规模，而没有改变实际的教学方法和教师的专业知识。像这样的研究表明，主动的教学与学习对长期知识留存有着不可忽视的影响。因此，通过将教师的角色从经典的信息传播者转变为创新形式的学习促进者，这种教学方法保证了学习成果的提高。换句话说，传统的指导者似乎正在经历一种蜕变，从严格的权威大师转变为“引导者”和“顾问”。虽然有许多不同类型的结构化自主学习经验供其利用，但其中大多数并不涉及动手实践的创造性研讨会，尽管我们强烈推荐将其作为一种增强的自主学习方法，但最常见的可持续自主学习教学行为是应用经典的苏格拉底提问法，同时促进在灵活的半结构化协作学习情境中学生之间的对话和讨论。在这个过程中，为学生的投入提供空间是很重要的。

以发展创造性技能和分析能力为最终目标，这种自主学习方法将鼓励学生通过解决问题的任务进行比较、反思和分析，同时使用不同的方法来刺激感官。运用可持续的自主学习教学法的教师将增加大量的探索性行为，包括听、看、摸、闻、尝、说，而不是只要求学生做传统教育中要求他们做的事情，相比之下，传统教育要求他们坐、听、读、写、算，同时服从僵化的纪律形式，不鼓励学生质疑所学，因为这代表着对教师的不尊敬。

相反，通过提供指导和澄清，教师正在扮演一个更开放的教育工作者的角色，成为学生学习过程中的伙伴，而不是一个传播事实供学生记忆的权威人物。通过为学生提供案例研究、辩论、讨论、团队合作、口头陈述、项目式学习和研讨会的机会，教师让学科间的学习氛围自然而然地出现，因为当学生为自己的学习做出贡献时，新获得的理论知识将与先前获得的知识并列并交织在一起，从而让学生得到更好的强化和吸收。

尽管如此，我们都在学校里不知不觉地学到了一件事，那就是对学习的热爱与得知我们被爱有很大的关系。那些感到被重视和被欣赏的学生会更倾向于付出努力，并为自己的成长投入更多时间和精力，因为有这样一个爱着自己的老师鼓励着自己。鼓励学生、关爱学生、至少表现出对学生的喜爱，都在关系型教学中得以彰显。

为了解决现实世界的问题，教师必须能够在参与解决问题的研讨会时与学生一起培养“思维习惯”，学生可以在学习过程中发展自我认知和自我意识，对自己的反思能力充满信心，并养成终身学习的习惯，使大概念和核心概念以更可持续的方式被吸收。我们已经表明，最大的动力来源之一是围绕一个创造性的项目设计一个跨学科的团队建设活动，就像我们的学生在不同的竞赛期间所做的那样，例如前文详细讨论过的“寻求刺激者”大赛。对学生来说，参加这样的比赛是非常有意义的，主要原因是他们正在努力解决他们真正关心的现实世界的问题。因此，教学活动的整合水平达到了最终的整体水平。

教师的专业知识

许多国家的教师培训项目，特别是针对低龄学生的教师培训项目，可能在普通教育学通论上花了太多时间，而留给教授具体学科知识的时间却很少。多数教师是“如何教”的专家，他们被剥夺了一些最重要的东西，即“教什么”，就很难清晰地阐述知识密集型的教学大纲。因此，那些曾经从事过工程师、电工、厨师等职业的教师，当他们开始在教育行业从事第二职业时，有时会感到惊讶，因为他们以前的知识和专业经验为他们的教学做出了巨大的贡献，并提供了明确的附加值。在考虑如何教学之前，在你的学科领域拥有深厚的学术知识往往也是非常有益的。

这个问题常常被忽视，取而代之的是相当肤浅的教学方法，这些方法由于缺乏信息而限制了对知识的吸收。教师确实需要对他们所教的学科领域有更深的了解，而不仅仅是所教的内容，因为如果你对你的学科没有足够的了解，你就无法用简单的术语解释它。学习事实的目的并不是为了学习几个孤立的事实，而是为了学习几百个事实，它们共同构成了对世界更深刻理解的基础。“不仅要学习滑铁卢战役的日期，还要学习从公元前3000年到现在的150个历史事件的日期，并学习关于每个事件为什么重要的几个关键事实，这将是非常有用的，因为它将形成基本的时间框架，这是所有历史理解的基础。”19世纪晚期，教育家约翰·杜威强调了“从做中学”的重要性。杜威认为，当时许多学校的问题在于学生不主动，而只是被动地接受信息。但是今天，我们不应该将被动的事实学习定性为浅表学习，将更主动的学习定性为深度学习，我们应该明白，技能和知识是相互依赖、相互交织的，二者密不可分。对教师的知识和事实教学要求过低存在着一个巨大的风险，因为学校将无法保证他们的教育工作者不会轻易落入确认偏误的陷阱，在某种程度上，对某些科学事实的基本知识的缺乏可能导致阴谋论或另类事实在学校的传播，即便他们是拥有高级教育学学位的合格教师，但知识太少，也无法真正掌握科学方法或理解自然界的基本事实。

隶属于剑桥大学的英国教育研究员罗宾·亚历山大（Robin Alexander）提到了一项主要在美国进行的研究，其中确定了教师专业知识的一些原型特征。与学生学习成绩较差的同事相比，专家型教师表现出对知识的更佳利用和具备更深入的学科知识。他们还表现出更出色的解决问题的能力，适应不同学习者的教学能力，能在在日常实践中即兴发挥，并快速地做出有效判断。此外，专家型教师可以为学生制定更高要求的目标，也能更有效地给予学生反馈。评估表明，专家型教师在更大程度上比其他教师更能检验自己的教学对学生影响的假设，对教育学和自己的学科领域有更深刻的理解，对自己的实践更有掌控感，对教学更有热情，他们几乎是凭直觉的、了不起的即兴表演者。最后但也同样重要的是，他们感受到并表现出对学生的尊重。遗憾的是，当研究人员观察教师在课间休息时谈论的内容时，他们经常谈论很多关于学生、考试、家长、课程问题、管理，甚至足球等其他事情，却很少谈论自己在课堂上的教学，更不用说他们对学生的影响了。鼓励教师观摩彼此的实践，然后相互讨论真正重要的事情，同时促进这些讨论以引发变革和学习，这对于渴望对学习产生真正影响的教育机构来说，势必是头等大事。这就是创造教师专业知识的方式。

在此，我们将指出一些经常被忽视的其他重要特征，我们认为这些特征可以帮助教师充分发挥其作为教育者工作的潜力，同时也使他们更适合为工作团队的集体发展做出个人贡献。我们建议，最好的教师自己首先要成为通才，他们要对多个不同的领域都感兴趣，以便激励学生也这样做。此外，我们也要借助我们在教学生涯中的观察刺激学术研究的发展，从而为教育科学的发展做出贡献。在这方面，我们发现了教师的一些特质，这些特质似乎对学生的智力、社会和情感发展具有深远的长期影响。我们希望有一天，学术界会选择对这些特质做进一步研究，其中一些对大多数教师来说似乎早已熟悉，而其他一些可能在任何教师培训课程中都不会涉及，而且这些特征几乎没有出现在教师的绩效评估中，其重要性也往往被学校管理层和雇主所忽视。

那么，是什么特征使得一些教师比其他人更高效呢？首先，高效的人往往有着不同寻常的生活经历。其次，他们很自信但不会产生自己是超级英雄的错觉。他们通常了解学生的需求和愿望，知道如何专注于对学生和他们的未来最重要的事情。他们不怕冒险，对新技术持开放态度，独立但愿意与他人密切合作，不会真的受到学校管理者对他们或对其教学方法的看法的影响。对于有远见卓识的教师来说，这一点尤为重要。当他们制定非正统的大胆策略时，有时会被学校主管或雇主误解，尤其是他们的举措涉及投资昂贵的设备。

首先，作为一名教师，在教育领域之外拥有不同寻常的生活经验是非常宝贵的。这种经验资本提供了各种工具，以多种方式丰富学术内容，自然有助于促进整合性教学设计。那些有机会在其他领域工作的教师，那些有机会在旅行中体验风景变化的教师，那些有机会在竞技水平上练习体育项目的教师，那些有机会受到艺术、文学或音乐滋养的教师，他们就好像有一个赖以依靠的技能库，为他们的教学职业带来更多的视角。此外，这些生活经历大多帮助他们理解团队合作和协作的重要性，这往往会给课堂上涉及的方面带来更多的相关性和深度。这种附加值是重要的衡量因素，相较资历，各教师工会和雇主在评估教师和支付教师薪酬时，应该更多地考虑这一点。

有信心真正融入自己的角色，进入正确的专业分支，掌握教学科目所需的知识，这些也都是专业人员确保教育质量的重要方面。如果一个教师不确定教书是否适合自己，那么他/她很可能就不适合教书，绝对应该考虑转行。事实上，人格方面也可以成为关系型教学法的关键因素之一。不幸的是，一些教师很难承认自身的脆弱之处，误以为自己是无懈可击的。我们总能观察到，学生花了很多精力来隐藏自己的弱点和挫折，有时还倾向于在同学面前贬低更有天赋的学生。这种情况也会发生在教师团队中，有的教师会不惜一切代价避免与同事合作，因为害怕暴露出自己的无能。真正有归属感的教师会毫不犹豫地承认他们并不知道所有问题的答案。此外，优秀的教师都有一个习惯，就是在必要时扮演无知者的角色，以增强学生的信心。研究关系型教学法的专家们意识到，真正与学生建立联系的最好方法之一是不要害怕展示自己的弱点，甚至要展示自己的情绪。

这种态度也有助于培养学生的同理心，对整体学习有很大的帮助，同时也有必要知道如何保持和发展学生的动机水平。调和每个人的抱负和观点是班级内部的一个整合方面，利用协作或合作的方式，使建成防止个人脱离的堡垒成为可能。如果教师希望他们的学生学会在各自的学习过程中承担风险，教师必须首先证明他们自己是风险承担者，以身作则至关重要。优秀的教师还知道如何将精力集中于关键问题，他们不会迎合官僚主义的要求而分心，从而损害学生的利益。他们也知道如何识别出“老大难”的问题，如学生反复缺勤和经常迟到等现象的背后往往隐藏着更为严峻的问题。他们知道与辅导员或社会工作者合作，会给学生提供一个解决问题或者改善与其父母或监护人的沟通的机会。教师们明白，他们的主要任务不是在没有学校资源的帮助下试图自己解决学生的所有问题，协作对教学的整合发展至关重要。

最后要强调的是，卓越的领头教师在开始大胆着手教育项目之前，不会刻意等待学校管理者和校长的许可，无论雇主对他们自身或他们的方法有何看法，他们都会率先实践。为了激发学生的投入和热情，他们有时会铤而走险；为了实现教育目标，他们有时会进行一些不符合既定标准或规则的教育实验。虽然偶尔会面临课堂变得混乱或嘈杂的风险，但这些领头人明白，最有效的学习过程并不总是高度结构化和有序的活动，如果教学被设计得过于刻板，过于遵守常规和规则，有时可能会剥夺学生的自发性和好奇心，而这些恰恰对他们创造力的发展至关重要。那些不断寻求同事认可、担心上级会如何看待自己工作方式的教师往往会发现自己的工作令人筋疲力尽、适得其反。换句话说，与其等待可能减缓进度的许可，不如得到宽恕。因为最好的雇主已经学会信任他们最敬业的教师，并随时准备在一个教育项目最初没有取得预期成果时为他们挺身而出。

归根结底，教师的专业知识取决于三条腿：学科知识、教育能力（建立学生关系和建立信任氛围的能力）和教学能力（为学生准备和解释内容的能力）。我们可能认识一种教师，他们知识量惊人但却无法将这些知识传递出去，因为他们不能清楚地表达自己，或者让人完全难以接近。一个专家型教师必须能够把他/她的知识转化为学生的语言和想象力。因此，如果没有这三条“教学腿”，专家教学的凳子将很容易倒塌。

特殊需求教育和自主学习

与有特殊需求的学生一起工作的教师往往习惯于在一个整合性自主学习环境中工作。这些教师能够调整他们的教学方法和义务教育课程的内容以满足每个学生的特殊需求，同时适应他们各不相同的能力水平，这对任何有志于发展可持续的整合性自主学习方法的教师来说都是一个巨大的灵感来源。在特殊需求小组或班级工作需要运用不同的关系型教学法，这种方法用各种实际例子说明如何灵活地调整一切，以更好地帮助学生面对各种各样的身体挑战、智力挑战或神经精神障碍。

针对有特殊需要的学生，在方法和内容方面做出的调整，有可能使组织中的每个学生都受益，无论他们是否有任何困难。无须考虑其他任何障碍，只要教师愿意，就可以对常规课堂上的整合性自主学习活动进行相应调适，这些调适后的学习活动往往可以在小组环境中进行，以产生最大的影响并保证可持续的学习参与。在这类课程中，最重要的是将理论内容转化为实践活动，以便真正对有特殊教育需求的学生的生活产生持久影响。

世界各地特殊需求教育班的学生经常被要求像其他学生一样记住事实和数字，尽管他们身有缺陷。例如在许多情况下，他们仍然需要记住像乘法表这样的东西，但对任何人来说，当吸收的知识被用于现实生活或用于实际的学习活动中时，都会是一种有益的学习体验。例如在家政课上，学生可能只有制作单人份食量的食谱，他们可以依据从乘法表中学到的知识对该食谱进行调整，以满足更多人的需求。获得的基本知识在现实生活中发挥作用这一体验为训练记忆的行为赋予了意义，这对所有学习者来说都是如此。根据此案例，你很容易就能拓展出不同的使用方法，比如学生需要使用基本的数学技能进行乘法或除法运算，来实现诸如烹饪或烘焙等有实用价值的事情。

这是适应性整合学习活动一个经典案例，但正是这种简单的平行学习行为使整个学习体验更可持续。此外，适应性整合方法还适用于特殊教育课堂中各种各样的学校主题。美学及艺术学科为有智力障碍或神经精神障碍的学生提供了无限的机会，鼓励他们积极参与主动学习的活动。学校的课程，如木工、纺织工艺、艺术，甚至体育课，都可以为学生提供理想的环境，让他们实际应用基础理论知识。这种方式无疑会使学生的概念获取技能更加持久，对发展终身学习体验有益。对于这些学生来说，以跨学科和体验的方式学习是至关重要的，否则知识将无法持续。

通用学习设计

什么是通用学习设计呢？通用学习设计又可以为主流学校提供哪些课程呢？

被称为“通用学习设计”的教学方法为学习的普遍可及性提出了三个原则：

- 原则1：多种代表方式（识别网络）——是什么？
- 原则2：多种表达方式（战略网络）——怎么做？
- 原则3：多种参与方式（情感网络）——为什么？

原则1认为简单地获取信息和能够使用信息之间存在着重要的区别，而原则2旨在确保有其他方式来体现学生的工作，利用各种教师脚手架原则。原则3反映了不是所有的学生都会受到相同的外部奖励或条件的激励，对每个学生使用相同的方法，不见得他们就会产生相同的内在动机。

有两种主要途径来解决群体或阶级内部的差异“问题”。一种是可以选择将困难视为个人问题，通过解决个人弱点来解决这种“问题”。另一种是可以将这些问题视为学习环境中的环境问题。例如，典型的过度依赖印刷文本来呈现内容和清晰而有区别地评估学生，这对一些学生的学业成就造成了障碍，却对另一些学生给予了特权。这就是我们提倡一种更多样化、更积极的方法的一部分原因。这种环境观促进了解决学习环境的局限性而不是学生的局限性的方案，同时使学生不再是一个问题，而更多地成为课堂中（有价值的）多样性的一部分。

我们也从特殊需求教育课程中获得灵感，即使是表现优异的学生也会受益，因为教师可以更灵活地调整教学内容，不仅针对学习有困难的学生，也针对需要额外刺激和更大挑战的学生。对于有特殊需求的学生来说，参加适应性课程，成绩可能无关紧要。对这些学生来说，上学的最终目的往往是在日常生活中学会独立。在学校里获得的能力应该是持久的专门知识（实际经验），而不仅仅是事实性的百科全书式的知识。事实和数字的学习可能不太相关，所获得的能力的实际实用性不应该受到同样数量或质量的评估。适应性教育提供的终身学习经验说明，为了学校本身而学习是没有意义的，关键是要学会在现实世界中生存和发展。

有学习困难的学生面临的主要挑战通常不会发生在他们上学期间，而是在他们试图进入就业市场时。

这就是为什么可持续的整合性自主学习对这种类型的教育如此重要。在很多情况下，更好的做法是让学生做好使用实用知识的准备，同时引导他们走向正确的潜在职业选择。这样，他们可能会更容易融入社会，即便由于一些潜在雇主有先入为主的想法，留给这类学生一个很难被就业市场接受的就业环境。

我们教过一个学生，他参加了工作培训，作为他教育的一部分，几周后，他从培训他的雇主那里得到了一份工作。雇主问那个学生是否真的需要回到学校，他是否可以立即开始为他的公司工作。这名学生非常积极地想要从事这项工作，以至于他说："我很高兴今天是星期一，我们还有整整一周的工作要做！"他的同事们总是有更能让人产生共鸣的表达："谢天谢地，今天终于周五了！"相反，周五下午他很难过，因为周末对他来说太无聊了，他期待着周一回去工作。在就业市场上被接受是一个非常有益的经历，他突然觉得自己适应了，可以把他在特殊教育学校学到的知识运用到就业市场的现实环境中。他表现出强烈的工作意愿和高水平的内在动力。

普通的教育方法并不总是万能的，人们常说在通常的教育方法不够用的地方，需要使用特殊教育。当目标是以一种更适合每个学生个人需求的方式实现发展时，教师需要在合作中更好地定义教学方法，同时与具有不同专业水平和教授不一定与他们相关的科目的同事密切沟通。向特殊需求教育的教师学习教学策略，对于常规课堂的教师很重要，因为他们的教学策略实际上已经向包容和积极的教育转变。但是，如果常规的教学法定义得更广泛，同事们愿意以跨学科的方式进行合作，那么整合性教学的方式就能将能力水平不同的学生都纳入其中，久而久之可能不需要特殊的教学法也能提升所有学生参与学习的程度。

沉浸（immersed）	合作（cooperative）	投入（engaged）	指导（instructed）
接受挑战	合作解决问题	向他人伸出援手	无所适从，无精打采
培养新技能	掌握自己的学习	开始承担责任	出现无力感，感到能力不足
完全沉浸在任务或学习活动中	与现实世界的问题建立有意义的联系	探索新的学习方法，逐步晋级成自学王者	经常感到紧张，但会按照指示隐藏不安全感
是好奇心、创造力、想象力的创新	与志同道合的人建立联系	培养新的兴趣，并有所发现	可能只在被直接询问时才会作答

图5.1 参与学习的程度

多元文化学习

多元文化教育是当今不可回避的一个话题，因为日益增长的流动性和国际交流已为来自不同背景和不同文化的人赋能。考虑到每个社会的人口演变，多元文化学习帮助学生更好地理解每个文化群体在历史上的贡献。许多学校都为拥有一个真正多元化的环境感到荣幸，因为这为每个教职工和学生创造出一个更加和谐的多元文化和多语言学习环境。当教师将文化内容整合到他们的教学大纲中时，他们将与来自不同背景和文化的学生有关的东西作为增加和拓展关系型教学法的一部分。认识并融入每个学生背景中的元素对于可持续的学习体验非常重要。尽管其中一些文化可能只是轶事，但它们为任何学科所进行的更深入的分析提供了一些例子。这些是发展更广泛、更丰富的通识文化知识所必需的元能力的一部分。

多元文化教育基于这种假设：未来的社会将变得更加多元，并将考虑到人类学、民族学以及女性和性别研究的各个方面。整合其他学科的内容作为教授包容、多样性、民主、能力获取和审辨思维等原则的方式，可能会结束内倾性并对自我反省有助益。为了使新来者融入欢迎的文化，而不是纯粹地试图通过清洗他们的身份并以另一种身份取代来同化他们，使用上述方法至关重要。融合远比同化更为有益，瑞典已将母语教学计划纳入国家义务教育课程。瑞典学校为在家讲另一种语言的学生提供额外的课程，所有学生都有权参加这种融合和保护类课程。

在常规课程中，教师可以强调世界各地不同文化的背景并填补额外的文化内容，以拓宽学生的文化参考框架，同时通过观察不同的偏见和普遍文化来培养他们的审辨思维能力。来自各种不同背景的假设、刻板印象和哲学可以用于比较分析，教师可以要求学生关注每种文化的共同点。这是引入黄金法则（己所不欲，勿施于人）概念的好方法，从而培养宽容、开放和同理心。作为练习的一部分，可以邀请学生讨论和分析任何文化的相似之处，为普遍文化的各个方面下定义。

一个自主学习活动的佳例是在某种类型的角色扮演或辩论中转换角色。例如在谈论17世纪的奴隶贸易时，教师可以让学生分别扮演奴隶贩子、被交易和被奴役的人，然后让他们互换角色。在谈论工业革命和在该历史背景下出现的自由主义和社会主义等新意识形态时，教师可将全班同学分成不同的意识形态群体，这也是应用这种学习策略的好机会。例如将班级分成保守派、自由派和社会主义者三组，就19世纪中期的重要问题相互争论，并在一段时间后交换角色，这样所有学生都能学习和练习意识形态分歧中每一方的论点。这些练习帮助学生减少偏见，还可以培养学生对历史上一些最没有人道的恶行的错综复杂之处产生共鸣和理解，并为其提供对不同的政治和社会经济立场的看法。当学生认识到与某些文化、政治观点或种族群体相关的贬损刻板印象或负面刻板印象时，他们很快就会产生一种领会和理解，这种理解是持久的，因为他们在角色扮演时会接触到一场群情激昂的辩论。学生可能会忘记在辩论中所说的话，但他们永远不会忘记他们在辩论中的感受，因此，为了利用在角色扮演中所经历的感受，教师正在为可持续的学习创造条件。此外，学生在使用标签定义自己或同学时将变得越来越谨慎，以避免落入偏见的陷阱。

多元文化学习不应局限于课堂情境，而应鼓励教师进行协作规划，尤其当他们本身来自不同的文化时。他们应该能够使用各种策略来规划课程，这些策略可以突出他们各自背景的积极方面，多样化的教师队伍可以为整个学校提供一个丰富的、具备多样化的思想和方法的大熔炉。为了实现这一目标，每位教师都必须能够整合和突出不同文化的各个方面及其对文明进步的贡献。每一种文化都以不同的方式对我们的现代世界做出了贡献，强调任何跨文化方面都很简单，因为科学、技术、工程、艺术、数学或任何其他学科的进步都有文化的功劳。这可能还包括很多课外内容。

大熔炉[1]还是沙拉碗[2]

同化与融合

要想在教育中引入这种融合和大熔炉文化，一个好方法是用“美食”的比喻来向学生解释其机制。例如，位于瑞典的学校可以很容易地以饮食文化融合为例，在许多快餐店，学生都可以观察到一款很受欢迎的融合了不同形式的国际美食，那

[1] 不同民族背景的人带来了不同的文化，最后融合形成了新的文化。——编者注

[2] 不同民族背景的人带来了不同的文化，但是没有互相融合，还是保有独特的文化。——编者注

就是顾客可以在几乎全瑞典每一家比萨店都能点到的一种烤肉比萨（Kabab Pizza），上面覆盖着炸薯条和大蒜酱。例如，在隆德有一家餐厅由一对来自库尔德斯坦的夫妇拥有和经营，他们将自己的文化背景融入到食物的制作中。这对夫妇更换了制作比萨面团的配料，例如他们使用了一款面粉，使比萨饼看起来更像库尔德斯坦常见的大饼。他们为各种不同的异国风味比萨做出了独创的组合，包括来自不同国家美食的配料。在这种情况下，意大利与瑞典、土耳其、比利时、法国和库尔德斯坦的美味融合，类似于教育中各种文化的融合。

与之相对应的是，教师站在这种融合的前线，必须促进多元文化的开放，这对每个学生都有好处。通过拓宽学生的视野，促进他们的思想开放，进而促进整个社会的思想开放。然而，教师在谈论大熔炉式的融合时必须避免同化的陷阱，因为人们很容易将其误解为融入的方式，使所有的学生变得尽可能的同质化。我们所建议和追求的不是简单的同化，而是平衡和平等的融合。因此，为了做出更恰当的类比，教师应该以融合为目标，同时使用一个沙拉碗的隐喻。沙拉碗构成了一个整体，代表了一种更跨学科的方法和学生在课堂上的多样性，目标是让沙拉中的每一种食材都保持自己的特殊性，但当它们放在一起时就成为一个整体，而不是一个大熔炉。随着新配料的加入，新的味道就会出现，并增强沙拉的风味。在这个类比中，教师的主要关注点是提供沙拉碗，也许还会加一点调味品来调味。沙拉酱可以代表学校的核心价值观、《世界人权宣言》或克里斯托弗·希钦斯的新戒律。

当教师在课堂上听到学生解释为偏见的理解时，这将是一个教师履行职责、插补例子的完美机会。抓住机会提供合适的例子，任何可能被针对的文化都得到了彰显，比如教师可以带领学生讨论所涉文化如何为文明的发展做出了贡献。举例来说，如果教师听到有学生的话语里有意无意暗含着“阿拉伯世界从来没有出过什么好东西”的观点，那么抓准此刻介绍这样一个事实：西方世界应该感谢阿拉伯商人在黑暗时代将印度数字（包括数字0）引入欧洲，这无疑对微积分的发展做出了不可思议的贡献。我们还可以强调这样一个事实：代数这个词源自9世纪在巴格达发明的“al-djebr”一词。

通过使用一种更整体的方法，以整合和多元文化的方式使用语言，无疑可以加强人类的共同价值观。通过关注共同和共享的遗产，教师有助于发展一个更加宽容和开放的社会。为了让教师真正学会在书本之外开展教学，应该在每堂课的教学大纲中加入来自外国文化的具体例子。当然，这种方法需要教师具备高水平的常识，但是教师组成团队协作并按时间框架规划他们的教学时，使用这种思维方式会对彼此有很大帮助，因为来自非洲、亚洲或南美的历史元素可以帮助学生获得更广阔的视角，同时在解释全球事件时防止种族中心主义和欧洲中心主义。

在讨论种族歧视、种族屠杀、种族灭绝时，可以使用殖民主义历史的例子和卢旺达或南非现代历史的案例研究向学生介绍种族隔离等概念。教师还可以激发学生对恐怖主义定义的讨论，因为在讨论这些敏感历史问题时，这会成为一个非常强大的参考点，从而进行更深入的分析。如果使用自主学习的方法来提高学生对社会问题的认识，那学生就学会识别可能会诱使他们采取行动的重要方面，以便在未来以建设性的方式解决这些问题。对某些主题有更好的了解和多层次的理解是可持续性、跨学科、关系教学法的基石，而多元文化的视角可以拓展任何类型的分析框架的边界。这种方法几乎可以保证朝着结束偏执和种族或民族歧视的方向发展，因为它为学习者提供了一些重要的工具和思维机制，以理解其中一些敏感问题的复杂性。

多元文化学习体验的目标因所处社会而异，一些管理机构支持少数民族的文化保护，并推动他们的自主发展，而另一些则促进向不同种族背景的儿童传授接纳国的主要文化习俗和传统。一些人认为，他们的整合性教学形式将帮助学生进行更多的批判性思考，从而鼓励他们拥有更开放的思想。相反，另一些人会提倡一种更加多元文化的教育模式，以证明社会行动的合理性。因此，学生的基本价值观知识将作为参与社会变革的一种手段。在这方面，教师将成为变革的推动者，因为他们提倡与具有外国文化或语言背景的新来者或学生融合有关的民主价值观。

遗憾的是，许多学校仍然依赖于一种可以说是过时的观念，即融合应该是一种同化行为，在这种观念中，强大的种族中心主义主导着融合的概念。这种观念显示了对利害关系的不充分理解，太多的教师将这个问题视为一个不可逾越的障碍，阻碍了所有类型的从一种文化转移到另一种文化的学习活动。他们看到的是墙，而不是桥梁，他们本可以或者说本应该看到的。

多语言学习

一种促进跨学科和整体学习的有效方法是同时使用几种语言，采用沉浸式语言学习。教师必须记住，世界上很大一部分人口精通一种以上的语言。直到20世纪60年代，世界上大多数国家的公共教育几乎从未鼓励和促进双语及多语教育。薇芙·爱德华（Viv Edwards）解释说，在华莱士的实验性双语学校开始在加拿大出现之前，大多数人似乎都患有“单语近视”，“单语近视使人们忽视了这样一个事实，即在世界大部分地区，使用多种语言是一种常态”。

此外，在使用协作方法进行课程规划的同时，一个由不同出身和专业的教师组成的工作团队可以通过确保使用多种语言的概念来为这种教学增值做出贡献。通过列举来自不同国家的学校使用多语言浸入式教学方法的例子，我们认为这种可持续的整合性教学法对学生的创造性思维能力的发展产生了不可忽视的持久影响，然而，在更加整合的环境中，对同化特定主题内容所必需的概念化技能的获得产生了越来越大的影响。

在不牺牲母语学习的情况下，教师可以设想将课堂上使用的教科书用不同的语言进行双语授课，以及使用两种所用语言中的任何一种多媒体资源。我们认为母语素养通常会随着第二语言甚至第三语言的使用而提高。此外，多语言学习可能为学生提供一个基于跨文化价值观发展更广阔世界观的机会。掌握几种语言可以给学生提供看周围世界的新视角，增加建立联系的机会，并更好地了解不同的生活方式。

一些研究表明，多语言浸入式学习方法提供的远不止这些。它对学生发展更好的概念化技能的能力有重大影响。例如，当技术、地理和历史以跨学科的方式使用多语言沉浸式方法教授时，它肯定也有助于学生发展他们的语言技能，同时也提高了学生的跨文化意识和概念习得能力。充实课程中一些最重要的部分，即语言发展，“重要的是拥有国际视野，能够在全球背景下理解自己的现实，创造国际团结，以及为跨文化和国家边界密切联系的社会做好准备”。

此外，我们注意到跨语言隐喻的发展对概念化技能和创造力至关重要。根据沙迦美国大学实验心理学教授阿纳托利·V. 哈尔胡林（Anatoliy V. Kharkhurin）的说法，概念化过程就像一个中继站，将在智力领域的其他阶段构思和阐述的分散思想结合在一起，形成一个定义明确的创造性想法，并将这个想法转发到情感领域，从而将创造性想法变为现实。某种词汇比较过程可能导致概念习得发展所必需的认知

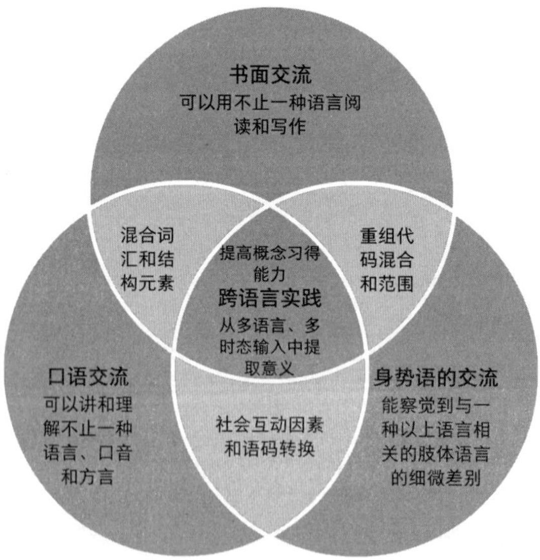

图5.2 双语/多语言沉浸式环境

能力的增加，从而有助于某种可持续的概念元理解。参加外语浸入式课程的孩子往往会变得更好奇，对学习更多的语言更感兴趣。在大部分人口说两种或两种以上语言的国家，参加浸入式课程的孩子往往把学校描述为一个激发智力的环境——一个提高他们对自己文化的社会意识水平，以及对构成这种文化的不同文化和种族的认识的环境。多语言思维过程包括同时激活各种概念表征，从而在不同概念之间建立联系。

多文化沉浸式学习

为了在浸入式环境中为增加概念习得创造合适的条件，教师需要超越语言障碍，采用更全面、跨文化的方法（有时称为多元文化浸入式教学法）。费尼斯·博伊德（Fenice Boyd）和辛西娅·布洛克（Cynthia Block）声称，“当教育工作者更好地了解他们所服务的儿童的文化背景时，他们可以设计基于并重视这些差异的课堂教学”，这是一个非常符合关系型教学概念的想法。在多元文化环境中，宽容、创造力和好奇心的概念是多语言浸入式教学法成功的关键。虽然加拿大的多元文化和双语教育为教育工作者提供了培养学生跨文化公民意识的机会，但在新不伦瑞克省

图5.3 澳大利亚本土的跨文化沉浸式语言教学法

（加拿大唯一的官方双语省），省级语言意识形态辩论可能在培养学生跨文化意识的背景下，阻碍针对英语为母语的学生开展的浸入式法语教育。

有效的学校领导力

校长、学科负责人或年级主任等学校领导如果表现出相当的敏感度、同理心、远见卓识和勇气，就可以在教师的重要努力中提供相当大的帮助，使前几章中所述的教育实践发挥作用。下面，我们将概述学校领导力的4个必备条件，以有效地促进一个教师甚至是一组教师的实践，以关系型教学的方法进行可持续的整合性自主学习的教学。迈克尔·富兰（Michael Fullan）就什么是有效的学校领导力撰写了大量的文章，根据他的说法，那些真正对学校产生积极和持久影响的校长都充分承担起教学领导的职责。这些校长即使在充满挑战的时期也会坚持目标和指标，但会试图从教师的角度来看待所有的变化，并在他们共同的进程中大力支持他们的工作。

要想帮助或改善任何事情，对自己试图领导的组织的做法有第一手的了解至关重要。一个高效的学校领导亲自见证教师们日常工作的实际情况所花的时间，未来可以以多种形式得到弥补。例如可以通过定期观摩课堂来做到这一点，在观摩过程中做笔记，或者在观摩后，当所观摩的内容仍然记忆犹新时立即做笔记。观摩者可以选择使用正式的、预先构建好的观摩模板，也可以简单地以一种更加非正式的方式写下课上注意到的一切。对于被观摩者来说，能够要求观摩者从他们的实践中寻找特定的方面或细节也是非常有用的，因为要教一个班级，满足所有学生的需求，同时反思自己的教学过程成功与否，确实非常困难。

为了使观摩产生真正的效果，最重要的是在观摩结束后尽快安排一个反馈会议，观摩者和被观摩者可以讨论所发生的事情，其中教学领导的责任非常明确——将对话提升为一个真正丰富的对话，让观摩者和被观摩者都感受到认可、挑战和刺激。一些文献综述表明，有效的专业学习需要是持续的、协作的、针对具体学科的、基于实践的和以探究为导向的。阿尔玛·哈莉斯（Alma Harris）主张将研究和证据作为专业学习的一部分，这既明显又合理，但她也提出了在实践中如何实现的问题。她认为，这个问题的简单答案往往在于“协作探究”这一短语中，或者换句话说，让教师参与与日常实践相关的某种形式的行动研究。元分析研究表明，教学观摩和随后讨论是对教师最有效的专业发展，而讲座、模拟和准备教学材料的效果要差得多。

为了帮助那些毫无疑问渴望专业发展和学生进一步成功的有进取心的教师，教育领导者需要及时洞悉相关研究和其他教学发展的最新情况。任何人都不可能熟悉所有特定学科的研究，但关注更普遍的教育和教学发展并非不可能。在个人讨论以及更大范围的在职培训组织中，领导者可以利用这些知识来引领和激励教师进一步提升。许多专业协作和探究的模式都是基于研究的，它们源于有关组织效率的实证发现。这些发现凸显了高水平的信任、积极的关系和专注的协作是高绩效的标志。尽管真正影响教育成果的是“教师和他们的热情”，但有些学校领导可以成为学校和课堂发展的驱动力。与之相反，有些学校领导简直就是学校任何改革动力的最强刹车。因此，应该给予褒奖的不是这个职位本身，而是承担这个职位并因此产生影响的人的思维方式和本质。约翰·哈蒂和克劳斯·齐耶尔特别指出，能将两种令人兴奋的思维框架结合起来的领导者成就卓著：在确保所有同事都感到舒适、资源充足、有自主权且受到赞赏的同时，也会设置挑战，迫使同事走出舒适区。产生教学影响的不是学校领导者，而是特定类型的领导者。

几乎每一种好的领导方法也是一种好的教学方法，因为教师在教授领导技能时需要以身作则。通过采取行动并为所有学生提供积极主动的机会，教师正在提升整个社区和为这些社区服务的专业人士的地位。卓越的领导者明白，即使是竞争对手也经常需要在互利发展的背景下进行合作。卓越的领导者还知道如何将良好的数据与良好的判断联系起来，以及如何将短期的成功转化为组织内的长期可持续性。决策能力有助于连贯地联结和赋能师生，让他们承担起自己的责任，同时也允许犯错。哈莉斯提倡的分布式领导力（distributed leadership）并不意味着简单地授权，在她看来，有必要从字面上和形象上打破壁垒，通过协作规划等方式培养真正的分布式领导力，让天生的领导者在这个过程中脱颖而出，这将对组织中的每个人都产生积极的影响。真正的领导者会培养新的领导者。

良好的领导实践将鼓励教师录制他们自己表现的音频或视频，以便稍后对他们交付和传递知识的方式进行分析，这反过来将有助于他们的自我评估，还可以成为一种开源共享平台的一部分，教师可以在其中自由分享想法。让个人在组织内为自己小组的集体成功负责，可能是引导教师团队进一步发展的最佳方式。这些人如果有机会在学校里承担更多的责任，将会在工作中找到更多的满足感，他们的贡献将使他们个人受益，但最重要的是还将使整个组织受益，进而使所有的学生受益。那么，学校领导如何在他们的组织内创造一种环境，让每个人感受到赋能，从而提供他们的专业知识？

这个问题的部分答案可能是领导者的开放心态，例如，如果团队成员提出任何建议，那么领导者应该完全尊重这些建议，即使他们实际上并不喜欢这个想法，因为这样下一次团队成员有新想法时，他们还会毫不犹豫地再次分享。通过打破等级制度，学校领导层有可能真正让每个渴望更多责任和参与的人发挥最大的作用。同样，教师可以通过为学生提供代理权和责任，从学生身上收获更多。

教师总是需要分配足够的时间来与同事协作，在开始新的协作关系时，分配额外的时间尤为重要，特别是在任何合作的早期阶段，时间极其关键。领导者还需要记住，因为大多数教育领导者自己也曾经是教师，在项目的早期阶段，扩展的协作规划最好不要放在工作日的晚些时候，因为那时学生都已经回家了，教师也难免都很疲惫，无法做到创新、积极和前瞻性的思考。在教师团队的协作已经开始后，他们很可能会从工作中获得很多灵感，因此计划可以在下午晚些时候进行。但要启动一个项目，教师需要保持头脑清醒和高度敏锐。

由于协作和创新的教学方法还不是主流，承诺建立这种伙伴关系的教师群体可能需要全新设备，而且也许价格昂贵，以实现他们独特的创新。虽然有时很难为不同寻常的学校项目找到资金，但对于学校领导来说，资助其教师之间创造性、整合性和协作性的团队工作，很可能会得到超出想象的回报。团队合作和教师相互激励，使他们成为最好的自己，可以说，这是学校领导者所能想象到的最值得花的资本。

一般来说，教师是一个相当劳神费力的职业。也许与普遍的看法相反，当一名教师可能会让人筋疲力尽，因为他们需要高度专注，集中精力，领导和激励如此庞大的群体以实现他们的最高潜力，有时群体里的年轻人还不愿配合。因此，教师需要从他们的领导那里得到的往往只是简单的激励，激励他们将自己的视角抬得更高一些，激励他们与同事合作，甚至是与那些在个人层面上相处得不甚融洽的同事合作——所有这些都是为了他们共同拥有的学生的利益。而且，也许最重要的是，要相信任何特定教师团队的协作和联合能力。任何一个由不同能力和专业领域的教师组成的普通团队，如果他们真正合作，就会成为一个比他们个人才能的总和更大的整体。最后，教师需要得到领导的信任，相信他们的努力会成功，相信他们有能力完成一个项目，相信他们提出的想法会奏效。一个由教师团队自己提出的想法必然会比完全由学校领导层提出的想法——甚至更糟糕的是——由市政府或学校董事会等更高层提出的想法更有效。

教师也是人，和所有的人一样，他们希望自己的工作能够得到关注和赞赏。因此，有效的学校领导角色是在认可所有已经观察到的成就和“下一步”可能改进的领域之间游走。虽然表扬和批评对学习成绩没有什么直接影响，但它们并非毫无价值。表扬在另一个层面上是有价值的，即当它涉及建立关系和信任的氛围时。学校必须是所有参与者的学习组织，无论是学生、教师还是领导者。如果我们的学校是一个推动各个层次学习的环境，在正确的合作投入和建设性反馈下，我们每个人都可以放下骄傲，共同学习，找到自己可能改进的领域。任何学校领导都有义务积极建立信任，这是实现上述任何一项目标的前提条件。

虽然领导者需要务实，参与组织的细节，并在展现领导风格方面通常亲力亲为，但最重要的是要培养具有真正远见卓识的视野，以及不断向前看并寻求改进的心态。优秀的领导者会充满热情，知识渊博，专注于与所有员工建立信任而又富有挑战性的关系，记住一句话："他们可能会忘记你说过的话，但他们永远不会忘记你带给他们的感受。"克里斯托弗·戴（Christopher Day）等人在他们的研究中强调了领导模式与教学成果之间相互作用和相互依赖的核心。他们指出，领导力分布被认为是教学和学校变革过程的重要影响因素，并直接和间接地影响了学校文化和条件的各个方面。他们进行了广泛的研究，证明了这些因素如何间接但明确地影响学生学业成绩的提高。这项研究进一步发现，最有效的校长总是积极不断地重组，重新制定和重新设计他们的组织，并广泛地分配领导权。研究表明，这种高度参与的领导力在组织绩效和学生成绩方面发挥了重要作用。罗伯特·斯塔莱特（Robert Starratt）是伦理学和教育领域的主要思想家之一，他向教育领导者展示了如何营造宽容的氛围，以鼓励所有教师发挥自己的创造力，为教学实践注入活力。他认为，教师固然可以选择使用乏味至极的传统教学法，因为教师毕竟不是从事演艺行业，但学生渴望大量的幻想、幽默和冒险，让学习变得有趣和愉快。教育领导者激发教师主动性所需要的美德被描述为责任感、真实性和存在感。

有远见的人总是能看到大局，能够拔高自己和他人的视野，通过真正的责任授权来避免微观管理的陷阱，始终激励和鼓舞每个员工以及整个组织，同时积极地看到每个人的优点，利用所有可用的人才。从根本上说，建立真正的信任至关重要，否则分布式领导力只是换个名字的任务授权而已。

如果你曾经在一种被人监视着你一举一动的环境中工作或学习过，你可能能体会这对你自己的创造力和“跳出思维定式思考”的能力是多么无益。对许多领导者（在很大程度上也包括所有教师，尤其是那些缺乏经验的教师）来说，一个令人不安的事实是可能很难抗拒对员工（或学生）进行微观管理（有时也称从头到脚地监控）。这可能是由于最终成为领导者的那些人，他们往往自己是“实干家”，实干家之所以成为领导者，首先是因为他们擅长本职工作。实干家有时很难放开控制，让别人成为实干家。在管理员工一段时间后，你可能会开始管理那些管理员工的人，到最后，你已经离你最初感兴趣和擅长的实际工作越来越远了。

但是，为什么要在你的组织中雇用了不起的、富有想象力和创造力的人，然后告诉他们一定要使用什么字体字号，来摧毁他们的灵魂呢？回想一下，你一生中最累的时候，可能不是加班到很晚，也不是从事一项特别吸引人的项目，而更有可能是有人在你身后盯着你，控制着你，注视着你的一举一动。在最近的一项研究中，英国100名医院工作人员接受了一项调查，并被要求在一段时间内佩戴运动追踪器。在研究结束时，报告说最累的医院工作人员并不是那些实际运动最多的人，而是那些报告说对自己的工作控制得最少的人。微观管理的解药是信任，一个组织或一个教师，如果能成功地将一次明显的失败解释为通往成功使命的里程碑，就更有可能取得更多甚至更非凡的成功、进步或发现。通过允许员工或学生自由发挥创造力和主动性，最好的想法可能会形成，因为人们会试图给人惊喜，而不是总是打最安全的牌或做他们认为应该做的事。

要想建立信任：

- 言行要一致。
- 确保你们的沟通频繁且丰富。
- 确保你们的愿景一致，明确共同目标或目的是什么。
- 通过讨论与工作无关的话题，建立更多的个人联系。

所以，为什么不试着放手，信任那些聪明而富有想象力的员工、同事或者是你课堂上那些年轻而热情的学生呢？如果你将掌控感交给他们，你就可以降低他们的压力水平，让他们发挥自己最大的潜力。这种信任会带来更好的表现和更大的创造力。微观管理只有一个解决方案，那就是信任我们负责的人。

教育的认识论

从纯哲学的角度来看，有许多不同的方式来定义获取知识的行为。为了更好地将整合性可持续的自主学习置于教育研究的哲学基础之中，我们必须清楚地识别教育学研究中不同的认识论潮流。知识同化的各种理论和知识获取模式的批判性研究都是建立在认识论基础之上的，它可以涉及几个不同的方面：生产知识的方式，构成知识的基本方面以及知识生产的动态。认识论提出了几个问题：如何定义知识？如何产生知识？如何验证知识的获取？知识的基础是什么？如何组织获得的知识？如何在头脑中推进这些知识，使其转化为智力的进步？

对知识获取的现代观点似乎清楚地表明，学习的目标必须是让每个人都有能力

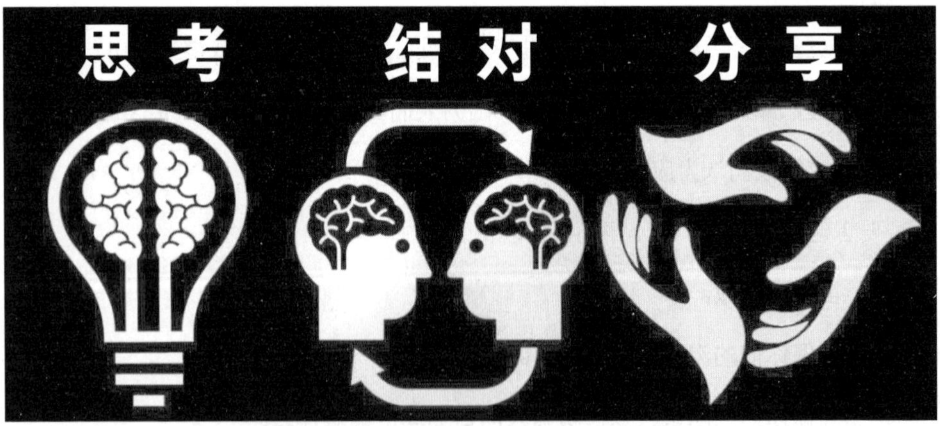

图5.4 思考—结对—分享

吸收足够的信息，以便学会批判性地思考和理性地理解事物。然而，正如前文所述，在许多情况下，对学习行为构成的解释不幸地局限于一个肤浅的定义，这种定义将自己限制在个人有能力记忆和重复的东西上，而不必寻求对所获得的知识的真正含义的理解。由于认识论处理的是一般知识获取过程的理论方面，因此重要的是要了解哪些学习方法将对通过个人努力和重复获得的深入的可持续知识和持久的技能产生持久的影响。“教育真正需要的是了解信息的方式，你可以使用它并应用它来做出更好的决定。教育的最终价值在于学会做出更好的决定。每一个公众成员都需要具备这种能力并做出正确的决定，例如，每个人在生活中要做什么才能更健康，或者制造更少的污染，以及处理我们共同面临的所有这些重要的社会问题，这些问题都有一些技术上的基本原则。”如前所述，大多数自主学习的例子表明，小组工作可以对可持续学习和发展的持久方面产生积极影响。在结对或参与小组合作时，学生通常会觉得他们能够比单独思考时更有效，因为他们将有机会采用“思考—结对—分享”的方法。协作学习的互动性可以提供同伴确认或反对。例如，如果学生需要提出假设或做出诊断来解决问题，很可能没有一个学生拥有独自解决问题所需的所有知识。但即使参与对话的每个人的知识水平差异很大或存在意见分歧，不一定是知识最丰富的人能找到最有效、最有创造性的解决问题的方法，也不一定是他/她是那个能找到打破僵局的办法的人。因此，任何人都可以为这样的讨论做出贡献，无论每个人的技能或知识水平如何。以这种方式，学习行为变得更加共生和互动，因此它将产生一种沉浸式思维，并深化任何智力过程的分析方面，无论是在学校还是在以后的工作中。

当教师鼓励学生一起寻找答案和解决方案时，他们学会了寻找不同的来源，他们使用更广泛的个人经验，他们用不同的方式处理问题，同时试图根据自己的存在方式找到合理的答案。两个或两个以上的人一起思考的集体反思，几乎总是比任何一个人试图单独思考要好。有一个持续的知识评估，并通过这种方式，学生进一步发展自己的社交技能。一旦他们意识到团队合作可以产生更深入的思考和更好的结果，他们就会明白这是实现更深入、更饱和的学习质量的有效途径。在大多数学校环境中，为了让教师能够在每个学期结束时根据学生的学习质量来评分，教师必须有机会培养量化质量的技能，这样才能有建设性地评估学生的进步。因此，必须对每个学生的知识水平进行严格的评估。有几种有效的方法可以获得持久的知识，但正如前文所述，最有效的方法无疑是学生全心全意地贡献和参与。积极参与学习活动似乎是必不可少的，但让学生参与自我评估、纠错和打分也同样重要。此外，当学生以创新的方式参与并提出问题时，他们不仅在知识获取方面受益；该过程还培养了他们批判性和创造性思维的能力。

教师应该意识到，用标准化笔试来评估上面讨论的认识论方面是没有必要的。教师需要使用一种方法来评估学生所获得的知识，这种方法增加了灵活性，扩大了创造力，同时以加深理解的方式提出问题。此外，教师应该毫不犹豫地跳过各自学科的障碍。例如，如果一名语言教师必须帮助一个遇到数学问题的学生，他/她应该毫不犹豫地鼓励这个学生发展他/她在这门学科上的技能，而这并不一定与语言有关。通过将这门学科与第二语言教学并列，教师将不相关的知识片段整合起来，丰富了学习的过程。教师应该经常鼓励学生带着好奇思考，而不是制造障碍，比如在不同的学科之间建立严格的障碍。如果探索性框架被拓宽和包容，学习行为的跨学科方面就会更加直观。因此，教师要提倡不同的获取知识的方式，而不是声称自己是智慧的唯一来源。可持续的整合性自主学习使每个学生都有机会成为解决任何问题所必需的知识来源。这就是为什么这种合作方式有助于让学生意识到他们如何通过不同的学习模式更好地获取知识，比如直觉、逻辑、经验，甚至权威。

重塑学习场景的设计性、模块性、技术性、混合性、互动性

任何人都有学会任何东西的可能，只要他们学会以正确的方式去做，而正确的方式就是可持续的方式。在过去的几十年里，我们看到了许多不同类型的新型实验教室的出现。其中一些更有趣的想法包括开放的学习空间，那里的传统型教室基本上已经消失了。那些用于实践和协作学习的实验教室通常由一个大型的开放空间组成，其中有模块化的分区，可以设计不同的工作站并配备多种家具和材料。这些大型的开放教室往往有门通向众多的小房间，用于小组活动或研讨会。这些物理空间还特意配备了硬件和材料，为有意义地使用数字技术提供了机会，可以将课内活动与在线远程活动相结合。

需要澄清的是，当我们谈论教室环境的未来时，我们所谈论的不仅仅是学校里摆满桌椅的传统房间。未来的教室基本上可以是任何正在进行学习的地方。它可以在普通教室、小房间、家里、公园、博物馆，或学校建筑以外的任何其他地方。最重要的问题之一是，我们如何调整和预备一个教育系统，以支持学生在这些不同类型的教室以及远程环境中学习，既提供同步和异步指导，又避免回到传统教室设置的“舒适”状态？在这种类型的开放式工作空间中，由于其模块化的特点，可以邀请学生根据自己的需要重新想象教室的设置。对于每一种类型的学习体验，学生可以通过使用不同的模块化隔板、积木、带轮子的桌子和能放材料的小推车来重新改造他们的教室，这些都可以在这个开放的学习空间里找到。这也将有助于加强不同的创造性学习场景，在这些场景中，技术将提供更多功能和适应性更强的讲座或研讨会形式。通过在这些开放工作空间的每一个角落提供不同类型的技术和媒介，学生将能够提出意想不到的大胆解决方案，真正提升他们的学习体验，同时使他们的“课堂”环境适应自己的学习风格，但最重要的是，让自己的教师和教育工作者

发挥最大的作用。根据手头的任务，学生或教师可以选择让他们的教师成为关注的中心，或者只是做一个旁观者，在评估他们的进展时进行监督，同时给予反馈和鼓励。

所设计的学习环境中，最大的空间通常是为了促进互动。然而，最重要的是让工作空间满足为这种开放式空间重新配置的需要。通过将大型开放工作空间划分为不同的区域，配备最先进的技术和鼓舞人心的教学材料以及各种类型的回收的低成本用品，学生在学习过程中的互动性和参与性可能会蓬勃发展。当然，这样的现代实验室需要大量投资。购买激光木材切割机、带有安全通风系统的3D打印机，带有设备齐全的模拟器的、功能强大的游戏角，以及带有虚拟现实和增强现实设备的交互式屏幕，都需要大量投资。此外，相对昂贵的材料，如乐高、4D Frame、人工智能教学神器Microbits、包含硬件和软件的源电子原型平台Arduino[1]等，很容易在最初几个月的操作中就突破任何预算。毫无疑问，所有这些昂贵的材料可以被更便宜的替代品所取代，并达到类似的学习效果。这种互动教室的主厅可以使用与艺术工作室、纺织工作室或木工工作室类似的材料。开放式工作空间还应包括一个配有小型隔音阅读隔间的图书馆，这些隔间也可以作为个人练习或上课的音乐室。与此同时，主工作区可以有类似于拱廊式室内购物商场的氛围，因为互动和协作学习提供了兴奋和快乐。不同的游戏将被用于教学目的，学生将不断接受适合他们自身需求和兴趣的挑战。

在开放教室环境的主厅中，有一个被称为“破坏者空间”的有趣角落。这个永久的工作站可以成为学生通过逆向工程学习的地方。在拆开旧的电气设备、机器和其他类型的家用电器时，学生将通过逆向工程来学习。通过拆卸事物并记录每个拆

[1] 易学好用，主要面向没有电子和编程背景的学生，能通过各种各样的传感器来感知环境，通过控制灯光、马达和其他的装置来反馈、影响环境。还提供自主研发的学习套件，比如各种传感器、蜂鸣器、数码管、遥杆等。——编者注

卸物体的每个零件和组件，学生不仅可以提高他们的工程技能，还可以在识别拆卸的机械和电器物体所涉及的不同零件和过程时扩展他们的技术词汇和能力。通过启动探索性学习过程，每个物体的不同部分可以用来重新组装“损坏”的设备，或者通过将不同的部件与其他类型的设备合并来创造全新的东西，从而创造具有不同目的的新物体。当然，在“破坏者空间”发现的材料可以用来培养修理有问题的电器所需的手工技能。这只是一种新的可持续学习方式的又一实例，这种学习方式具有个性化、非正式、协作性和灵活性的特点，在这种情况下，从环保主义者的角度来看，这种学习也是可持续的。它提供了一个以能力为基础的动态学习环境，提供了各种各样的材料，可以培养学生的自学能力。

不仅要考虑到实际的工作空间，这些即将到来的学习环境的人体工程学方面也必须始终加以考虑。例如，在目前大多数常规教室的设置中，所有学生都被要求坐在相同类型的课桌椅上，而很少考虑学生身体结构的多样性。我们过去曾注意到，一些身高2米的13岁学生，由于长时间坐在不适合他们的课桌前，他们有的驼背，或者出现脊柱侧弯。在我们学校，为了解决这个特殊的问题，我们为所有的教室后排配备了较高的桌子和合适的椅子，以适应高个子的学生。在经过这一改造后，一些身材特别高大的学生不仅身体感觉更好，而且还获得了一种被关心的感觉，这两个方面似乎都对这些被赋能的学生的表现产生了积极的影响。这就是为什么我们所描述的新型开放教室必须包括不同的工作站/工作室，其中准备了不同类型的家具，因为这不仅适用于不同身体结构的人，也是出于人体工程学的原因，不应该期望任何学生日复一日地坐在同样的位置或同样的家具上。

这些不同的模块化学习空间可以配备可调节的桌椅、豆袋椅、沙发、地毯甚至吊床。我们建议，这种配备了各种适应性家具的工作空间可以进行轮换，将有助于培养更多创新的学习和教学领域，还可能真正重新定义教师的角色。此举还可以为学生的学术技能增加一个新的维度，特别是当他们被邀请去调查、发展、互动、交流、创造，并向同学和教师展示他们的发现时。这些符合人体工程学的学习中心还提供了一种新的社会装置，其中的学习环境真正适应每种学习风格。开放式教室配备了最先进的新兴技术，拥有不同的学习环境，学生可以更好地发挥他们的创造性潜力。这种工作环境提供了一种非正式学习的机会，教师可以触动“启发”“多样化”“赋能”“激励”“丰富”“鼓舞”“拓展”和“重新定义学习”等关键词。它提供了一种真正的沉浸式体验，可以被定义为一个混合学习空间，在实体教学空间和在线教学空间中提供正式和非正式的教学方法。

想象一下，在未来，学校将能够在学生参加在线研讨会的同时，将包含不同类型教学材料的学习包送到学生家中，就像人们在电子商务网站上订购食品或商品一样。这可以使实践学习体验在一定程度上独立于这种类型的开放学习空间。像这样的探索性学习环境肯定会给学生和教师带来更多的创新思维。通过确保实际的实体教室不是学习机构的重点，我们正在迫使教师重新思考如何将教学方法纳入主流。这种类型的学习环境不仅会提高学生的创造力、沟通能力、协作能力、数字能力，并加强个人和社会意识，而且最重要的是，它会大大提高所有参与者的审辨思维能力。正如前文所述，可供交付或在新的开放工作场所提供的学习设备不一定是最昂贵的、最先进的技术教学材料。通过简单地回收旧的二手设备或使用更便宜的材料，如未煮过的意大利面、棉花糖或牙签，也可以很容易地取得类似的效果。

应该鼓励学生通过交流相互支持，无论他们是否共享同一个物理空间或同一个网络平台，都必须支持他们集思广益，锻炼他们天生的创造力，激发他们的想象力。此外，无论实体或虚拟学习环境如何，学生在参加不同的模拟时仍然可以通过游戏进行学习。参与实体游戏和数字游戏将通过游戏和比赛提高他们的合作质量，并让他们分担责任，共同决策。换句话说，他们将把不同的主题领域整合到对等协作团队中。无论学习是面对面进行还是在线进行，无论学习研讨会是同步的还是异步的，都不重要，重要的是这些不同的整合团队活动或比赛将如何鼓励协作和相互支持。

这种工作空间本身可以鼓励跨课程学习活动的发展，学生将学会从多个角度分析和理解事物，因为不同的教学大纲在不同的工作空间和系统中被整合和重新配置。两人一组或不同规模的小组工作必然会提高学生参与协作环境的能力，这种学习过程极具探索性。当鼓励学生构建物理模型并测试不同类型的想法时，教师也学会以建设性的方式不断评估学生的创作过程和结果。通过项目化学习，他们参与了不同的探究，这将提高他们解决问题和审辨思维的能力。这种教学方法将极有可能增强学生天生的好奇心和创新精神。

这种开放学习空间的发展可能是发展可持续自主学习的更重要因素之一。如果教师真的想鼓励学生从终身学习体验中获益，我们需要积极地验证和承认非正式学习的力量，当课堂被翻转时，教师在一个结构良好但充满灵活的自我反思、放松和自由探索的空间里，帮助和协助学生的项目。通过支持自我表达，教师将能够激励学生，减少在常规课堂环境下对学生的监督，他们将为真正的创造力提供更多的空间，为学生提供发展自律的机会，而不是强迫学生去遵守强加的课堂纪律。另一个不应忽视的学习因素是，在这样的环境中有开放的空间和不同的工作坊，学生们无疑将学会一项终身的整洁技能，因为作为创作过程的一部分，工作室将变得极其混乱，教育工作者将不得不强调，活动结束后，一切都应该恢复有序。这将促使学生更加自律。这样一来，作为学习活动的一部分，教师将逐渐培养学生清理工作空间的习惯。

我们也鼓励学校领导将教师、学生、家长和技术提供者召集在一起，举行协作和创新的头脑风暴会议，并扩大这种开放课堂环境的社交网络维度。每个人都要实事求是地评估优先事项和改进领域，然后根据每个参与这种强化整合发展会谈的人提供的信息制定可实现的学习目标。此外，用于评估和在线工具的新型技术可以为如何更好地满足学生的材料和教学需求提供更具适应性的实时指导，为他们配备合适的工具，以便在这些新型开放教室甚至远程实现他们的创造性学习目标。在这些开放的工作空间中，各种类型的教学材料将被用来开发创新的、有吸引力的可持续自主学习活动。

过去的课堂大多是教师在讲台上讲课，学生坐在教师对面。这种传统的设置并不能促进教育创新。在一些国家，桌椅有时是用螺丝钉固定在地板上的，从而创造了一个非常刻板的学习环境。这些条件不利于自主学习，因为工作空间的设计方式对学生参与学习的程度有着不可忽视的影响。为了可持续地发展学生的能力，他们需要做一些不仅仅是听、看和记笔记的活动，还要参加实践工作、参与性活动、同伴教学、翻转课堂、交互式远程学习课程、基于问题或基于项目的学习等。这些各式各样的教学方法让学生参与到任务中并进行反思，这是可持续学习的关键。为了实现这一可持续的自主学习目标，我们需要继续设想一个能够满足现在和未来教育需求的教室。

技术发展正以越来越快的速度持续加速。没有人确切地知道数字工具在不久的将来会发展得多快，但我们很容易推测科学实验室最终将如何被增强现实（AR）或虚拟现实（VR）所取代或增强。例如，学生将不用在生物实验室里解剖真实的动物，在VR眼镜的辅助下，他们可以完成类似的任务。这也许会产生一定的影响或类似的学习结果，但也可以公平地说，在运动技能发展方面，它可能不会带来同样的训练。例如，对于那些有志于成为外科医生的学生来说，在大学培训之前就很难培养出所需的技能。

混合学习

混合学习处于传统教育和远程在线教育之间的某个地方，其中部分教学在学校的教室中完成，而其他教学元素则在家中或计算机实验室中为较小的团队（也称为学习舱）提供数字教学。这些新兴方法的杂糅旨在使教学方法多样化，教师既为水平更高的学生提供了参与的机会，也保留了传统教学中的精粹部分。

为了减少大班教学中不太有效的方面，例如大班教学缺乏对每个学生个人需求的内容适应，混合学习在使用主动教学法的适应性方法和远程教育的新兴技术的同时增加了灵活性。在这种背景下，教学选择变得更加多样化，从而使所有学生都能找到自己的途径，走上更加个性化的发展道路。我们认为，小型学习小组的形成以及个性化的课程计划可以提高学生吸收各种概念的能力。这种多样性有助于通过学习发展协同作用。

个性化定制的程度可以因课程而异，从小块信息到更持久的、更结构化的自主学习时间，与面对面的授课交叉进行。这种多样性将使教师更加注重培养学生高阶的思维技能，而不仅仅是确保学生理解基本概念。在每个学生都可以接受的适应性和个性化指导的环境中，教师也可以在小组学习时进行指导，根据实时数据进一步调整教学任务，可以使用数字工具每天或每周进行教学调整，以便更好地满足学生的集体和个人需求。混合学习的最终目标是提高每个学生的知识和技能的使用寿命，它为教师提供了更多的教学工具，以确保每个人都能充分发挥潜力。

学校也可以通过使用专门用于教学和发展自主学习的数字平台，在传统学校和远程教育之间创建混合学习环境，从而节省大量资金。学校要重新定义自己，同时使更有效地分配其资源、场地和设备成为可能。这些是混合学习的主线，但还有几个方面需要考虑：传统的班级轮转、灵活的班级和豆荚班（pod class，类似于课后补习），以及实验室或轮流研讨会。实验室和研讨会轮转允许学生进入和离开教室或学校建筑进行实地研究，或访问数字或物理实验室来执行任务和实验。他们可能会在收到老师、讲师的面对面或数字化的明确和精确的指导后，进入上述不同的工作空间，以便使理论在实践中得到应用。

这样，学生就有机会培养他们在未来的学习中所需要的可持续的适应能力。无论他们的学习偏好如何，这两种模式的并置将有助于他们成功地完成任务。

由于这种方法可以增加不同学习地点之间的轮换，它也为大多数学生创造了一个更刺激的教育环境。通过激发主动性，混合学习重新定义了学生之间的某些社会关系，这种关系有时在较大的学习群体中很难维持。通过增加一些多样性，学生将有机会通过更频繁地参与面对面或在线的互动团队活动，与一些同学建立新的亲和力。

教师和数字平台之间的这种任务分工的优势可以提供一种新的协同作用，有助于为每个学习小组和个人提供差异化的内容，这使得负责的教师能够根据每个人的特定需求调整教学内容，同时为学生提供一个提高参与度的机会。混合学习还可以为努力整合不同学科进行协作性跨学科学习项目的工作团队提供更大的灵活性。它为多媒体实验提供了一个舞台，久而久之，它将有可能出现评价新形式的远程教育

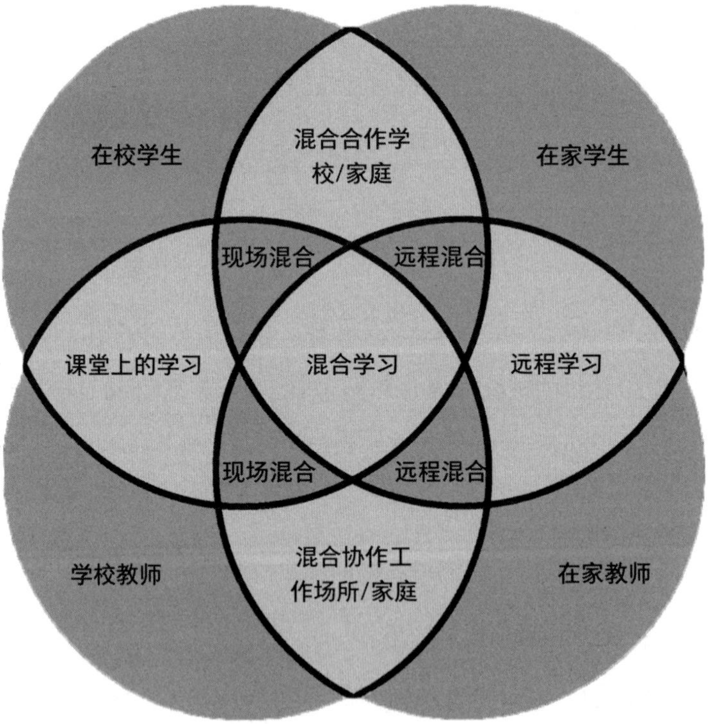

图5.5 混合学习

的效果。它提供了在任何组织内测试数字化极限的机会，并可能有助于新方法的实施。例如，在在线课程设置中，混合学习提供了尝试相反方法的机会，而不是让一群学生在家上课。

未来的教育挑战

在非常规的困难时期，我们所有人努力克服的挑战可能看起来是前所未有、无法克服的。当世界面临危机的时候，教育界往往成为社会变革的受害者，在这种变革中，教师和学生没有实际的控制权，在许多方面感到被忽视和遗忘。学生们被剥夺了日常生活，没有接受到正常情况下应有的同等水平的教育，失去了潜在的新友谊和社会经验，简而言之，失去了青年应有的所有愿望。同样，教师被要求根据各自国家的限制程度，以各种各样的方式适应并无私地不断重塑他们的整个教学实践，这会产生连锁反应，导致一系列约束性的教学改革努力。虽然这些全球趋势自古以来就存在，但事非经过不知难，当亲身经历时，它们似乎比过去发生的任何事情都更具挑战性。这当然也一直在教育领域产生影响，以前这样的情况往往会带来发人深省的教学创新和进步。世界在21世纪20年代初所经历的一切无疑是非典型且独特的，但我们认为，历史上这样的例子数不胜数：人类和教育界在动荡的逆境中表现出了坚韧和适应能力，他们别无选择，只能越过卢比孔河，越过这个不归点。

哈拉里认为，人类正面临着前所未有的革命，所有的故事都在崩塌，变化是唯一的常态，尽管如此，教师需要让在校的年轻人做好准备，迎接一个前所未有的变革和极端不确定的世界。目前，太多的学校专注于信息的填鸭式学习，这在信息匮乏的过去是有意义的。但今天，我们每个人被信息洪流淹没，没有人试图为我们审查，相反，我们正积极地被无关的信息误导或分散注意力。在这样的世界秩序下，教师最不需要给学生提供的是更多的信息，相反，学生需要的是理解信息的能力，能够区分什么是重要的，什么是不重要的，并能够将信息组合成一幅全局性的广阔图景。

刘熙灿教授在2020年STEAM国际会议的全体演讲中指出，至少从表面上看，随着时间的推移，教育的确没有发生太大的变化。他描述了一群学生面对着教师的场景，近年来的主要变化是现在大多数教室里都有电脑屏幕。刘熙灿教授指出，教育正面临不同于以往的新挑战，学生需要以整合而非孤立的方式，学习如何理解和运用零碎的知识，并将重点放在不同课程之间的联系上。再加上国际卫生危机的特殊情况，我们现在可以从强制远程学习中吸取教训，许多学生明显倾向于更灵活的学校结构，这一点也值得我们反思。对于专业学习的促导者、教育政策负责人以及世界各地执行这些政策的教师来说，明确其工作所依据的专业理论至关重要。

由于上述的特殊情况，国际就业市场上对实时工作流程的需求不断增长，我们可能会看到远程办公和嵌入式工作学习的需求也会长期增长。因此，我们见证了混合学习和在线教育等自适应教学方法的被迫加速，这些方法揭示了通信技术的局限性和远程学习的缺点。

后疫情时代的教育启示

新的教育挑战

新冠疫情的危机给全世界带来了不安全感和严重的不安。一份来自英国的研究显示，“英国年轻人最大的担忧之一是对学校和大学的影响，特别是无法上学、教育质量和考试的不确定性。虽然他们更乐观，但年轻人在封锁期间更有可能感到无聊和孤独，42%的人报告说这使他们的心理健康状况恶化”。

此外，网上各种毫无根据的阴谋论泛滥成灾，各种虚假信息呈指数级增长，这体现了现有的高质量教育普及程度不够，没有使民众具备足够的审辨技能。解决心理健康问题，提高对科学过程的良好理解能力，同时教育人们认识到自己的认知偏见和逻辑谬误，无疑是世界上许多国家后疫情时代面临的最重要的教育挑战之一。

新常态的挑战

在本节中，我们将继续讨论全球进入“新常态”的挑战，并尝试设想教育工作者和政策制定者如何利用这一机会，为学校和企业带来更好的重建机会，从而可能成为新常态。用肯·罗宾逊爵士的话来说，“下一步是我们唯一的选择”。2020年，来自许多欧洲国家和美国的报告宣称，办公室职员及其雇主都不再希望回到疫情前的办公空间和办公时间。如果未来的办公室职员可以享受更灵活和可塑的工作环境，那么学校也可以进一步发展更综合和灵活的远程或混合教育。在新冠疫情之前，传统观点认为，办公室对生产力、文化和赢得人才争夺战至关重要。公司在全球主要城市中心激烈竞争优质办公空间，许多公司专注于促进合作的解决方案。同样，我们可以断言，尽管课堂环境传统上被认为是成功教育的关键，但在本书中，我们探讨了几个观点，有助于讨论在后疫情时代最终从根本上改变教育实践的必要性。现在的问题是，教育如何能够在危机之后成功地向前发展，同时从近期和更遥远的过去中吸取最重要的教训，以及是否会存在主要的国家差异，或者我们现在的当代教育知识是否具有全球性和普遍性，或者国家差异是否足够大，以至于我们无法走同样的道路向前发展，尽管目前教育研究主要是国际性的。

重组教育资源

远程教育的发展是否可能是未来的发展方向，或者学生在多大程度上需要彼此的陪伴来发展他们长大后所需的技能？他们不能单独或在远程学习环境中培养什么能力？根据阿迪布·里夫奇·塞蒂亚万（Adib Rifqi Setiawan）的说法，“希望远程学习将以不同的方式和水平保持科学素养的学习过程”。问题依旧存在，从长远来看，这种预期的结果是否会实现？

在尝试促进更多的动手实践和自主学习活动的背景下，完全数字化的学习体验需要什么？我们会回到传统的教学形式，让学生在教室里听讲吗？上学时间还会像过去一样长吗？还是未来学校的课程表会更加灵活？是否有可能通过新的和更具互动性的数字资源实现更可持续的学习？而且，也许最关键的是，教师需要如何调整数字资源，以更好地适应完全或部分远程学习的环境？幼儿很可能仍然需要学校提供的托儿服务，他们需要被照顾，这样他们的父母才能工作或履行其他义务。学校还可以为他们提供活动，以促进社会化的基本发展技能或儿童社会能力的发展。此外，年幼的孩子最可能需要的感官刺激不局限于电脑屏幕或平板电脑；动手和有趣的学习活动对他们的发展至关重要。

构建灵活的教育体系

适应

根据达尔文演化论的观点，适应是生存的关键，我们很可能会发现，那些最善于适应新现实并采用灵活结构的学校系统，很可能是那些从长期角度传递学习策略和教学方法的学校系统。最成功的教学实践可能会盛行起来，被大多数国家采用并成为规范。适应性是通过使课程内容适应不同的学习节奏、不同的学习风格以及周围的环境和整个社会，使学习材料和方法个性化的能力。学生可以在一天中最适合自己的不同时间访问不同的在线讲座，也有机会重新观看或收听讲座、教程或互动教学材料，以更好地理解其内容。然而，为了使学习更加灵活，还需要特定的自主学习体验，在现场、预先录制或预先编程的环境中与虚拟或真实的同学或教师互动，这对在辩证循环中发展他们的交流技能至关重要。

如果学校的教学和学习更加数字化和远程化，并且成为一种更持久的情况，这可能会让女孩在课堂上更自由地发言。一些研究表明，社会互动方式的差异确实也会在课堂上发生。平均而言，男孩更有可能在课堂讨论中发言，即使有时没有被叫到，或者即使他们对话题的了解不如班上其他人多。此外，在一个男女合作的小组中做项目时，他们有时会忽视女孩对小组的评论和贡献。在这方面，男女生合作小组与社会上许多地方的互动模式相似，男性有时也会倾向于忽视女性的评论和贡献。在远程学习环境中，班级规模不像以前那么大，学生会在教师组织的更好的小组中见面，或者只是在网上见面，人们可以想象，这些差异最终自然消失。这对整个社会来说是非常有益的，因为会涌现更多直言不讳、更自尊、自信的女孩，也会鼓励她们寻找其他工作或职业道路，或者在通常由男性主导的领域进行研究。这将有望使社会更加公平，并可以消除许多性别障碍，从长远来看，这将使男性也受益，整个社会也会变得更加平等。

课程及教学大纲

经合组织国家大多数学校课程的总体目标和指导方针有很多相似之处，在这本书中，我们试图集中在共同的方面，以便对可持续的、跨学科、自主学习的规划方法进行根本性的重新评估，我们将其推广为可持续的互动式自主学习方法。我们在分析中提出的建议适用于义务教育的每一种学校，甚至适用于有学习困难学生的特殊学校，也适用于公立教育和私立教育。它们都有共同的基本价值和任务，对于义务教育学校来说，它们涵盖了优质教育的总体目标和一般准则，最重要的是这些课程包括所有的教学大纲，并描述了每个学科的知识要求和评估方法。

不同的政府和各自的教育部长确定了学校的基本价值和任务。教学大纲包含了每个学科的目标及其核心内容，然而，大多数教学大纲都没有说明这些学科如何重叠，以及如何将它们纳入学科间或跨学科的教学方法中去。各个学科的教学目的和长期目标通常在每个学科应该涵盖的核心内容中都有明确定义，在大多数课程中，核心内容旨在明确不同的知识要求，明确不同年级的可接受的知识水平，同时为教师提供了更详细的讨论空间，然而大多数情况下它们并没有提供例子说明如何深入了解或补充核心内容，也并没有同时将不同的学科整合为学科间和跨学科的自主学习体验。

全球通用课程

将目光移至教育领域的新常态，教师的角色可能会转变为知识的促导者，而不是知识的传递者，我们也可能会得出结论，认为大多数知识都属于某种形式的普遍人类自治，大多数国家的很大一部分国家课程可以被标准化并作为全球通用课程进行教学。

数学和音乐的通用语言是可以成为国际核心课程一部分的学科领域的例子，而且大部分科学——包括化学、物理和生物——即使采用每个国家的不同语言，仍然有一个明确的核心可以成为国际核心课程的一部分。具有奥林匹克精神的体育教育也可以作为普遍性的一种表现形式进行教学，这是非常有利的。本土课程仍然必须以维护国家主权为重点，包括其自身的文化、历史和传统，文化的主要成分是民族语言，以努力保护我们全球世界文化遗产的这一非常重要的部分。

后疫情时代的高效工作时间和自律

近年来，许多人一直居家办公，许多上班族报告称，他们被迫在家工作的工作效率更高，部分原因是通勤时间更少，但也可能因为他们更高效地利用好了实际工作时间。一项美国民意调查显示，一旦对企业和学校关闭的限制完全解除，有59%的远程工作者宁愿继续远程工作。

许多像巴克莱（Barclays）一样的国际公司已经表示，昂贵的城市办公场所可能成为过去。2020年，推特首席执行官杰克·多尔西（Jack Dorsey）告诉他的员工，疫情后他们可能会永远在家工作，这一前瞻性和前所未有的声明影响了其他公司扩展他们自己的“居家办公”指南。如果生存的关键是适应环境，也许也应该彻底研究学校环境的灵活性。在创新和勤奋的教师成功地影响决策者重新设计他们各自的国家课程的地方，我们将能够观察到适者生存的教学方法。

在疫情期间，世界各地的学生不得不在各种远程学习环境中更加独立地学习，这要求学生高度自律。当然，青少年在很多方面存在明显差异，比如如何处理时间管理水平、划分学习量和进行分段学习等。我们认为，这种高度自律需要教授给学生，使之具备这种能力，无论其父母有多大的能力或意愿提供帮助。韩国学生会明显表现出更高水平的自我效能感，对自己的能力有更强的信念，因此他们在数学等方面表现得更好。

此外，每一种教学材料都迫切需要更好地适应今天的年轻人。交互式和有趣的教学资源及学生材料的指数级发展对于一个更灵活的教育系统的进步至关重要。青少年可以在没有任何提示的情况下玩电脑游戏好几天，所以不久的将来，教学材料也必须达到类似的投入程度和吸引力。这种学习体验的互动部分也应该包括动手学习活动，甚至是体育教育。换句话说，在当前教育未来的大背景下，教育游戏化的想法似乎不像以前那么遥不可及了。

数字资源

资源访问

为了让学校适应更灵活的时间表并分散教育，需要为所有学生提供适当的工具，如高速互联网和计算机。有些人认为，教师努力实现的最佳目标始终是学习中的直接体验。与此同时，全球数百万儿童在各自的国家和地区的新冠疫情封锁期间，由于家中缺乏互联网接入或足够的数字硬件等原因，被在线教育拒之门外。“爱沙尼亚的学生从这个波罗的海国家对数字学习的长期投资中获得了回报。早在新冠病毒开始对世界造成严重破坏之前，爱沙尼亚就将发展数字技能、高速互联网和先进的IT基础设施列为国家优先事项。2001年，爱沙尼亚是世界上第一批将互联网接入列为人权的国家之一。”多年来，爱沙尼亚教育系统一直在使用数字材料，“因此，当疫情来袭，塔林的学校被迫关闭时，爱沙尼亚的孩子们回家后，他们的学习自然而然地无缝衔接地转移到了网上”。

研究人员希尔德贡·斯托尔（Hildegunn Støle）、安妮·曼根（Anne Mangen）和克努特·施维伯特（Knut Schwippert）开展了一项研究，调查挪威学生的阅读理解能力是否因学生在纸上或在电脑屏幕上进行测试而有所不同。根据研究结果，他们认为学生需要进一步学习在屏幕上阅读时支持阅读理解的策略，然后我们才能期望他们在这种媒体上取得成功。一些大规模的测试，如针对15岁儿童的PISA测试，往往是基于测试媒介没有意义的假设而数字化的。也就是说，基于一个零假设，即学生在纸上或屏幕上回答数学测试或阅读理解测试，测试结果不会有任何差异。当研究人员计算学生在数字阅读测试和纸质阅读测试之间的成绩差异时，他们发现学生在数字阅读测试中的平均表现明显较差。共有599名学生在两项测试中表现相当，而近33%的学生在笔试中表现明显更好，只有13.6%的学生在数字测试中取得了更好的成绩。正如在涉及具身认知那一章中所解释的那样，这项研究的结果还表明，学生在电脑上阅读的内容比在纸上阅读时理解的内容要少。一部分原因可能是阅读涉及以数字格式滚动的文本和任务，一部分原因是学生在电脑屏幕上阅读时使用了不恰当的阅读策略。年轻读者经常使用浅显的查询和在线搜索策略，而很少在屏幕上集中阅读以获得理解。因此，如果在未来对着屏幕阅读是司空见惯的事情，教师需要注意教给学生在屏幕上阅读时支持阅读理解的策略。

由于资源有限或安全问题，例如2020年的疫情，教师有时会选择虚拟学习环境。在这样做时，他们中的一些人担心这会影响学习体验的质量。但在最近的一项研究结束时，使用虚拟网络模拟器的学生表现出比使用物理实验室的对照组更高的成绩和动机水平。这项研究开始的前提是，虚拟网络模拟器对学生学习和动机的影响可能与使用物理实验室一样好，但令人惊讶的是，使用虚拟模拟器的学生比使用物理实验室的学生取得了更好的成绩，表现出更高的动机水平。国家教育政策制定者可能会发现“精灵装不回瓶子里了”，回不到原点了。

增强现实和虚拟现实的使用

在不久的将来，教室中的增强现实（AR）、虚拟现实（VR）和混合现实（MR）将为体验式学习和可持续互动学习活动提供无限的可能性。尽管投资此类技术的成本很高，但未来的学校可能能够在更短的时间内提供更有意义的学习体验，从而让更多的学生能够使用此类技术，因为他们会在配备有不同种类的AR和VR技术的不同教室之间轮流学习。就像实验室与家政课教室的配置不同一样，不同的教室可以装配不同类型的AR或VR工作空间。然而，有了这种新型技术，只要学生能够使用正确类型的设备，它就为远程互动教学打开了许多新的可能性。

“沉浸、互动以及用户对环境和叙述的参与为教育提供了极大的潜力，使学习更有动力和吸引力。到目前为止，沉浸式VR在教育游戏中的使用是有限的，因为设备的价格很高，而且其可用性有限。”如上所述，AR和VR技术为远程学习提供可能性。虚拟现实标准可能会随着5G技术的发展而得到加强。这也可能转化为师生之间的一种新型的实时互动。但是，“与沉浸式VR不同，AR界面允许用户在看到真实世界的同时，看到附着在真实地点和物体上的虚拟图像。在AR界面中，用户通过一个手持式或头戴式显示器来观察世界，该显示器既可以透视周围环境，也可以在视频上叠加图形。AR界面增强了现实世界的体验，不像其他电脑界面那样把用户从现实世界吸引到屏幕上”。此外，它还可能为学生团队提供当代机遇，在虚拟小组中进行团队合作和课堂讨论。想象一下，一位艺术教师能够带领一群学生参观巴黎卢浮宫博物馆，而这些学生是在家里或教室里虚拟参加参观的。想象一组学生在生物实验室中进行解剖，但并不使用实验动物，因为他们在AR环境中使用真实的工具来完成任务。如上所述，新常态的快速发展背景可能会为动手实操的自主学习项目提供更多的机会，如《地质教育期刊》(*Journal of Geological Education*)中所描述的那些项目，学生计划实地考察，收集数据，或进行磁力、重力和辐射研究。然而，得益于快速发展的数字资源和VR技术，学生可以有机会在舒适的家中或教室中参与虚拟实地研究，而不是前往实际地点进行此类研究。未来充满了无限的可能性，因为这些新设备确实提供了多维度的学习体验。

人工智能以及未来对人类的要求

人工智能也被称为AI，最近开始作为教师和学生的教学工具出现，特别是在疫情期间，数字工具的发展突飞猛进。简单地定义一下人工智能：它是一种人类构造，旨在借助强大的数字工具模拟人类思维，这些工具可以重现识别模式等某些认知功能，还可以通过经验学习，并在所学的不同事物之间建立联系。人工智能已经日益成为一个具体现实，这就提出了一个问题，即人工智能是否会在今天和未来的学校中占据越来越多的位置，这进而又引出一个问题，即教师是否有变得多余的危险。

为了在学校中真正发挥作用，人工智能需要符合道德规范，为人类服务，而非相反。作为人类，我们有拥有人工智能的需要。但最重要的是，人工智能为教师提供了无限的可能性，可以节省时间，提高他们作为教育工作者的效率，尤其是在参与学生评估和与同事协作规划时。为此，人工智能可以执行一些较为重复的任务和分析，以帮助教师评估学生和制定规划。人工智能还能帮助教师之间进行协作，为学生创造更好的适应性整合学习体验。

在现代社会中，人工智能已经无处不在，而且人们也已经在不知不觉中越来越依赖它。我们大多数人每天使用的搜索引擎的算法都是基于与这种试图复制人类智能的模拟模式搜索和自适应数字工具相同的预设。为了让人工智能为我们服务，我们需要了解如何对待它，以及我们为这些设备配备的算法类型可能会如何影响我们。在这方面，已经为不同社交网络平台开发的人工智能工具的差异迫使我们培养敏锐的审辨思维，以便能够实时识别和评估平台所提供信息的质量。在人工智能工具快速发展的背景下，教师的作用是通过培养学生的审辨思维能力来维护民主。在本书中，我们已经深入讨论了审辨思维的重要性，并提供了很多例子来说明教师如何对民主制度的福祉产生积极影响，同时保护我们免受反民主趋势的影响。

尽管人工智能有很多不同的定义，但它们在一定程度上是重叠的，尽管存在差异，但它们的相似之处仍占上风。人们很容易认为，现在的教师实际教学的时间太少，而用于诸如阅卷和其他类型行政任务的时间太多。人工智能可以在更大程度上支持这类行政事务，从而解放教师，让他们去做他们最擅长的事情，也就是教学。

对于那些已经开始在课堂上尝试使用不同数字工具和人工智能的人来说，很明显，教师的角色比以往任何时候都更重要，因为这些目前快速发展的创新数字工具正在重新定义教育。教师在课堂上的角色仍然是培养凝聚力和人际互动的关键，这对每个人的社会能力和个性的发展都至关重要。未来学校培养的创造性思维能力，大概会比我们过去在老式学校和传统的标准化测试中所提倡的记忆技能更有用。

做一个假设，即使世界上最好的肿瘤学家能在最有声望的医学期刊上阅读大量的学术论文，他/她最终可能也很容易被人工智能超越，因为人工智能可以更容易并以令人难以置信的速度在由数以万计的文章组成的数据库中搜索，从而更容易确定正确的诊断类型，同时为肿瘤学家腾出时间来治疗癌症，而不是通过更不确定的诊断方法做事后诸葛亮。这就是为什么当今和未来的学校需要专注于重要的事情，因为人类的大脑能力在用作数据库时不太有利，而学校应该培养创造性思维，这仍然需要大量的通用知识和基础知识。关键是能够在不同类型的信息之间建立联系，并能够通过对人类的不可靠性和局限性的深刻理解来判断它们的质量，这是今天的学生更迫切需要具备的能力。

创造性方面不应该被忽视，因为这是人工智能在未来一段时间内很难做到的事情之一。我们在本书中提倡的自主学习方法是依赖于直觉、想象力和潜意识的。人工智能可能永远无法“做梦”，而人类过去的许多想法都是在学会放大视野看大局时，从某种类型的思想碎片中产生的。在未来几十年里，关注人工智能的发展肯定很有意思，但由于它不是本书的主要主题，因此在谈论未来教育需求时，我们应该避免过多地谈论这个极其复杂的问题。

上述假设在某种程度上是我们学术论文的追求，并不是说学生不应该学习事实，我们只想强调这样一个假设：为了记忆数据公式、词汇表、语法规则等而学习事实的重要性已经有所减弱，解决问题、对整体的全面理解和创造力已经成为新兴的可持续学习和自主学习教学法的重点。

人工智能的使用

我们都熟悉这样的记忆奇才，他们能够记住极长的数字序列、复杂的方程式，不翻看乐谱就能记住完整的钢琴协奏曲，或者不借助任何记忆法就能够记住两小时戏剧的完整剧本。这些人已经开发出一种真正多维的学习策略。他们训练自己的大脑来记忆大量的数据，同时将信息储存在他们的头脑中，这样他们就可以很容易地在不同类型的信息之间建立联系，以便在需要时以任何特定的顺序或目的演绎数据。随着人工智能的出现，只要有经济能力，任何人最终都可以获得这种增强的记忆。限制我们需要存储在大脑长期记忆中的事实数量可能意味着正常人类大脑的“存储”限制将不再是一个障碍。此外，“为传统教学技术注入活力的技术也为获取知识的全新方法奠定了基础。尤其是想象和协作，在过去一直是学习的辅助手段，而不是获取知识的主要方法”。人工智能或许会帮助人们腾出时间，彻底重新定义当前的教育和工作。在以可控和负责任的方式使用人工智能的同时，人们可以腾出时间和精力，从事更有创造性和乐趣的智力工作，以目前仍难以想象的方式增强人类的体验。如果我们设法让人工智能为我们服务，而不是我们为人工智能服务，我们每个人也许能够增加可用于休闲活动的时间，但最重要的是利用它为人类腾出更多的时间来拥抱一种更可持续的生活方式，使终身学习体验成为我们人类活动的核心支柱。通过将终身学习作为未来可持续经济的核心追求，人们将非物质化的商品赋予一种附加价值，人人都能从中受益，而不影响环境或地球资源，同时重新定义经济增长和消费主义，因为人工智能将人类从单调重复和异化的工作任务中解放了出来。如果信息时代演变成教育时代，知识获取成为新兴的全球市场上最受欢迎的商品之一，情况会如何呢？

自动评估的数字工具

目前，全球数字教育格局正在迅速转变，在疫情期间大多数国家采取不同程度的封锁所出现的新现实中，教师被要求迅速适应并变得比以往任何时候都更灵活。因此，云数字平台依赖于集成的交互式评估软件和实时审查及纠正系统，可能很快就会以难以想象的方式促进和改善形成性评价和总结性评价，并可能带来更个性化的形成性评价，正如迪伦·威廉所要求的那样，他郑重地说，只有当学生之后利用他们收到的信息来改善他们的表现时，反馈才算是形成性的。

随着教学数字平台整合了人工智能、增强现实和虚拟现实的元素，个人调整的可能性似乎是无限的。只要这些虚拟设备能提供一个安全的云学习环境，教师的角色就可能发生彻底的变革。这种类型的实时评估软件已经开发几年了，可以为分析和更好的实时评估提供新的可能性，学生会参与其中，对同学的测试和作业进行审查和评论，同时参与者可以保持完全匿名，因为数字平台会自动去掉学生的身份。这可以让同学和教师做出更加公正、无偏见和客观的评价，并通过消除传统评估方法中出现的不安全因素和主观因素，创造更好的学习体验，同时提高学习和教学效率。

此外，教师将减少重复的评估工作，因为他们花在评估和批改学生作业上的时间会更少。他们将能够更好地洞察每个学生的优势和劣势，因为算法会根据每个学生积累的定量和定性数据的总和提出需要改进的领域和建议。这样一来，教师就能更好地帮助学生实时做出必要的调整，如果教师能够正确地应用该软件，那么找出整个班级的薄弱环节也许就不成问题了。在实时汇编和分析小组统计数据的同时，它可以为教育工作者提供如何改进某些主题教学的建议。例如，通过要求学生在一节课后回答一张数字“离场券”，该软件就可以指出整个班级可能在某个学科领域存在困难。举例来说，想象一下，在一节地理课结束时，软件会立即检测到80%的学生在分析人口数据时对人口金字塔这一概念的理解有困难，软件会自动通知教师，他/她需要在下一堂课开始时重温这个概念，同时提供更多相关的例子，以确保全班学生获得所需的分析技能来消化足够的知识需求。然而，自我纠错数字平台的发展真正有趣的地方不仅在于软件产生定量评估数据的能力，还在于为同行反应、形成性教师反馈和随机匿名同行评估提供了一个互动平台。学生和教师在评价同伴的工作质量时，会更加意识到他们自己需要改进的地方。

不难想象，这些数字设备将大大降低学生的学业压力和教师的工作量，同时极大地提高学习和教学效率，无论学生是在学校环境中听课还是使用远程学习平台学习。将人工智能融入这种数字平台将意味着软件本身可以发展学习和成长的能力，因为数字测试和交互式协作同行评估将被不断添加到一个不断增长的先前评估数据库中。该软件还将具备从教师和同学多年来的反馈中学习的能力，同时将所有互动信息存储在其数据库中并从中学习。同时，该软件可以自动扮演顾问的角色，实时给出改进建议。当然，这些智能数字平台需要保留传统课堂教育的教学方面，这些方面仍然被认为是有意义的学习体验的关键。一些标准化的测试和来自小测试、“离场券”和诊断性测试的总结性评估，可以用来提供精确的定量评估。

此外，这种智能数字平台还将为教师之间的协作提供机会，使其更容易检测到每个学生的进步，同时以跨学科的方式突出改进的领域。在理想的情况下，该软件可以通过自动识别课程中发现的跨学科元素，帮助确定课程主题内容的重叠之处。这种类型的智能数字平台将自动为教师提供许多建议，以通过增加同事间的协作来规划更加整合的学习体验。通过识别不同的学科是如何相互交织并强调教师如何能够获得更好的洞察力，该软件可以帮助他们专注于与同事的协作规划。该软件将能够识别关键词和重复出现的主题，同时为协作规划提供一个快速通道，最终目的是提供一种更可持续的跨学科学习体验。这种云数字设备还可以提供有价值的见解，并为教师提供即时改进的建议。由于该平台在讲座、辅导课或研讨会结束后直接衡量学生的知识留存和概念获取能力，因此可以提供实时的教学质量保证。编制的数据将为工作小组有效地调整各自班级的教学内容服务，同时为如何以跨学科和整体的方式更好地整合各自的学科提供建议。此外，通过提供个人和集体进步的实时概述，教师将能够及时采取行动，以确保没有学生掉队，每个人都能实现学习目标。该平台几乎可以直观地提供教学建议，甚至可以分析学生的优势和兴趣，更好地引导他们走上正确的学术道路，并引导他们走向合适的专业分支。

人工智能可以用于上述自动化评估工具，并利用社交网络平台或搜索引擎所使用的相同类型的算法为学生发展提供数据。在数学教学中使用人工智能可以以一种自适应的方式使练习完全满足每个学生的需求。练习可以只重复需要重复的部分，额外的个性化作业也有无限的可能性，不需要任何限制，学生永远也不可能做完。

有时，当今系统中的高成就者会耗尽有趣的材料，但如果人工智能以更具创造性的方式使用，情况就不再如此了。人工智能总是可以找到一项更合适的作业来真正激励学生达到正确的水平，无论是成绩优异的学生还是有特殊需求的学生，或是任何水平的学生。这种教育工具不只是用于评分，而是在教育游戏化的背景下，学生通过自己的发展，按照自己的节奏，根据自己的认知能力，达到不同的水平，就像在电子游戏中一样。如果学生的学习进度快慢不一，人工智能可能会将必要的信息发送给教师，教师可以根据学生的具体需求更好地适应和支持学生，而不用产生等级制度。

在课堂上，个性化和个人化的增加带来的挑战可能也代表了教师的一个障碍，因为无论同一课堂上的学生是否处于不同的水平，教师仍然需要提供与整个班级相关的给人以启迪的讲座。利用未来发明可能提供的分析教学工具，可以支持教师设计这些讲座，以迎合学生中可能普遍存在的特定困难或误解，通过获得更多信息，教师将能够设计出更合适的讲座，并使更多学生受益。此外，这些自动化评估工具不仅可以为教师设计课程提供数据，还可以为学生提供大量的数据和信息，从而为他们提供适当的改进途径来自己设定目的或目标，并引导他们走向一种辅助形式的战略自主学习。

未来人工智能在教育领域的广泛使用，最重要的结果之一可能是，当学生已经表明他们知道如何执行一项任务时，没有必要继续重复相同的任务。此外，人工智能更关注如何将任务设定得更加个性化，它可能会对学生的难点有更高的理解，从而重复这些任务，相比之下，教师可能试图对整个学生群体的理解进行概括。无论人工智能将以何种方式发展，保护所有学生的完整性、个性和个人自由至关重要，因为可持续的整合性自主学习的最终目标是发展创造力和自我能动性。如果人工智能成为一种控制年轻人思想的工具，那教师就会错过整个重点，无法认识到人工智能可以提供的巨大可能性，而专注于那些使人工智能成为分类或控制工具的事情，这几乎是一种反乌托邦的方式，可能会让我们想起奥威尔式的场景。

其他必要能力

我们认为，把我们的整个学校系统转变成完全以计算机为基础的远程学习机构是没有好处的。相反，我们会提出一个更加灵活的系统，学生和老师可能会在更少的场合和更小的“气泡”或群体中会面。研究表明，人类要想在一个集体最有利的水平上发挥作用，最佳群体规模可能是8到12人。这些规模更小、更灵活的小组可以在学校中以轮转的方式进行运转，教师为其提供更专业的教育，配以更齐全的设施，以满足动手实践科目的学习。最需要动手实操的学科领域可能是艺术、音乐、手工艺、家庭经济学、体育和技术，尽管在未来可能更会采用一种完全跨学科的方法来教与学。

此外，学校通常还承担着教育年轻人与社会互动的义务，使他们学会成为有生产力的公民，同时发展他们的社会能力和自律。学生参加体育教育，互动和团队运动也塑造他们的集体和个人性格，无疑发展出基本的团队合作技能。有些人认为电子竞技或其他类型的教育游戏也可以培养类似的能力，但这些解决方案似乎忽视了人类学和社会学的一个核心方面。显然，学生之间的社会互动需要保持在人类的层面上，互动不应局限于聊天室、互动游戏平台或进行讨论的虚拟论坛。人类是社会生物，教师需要尽可能多地保持面对面的互动，以保持学生的心理健康和社会能力。

超人类主义与教育

从历史上看，人类一直不善于准确预测技术发展的速度。当然，一些不到几十年前只在科幻小说中出现的东西俨然成为我们日常生活的一部分，而且在大多数情况下，它们比我们在文学幻想和最近的未来主义电影中想象的设备要好得多、更袖珍、更无线、更符合人体工程学。同样，目前世界各地各种超人类主义哲学运动的支持者都在鼓吹人类被远比现代人优越、优秀和聪明的生物或实体所取代的长期前景。在考虑到新兴技术在教育领域的不同利弊的同时，前文已经说明了快速发展新的学习和教学方法的一些可能性，这些方法可以使人类终身受益。然而，在可能改变人类状况的定义的新技术日益快速发展的背景下，我们需要考虑批评者对不受监管的人工智能发展所表达的担忧。我们还需要解决一些来自后人类主义概念和其他超人类主义论点的想法，这些想法唤起了认知增强、克隆、仿生学或赛博格（电子人，机械化有机体）的发展，最终可能会为人类服务于不同的有益目的，例如在太空殖民的前景或实现超人类主义“大师”的终极梦想。随着一个全能的、无所不知的技术奇点的出现，人工智能将超越人类的智力，同时拥有自主学习的能力，并将获取的知识和诀窍无限期地存储为纯数据，借助于难以想象的强大元算法，可以以令人难以置信的速度立即检索。在这样的假设背景下，有必要提出这样的问题：如果人类的目标是克服使我们成为凡人和不完美人类的根本限制，那么教育的目的将是什么?

不可否认的是，在过去的几十年里，智能手机、平板电脑和计算机在某种程度上已经成为用户大脑的延伸。杰森·索萨（Jason Sosa）在密歇根州大急流城的TEDx演讲中指出，互联网发明后出生的年轻一代可以被认为是地球上第一批“数字原住民”。这是否意味着他们有潜力在我们今天称之为“一生”的相对较短的时间内成为某种后人类时代的第一批成员？根据一些超人类主义者的说法，随着本书前文描述的技术的快速演化，人类物种有可能适应越来越多的新技术，甚至与它们融合在一起。一些未来学家认为，由于生物技术的进步，某种类型的超人类可以在相对较短的时间内被设计和制造出来，而目前生物技术正进入快速发展阶段。我们是不是很快就会看到这些技术成为人类在不断追求永生的过程中一直梦寐以求的“长生不老药”？例如，史蒂夫·霍金认为，随着遗传学的快速发展，一些富人最终将有能力修改自己和后代的DNA。此外，控制论（神经机械学）和仿生技术有助于人类与机器人的杂交，这可能会创造出一个全新的具有不同生命周期的超人类物种。埃隆·马斯克同意霍金的观点，即人工深度学习的元学习算法的快速和无监管发展还有其他潜在后果，在最坏的情况下，可能会控制、奴役甚至毁灭我们所知的人类。霍金还认为，在21世纪末之前，科学家将通过新的技术和生物进步找到各种方法来改变人类的智力和本能。哈拉里对建立一个由富人和被改变的人类组成的精英群体的问题提出了质疑，并指出这将使大众依赖于这个小精英团体的善意，这可能反过来导致某种形式的“物种形成”，即人类分化为不同的物种。

尽管这是最狂热的超人类主义者的梦想，但对大多数人来说，这似乎是一个噩梦般的情景。然而，很难想象世界上的公司和政府不会采取任何监管措施来防止人类对基因工程的潜在滥用行为。几乎不可避免的是，如果有机会，一些人会被诱惑去改善他们的某些人类特征，比如记忆力，以更好地学习和表现。例如，由于Crispr-Cas9 DNA[1]基因编辑系统已经允许科学家修改遗传密码，在不久的将来，可持续学习可能会被重新定义，因为一些“增强型”人类有可能被“设计”出更高的智商潜力和无与伦比的长期记忆保持能力。此外，一些超人类主义理论的支持者还认为，由强大的人工智能平台操作的电子人或机器人将能够比人类更快、更精确地回答各种复杂的问题、执行各种复杂的任务。有些人会认为，当著名的国际象棋计算机“深蓝”在1996年的一场国际象棋比赛中战胜世界冠军加里·卡斯帕罗夫时，我们就已经达到了这个里程碑。

那么，超人类主义者是否在某种程度上促进了一种新形式的优生学，即人类有可能通过复杂的人工选择过程或人类与技术的杂交来发展出非凡的学习能力？从纯粹的功利主义角度来看，一些超人类主义者希望新形式的技术能够让人类从自己的身体中解放出来，如果他们愿意的话，可以在生命中的某个时刻将自己的思想和意识上传到超级计算机上，或者在最不极端的情况下，继续与机器互动并进一步整合，修复或增强感官功能，同时将它们纳入自己的身体。这些想法可以被许多人解读为一种反人文主义的形式，在这种形式中，青春之泉或长生不老泉会以永恒的数字来世和无限的技术进步的神话为代表，不再依赖于前面章节中定义的人类终身学习过程。

---

[1] 一种基因治疗法，这种方法能够通过DNA剪接技术治疗多种疾病。——编者注

显然，人们希望看到这种快速的进步能够帮助那些与身体残疾作斗争的人。从心脏起搏器到人工耳蜗，各种各样的技术设备都是很好的例子。甚至可以说，霍金本人在其一生中身体逐年变差的情况下，能够继续在适应性技术的帮助下分享他的天才，让人类受益，这也是事实。逐渐地，新型改变生命的神经假体可能会用于修复受损的身体或认知能力，增强力量或提高技能。同样，某些生物技术的进步可能甚至会让我们减缓、停止或逆转衰老，同时有助于消除神经退行性疾病，如帕金森氏症、阿尔茨海默病、肌萎缩性侧索硬化症或任何其他影响人类大脑的退行性疾病。当然，我们无法在一本关于教育的书中列举有关生物黑客的每一个可能的想法，但由于我们对技术在学习方法中的持续整合感兴趣，我们有责任说明我们之前在本书中谈到的不断改进的设备的一些潜在限制和可能优势，如增强现实和虚拟现实或人工智能。

事实上，如果我们正处于一个“教育时代”的黎明，就像本书中先前假设的那样，从长远角度来看，超人类主义的思想可能会使我们寻求可持续的整合性自主学习的观点变得无关紧要。这些未来的反乌托邦场景所蕴含的伦理和哲学意义，必然会使人类对自身的存在进行深刻反思。我们敢断言，人类体验最重要的方面之一是感受学习的乐趣。当然，作为人类，我们本能地捍卫我们自己生活经历中熟悉的东西，这很自然。尽管如此，超人类主义者的有趣想法似乎太反乌托邦了，无法被视为当前人类未来的可行解释。然而，我们绝不是声称可以预见人工智能的发展在遥远的未来会发生什么，但我们需要再次明确并声明，我们写这本书的目的是促进人类一生中所能经历的最愉快的事情之一——学习的乐趣。我们想知道，作为这种有益做法的替代方案，超人类主义者有什么想法？他们中的一些人声称，学习可能会变得过时，因为它被单纯的知识上传或原始数据从一台超级计算机转移到另一台超级计算机的做法所取代。事实上，一些超人类主义者提出了这样的观点：人类的知识可以通过数字方式下载和记录，人类的经验有可能迁移到一个数字世界，在那里，我们所知的学习变得无关紧要。人工智能、控制论或增强型人类的可能进展促使我们讨论这些观点的潜在风险。最后，我们还想说，整个具身认知的概念与上面列举的超人类主义思想是截然相反的。如果有一天，人工智能甚至能够培养出某种类型的合成意识并发展出模仿感情的能力，那么它也很有可能最终发展出在生物学上体现其数字头脑的愿望。换句话说，反乌托邦式的人工智能的奇点可能会嫉妒作为一个简单的凡人或任何其他生物的乐趣，因为不管它们在神奇的生命之树上的分支如何，它们的不完美之处都是独一无二的。

第6章 结论

在开始本书的创作之旅时，我们认为首先尝试清楚地定义所描述的不同概念和方法的含义和范围至关重要。因此，我们最初着手阐明我们指的是各种定义中的哪一种，努力强调其中一些已经众所周知的概念、方法和思想的重要性，并建议以一种全新的方式将其汇集起来。由于许多推荐的方法可以以多种方式实施，我们一直渴望在实践层面上不断清楚地展示如何实现对于学生学习的预期效果，有时会冒着陈述显而易见的事情的风险，但始终具有明确的意图，即讨论学生的潜在教育需求，挑战教学行业的成员不断地按照这些需求进行教学，而不是按照传统的惯例或实践，以及我们如何可能达到这一目标的非常实用的方法。最初的部分有相当多的篇幅用于定义我们所说的动手和自主学习及教学，还对进行自主学习时可以利用的各种教育材料进行了长篇论述，包括对低成本或免费的替代材料的讨论，如果没有意愿或手段购买更昂贵的为学校所用的定制材料，这些材料也可以很容易地加以利用。贯穿全书的一个中心主题是学科和我们提出的至关重要的主题的必要整合方面，因此，我们对学科领域的不同层次的整合提供了相当广泛的定义，我们可以也应该朝着这个方向努力。另一个被定义的主要领域是可持续学习，以及为什么整合性自主学习更可持续，为什么用跨学科和实践方法教授的东西可能更容易在学习者身上体现和内化，从而记住并随后以各种方式使用。开头部分还简要地谈到了成功的跨学科工作方法的时间顺序问题，我们强烈建议，时间顺序是整合性教学中协作团队努力的最有效的框架，我们希望在以后的出版物中进一步拓展这个想法。

在本书的第二部分，我们提出了我们所提倡的教学方法背后的一些主要思想，明确地表明自主学习和部分项目化学习是更可持续的学习方式，并介绍了不同的方法，这些方法旨在并被证明对学生有效，特别是对12—16岁年龄组的学生。尽管围绕审辨思维的教学显然有很多良好的意图，但没有多少证据表明这一领域在全瑞典或全球的学校中得到了系统或有效的教学，你只需简单地浏览一下各种互联网论坛就能意识到全球审辨思维能力的不足程度。本书的一个核心贡献是彻底展示审辨思维的可能教学方法，以及为什么、如何和什么可以为教师和学生提供背景和想法，并提供动力将这些良好的意图变为现实。认识到在当前的虚假信息时代，将审辨思维带到教学的前沿变得越来越重要，事实上，审辨思维应该成为每项教育工作的重要组成部分，并且应该真正先于任何培养问题解决技能甚至学生创造力的尝试。如果没有健康的怀疑态度和成熟的审辨思维能力，创造性尝试可能会误入歧途。在审辨思维的帮助下，可以教会学生识别和关注真正重要的问题，使他们的创造力得到发挥，始终促进学科的探究方法。方法论部分的另一个重要目标是指出在教学和学习中，任何形式的协作或合作方法都可以有多么强大的发展力。与他人合作可能并不总是那么容易，但合作的结果总是比人们自己能想到的更令人惊讶、更有创新性、更难以预测。我们的共同努力和愿景总是大于每个参与者独特贡献的总和。我们还大胆地对评估实践进行了重新评估，认为评分过于关注量化，可能会适得其反。我们试图解决传统评分的一些缺点，并提出了一些可供探索的替代途径。

本书的第4章是最实用的部分。尽管有时会有陈述显而易见之嫌，但它面向积极的教师，寻求如何将这些想法付诸日常教学的灵感和想法。它包含了数十个经过精心解释的例子，这些例子都是经过试验和测试的项目和课程，可以很容易地适应不同年龄群体，甚至适合来自不同文化环境或背景的学生。我们的目的是提供大量的案例，这些案例可以根据当地的情况进行测试和修改，或者仅仅是为感兴趣的教师群体提供灵感和框架，创造他们自己可持续的整合性活动，以获得最大的乐趣和学习。我们所建议的项目和课程系列都明确地基于现实，使用了明显有效的方法，可以复制和/或扩展。

在第5章中，我们将讨论带到了一个更正式的层面，我们提出了推广教学方法可能对教师、学校领导、政治家和其他各种角色的教育管理人员的影响，以及在一定程度上对整个社会的影响。从本质上说，最好的教师是那些喜欢解释和示范的人，那些通过别人的发展和行动来衡量自己进步的人，那些永远不会安于现状，而总是寻求最有效的方法来影响每一个学生的人。最好的学校领导，推而广之，是那些认为自己的角色既具有远见卓识，但也许主要是起促进作用的人，他们的主要角色是跟随和鼓励，允许失败和巨大的成功，他们将努力在组织中建立一种积极性，促进创造性和协作性的进步。为了以整合性教学方式促进重要的多元文化和多语言元素，我们探讨了学校领导层如何在其组织中促进和推进这些元素的几个关键方面，以及他们的组织如何能从这种方法中受益。我们还就教育的未来进行了长时间的讨论，寻求发展道路，应对未来可能面临的挑战，特别是解决混合学习方面的问题，由于最近全球卫生的发展，这种学习方式已经以令人难以置信的速度付诸行动。最后，我们不能不强调这样一个事实：如果教师不能或不以科学和基于事实的方式教授审辨思维，那么所有提到的和建议的努力都将是徒劳的，如果我们不这样做，我们最终将面临一个充满知识近亲繁殖的社会，受教育程度低的人口被困在他们自己的数字泡沫中，强制执行先入为主的想法，怀念一个从未存在的过去。为了防止这种非常真实和可能的威胁，学生们必须配备工具包，以识别和戳穿假象，应对和参与真正的问题，也许最紧迫的是要用希望的维度来武装自己，希望创新、协作和跨学科能够引导我们克服早期的破坏性行为，并朝着我们未知的全新可能性前进。

总之，我们希望通过本书，鼓励参与我们后代教育的所有人进行新的可持续的整合性主动教学实践。只要有少数教师来尝试其中一些大胆的教学建议并让他们的学生从中受益，我们的目标就能达到。同样，如果读者在阅读本书后只带走了一个想法，那么在一个受过不同专业训练的同事团队中进行真正深入而有意义的合作这一奇怪的革命性主张将是一个非常好的选择。在精心准备的伙伴关系中，在时间框架的帮助下共同工作，对于教师群体和受益于他们努力的幸运学生来说，都是一种极其有益的体验。即使有人认为，在理想情况下，每个教师都应该是精通许多不同学科的多面手“大师”，但我们知道，现实情况是人们专攻不同领域的情况要普遍得多。因此，一组专业教师设法对彼此的专业领域产生足够的兴趣，从而真正发展各自学科的重叠领域，这将是一个非常值得的选择，仅次于孤独的“天才”超级教师。我们非常想让读者了解与同事进行密切而有意义的合作的好处，你与具有完全不同专业知识和专长的其他人合作所能取得的成就，将远远高于你个人所能取得的成就。不是每个人都能成为超级教师，但几乎任何一支教师团队都能成为一支超级教师团队，只要他们共同努力，将他们的学科、知识和专业融为一体。我们非常鼓励任何尝试这些想法的人进行进一步的实验，在尝试过这些方法后，希望能参与到专业的对话中来，讨论所建议的做法的有效性。

前面我们已经建议停止学生所谓的“外加作业”，我们将其解释为对已经完成的任务和掌握的技能的无谓重复，同样地，在此我们也可以建议停止教师所谓的“外加工作”。教师是让学生参与学习的专业人员，不应该被当作官僚来执行所谓的不必要的任务，或者至少是不需要作为专业教育者来执行的任务。可以肯定的是，有些教师只做了最低限度的工作，但任何成功的教师，只要有良好的学生成绩记录，绝对可以肯定已经有无数更重要的工作要完成，而这些工作实际上会以更直接的方式使学生受益。自动化评估工具也可能很快为教师节省时间，这些时间可以有利地用于发展关系方法，增加身体活动和参与，并为精心计划和准备的实践和自主学习留出更多时间。快速的形成性反馈是必不可少的，但在实践中很难实现。希望在不久的将来，更适应的数字工具或人工智能将帮助教师提供更快和更有建设性的反馈。

学校和教育对于每个参与者来说都将成为一种不那么刻板的体验，这无疑是一种非常积极且也许是不可避免的发展，还可能会提高教学的效率。教学的相对有效性只能通过学生的成功来可靠地衡量，而且是所有学生的成功，因为任何教师都会有一些成功的学生，不管他们做什么，教学的有效性只能通过考虑每一个学生的相对进步的结果来比较。在与大卫·爱泼斯坦的辩论中，马尔科姆·格拉德威尔说了一句非常尖锐的话："最好的教师是那些在短期内对我们不利的人。"他的意思是，最好的教师并不会只让学生为下一次考试做好准备，总是要利用他们的短期记忆和对已经众所周知的事实的反复记忆，相反，最好的教师的教学方向是要教授真正的、可持续的知识，这些知识可以通过时间的考验，而这种努力必须允许有一点额外的时间才能充分发挥作用。

我们真诚地希望能为教育工作者激发出一些灵感，让他们尝试本书提供的一些想法，也许能产生新的想法，希望他们在其他教学环境中产生不同的衍生品，希望它们甚至优于我们最初的概念。为了有助于与更广泛的教学社区分享本书中发现的想法的衍生成果或发展，我们将提倡推进所谓的成功方法的开源传播，不断为原始概念添加新的东西和拓展。要想在学校成功地进行学科整合，其中一个绝对重要的变化是教师个人要放弃他们的学科是一座堡垒的想法，要放弃各学科应该相互竞争重要性、时间表分配或其他资源的想法，而是把所有的注意力都放在不同教学大纲中重叠的核心领域上。这将是整合性教学变得可持续的地方，因为所建立的联系和非同寻常的分析，将使训练有素的学生看到联系而不是分裂或分离。我们一直希望提供实例，为新的跨学科教学努力的发展提供取之不尽的灵感来源。

此外，我们还希望为教育的重大发展提出建议，以更好地满足学校和学生的未来需求。我们非常鼓励对我们提出的所有方法的有效性进行进一步的研究，其中一些已经得到了学术研究的支持，但其他方法只是在多年来尝试通过整合性自主学习方法创造更可持续的教学的过程中进行了尝试和测试。从这个意义上说，我们的努力在某种程度上是在寻求论文，明确希望任何有兴趣的研究人员能够接过这把特殊的火炬。最令人感兴趣的可能是对课程变化的进一步研究，包括制定可见的主题及其进展，而不是按照常规的学校时间表把日子分成不同的科目。一些替代性的学校运动如蒙台梭利派或华德福派的运动，长期以来一直致力于更加整合性的教学，但在这方面往往得不到各自中央学校系统所应用的官僚惯例的支持，有时它们也会根深蒂固地固守其创始人的原始想法，即使创始人是一个真正的创新者，他/她自己永远不会扼杀教学。我们建议，官僚主义的惯例应该转而适应学生的需求，更多地遵循学生如何以最有效的方式学习，因此，教学大纲的重点应该放在科目和主题的重叠处，促进和维持真正令人信服的联想技能的形成。为了支持学生充分发挥自己的潜力，无论他们是年少有为还是大器晚成，我们都必须努力停止在早期阶段就对学生进行分类和贴标签的做法。相反，我们应该努力培养具有创造力的通才，允许儿童和年轻人根据兴趣和他们可能从中获得的乐趣来学习，防止过早专业化或能力分组的倾向。可以说，我们未来需要的是能够从更广阔的视角看待科学的有文化素养的科学家和数学家，以及能够通过数学和科学框架理解各自领域的有数学头脑和科学头脑的艺术家、历史学家和社会学家。如果我们在学生被迫做出任何选择之前，让他们有更多的时间发展他们的普遍和广泛的兴趣，我们甚至建议允许基于兴趣而非天资的高等教育，我们就有更大的可能性培养出具有博学多才倾向的人，我们坚信这对未来是绝对必要的。

我们一直在质疑审辨思维的关键技能是否在学校得到了充分的教育，因此，我们还特意推动了审辨思维教学法的发展，这意味着我们必须确保教师掌握了相关技能，并了解如何与学生一起培养这些技能。此外，我们还试图鼓励校长和其他学校领导者创造适当的条件，使教师能够根据本书提出的思想进行更多的合作，或者至少不给想要尝试这种做法的教师团队设置障碍。管理这一问题的一个好方法是学会说“是”而不是“不”，提高主动性，允许人们失败，但不要让失败成为一个问题，因为它可以是一个很好的学习经验。

尽管我们坚信读写能力至关重要，我们鼓励教师大量阅读，但我们也向教师传达了一个信息，即需要学会在书本之外进行教学。我们所说的书本之外的教学是指用体验式学习来深化普通教科书中的内容，教科书应该更多地被用作学习的补充而非支柱。当然，理论是必不可少的，但我们认为讲课是一门艺术，如果有一个熟练的教师和讲故事的人能够使用我们在“讲课的艺术”一节中所描述的所有技巧，在要求学生阅读课本中更详细的信息之前，以一种引人入胜的方式对基本知识要求提供一个清晰的概述，那么大多数学生将获得对他们所读内容更深刻的理解。自主学习的多感官方面和它所提供的认知体现，就是我们所说的学习书本之外的教学。这并不是说我们反对书本，恰恰相反，而是我们认为整合性自主学习方法的附加值将从各个方面提升学习体验，从而使其更具有可持续性。

最后，我们希望本书能够彻底激起全球教育界的辩论，并激发人们对教育世界未来的积极认识。也许这本书可以提供所需的燃料来引导新的发展，使之能够形象地飞向教育的新地平线，启动远远超过我们最初想象的发展。我们希望教师们在前进的道路上，有勇气为希望而教，因为我们还能有什么选择呢？年轻人确实有权利看到这样的希望：他们也有自己的未来，他们可以积极参与寻找创造性的解决方案，使未来成为现实。那个可能会来“拯救世界”的人，或者更可能是一群人，现在应该正在上学。因此，为了增加我们在这个美丽但脆弱的星球上在未来集体生存的可能性，我们今天对时间、精力和努力的最佳投资，就是培养未来的领导人、科学家和火炬手。

资源访问 ❶

第3章

游戏化示例

- 水力学液压装置实验
- 液压装置迷宫游戏
- 液压动力机械臂
- 数学游戏《神算宝盒》(*DragonBox*)和《我的世界：教育版》(*Minecraft Education*)

https://routledgetextbooks.com/textbooks/9781032231952/examples-of-gamification.php

第4章

更多4D Frame的示例

❶ 特此说明：一些更多的电子资源的内容均为英文，本书提供的所有网站地址与资源在本书出版时均是可访问并有效的。如果出现网址与资源变更或网站暂停访问的问题，本书作者与出版社为由此给读者带来的不便深感歉意，但不为上述变化负有责任。

- 地理知识：地标建筑模型
- 起重机4D Frame原型
- 水泵4D Frame原型
- 达·芬奇桥模型
- 协作体验式活动解决现实问题：瓦尔卡水塔

https://routledgetextbooks.com/textbooks/9781032231952/more-4d-frame.php

4D Frame竞赛的更多规则、数据、风力播种机原型

https://routledgetextbooks.com/textbooks/9781032231952/background-to-4dframecontests.php

更多获奖项目示例

- 竞赛项目实例：风干牛肉（Air Beef）
- 竞赛项目实例：摩天大楼屋顶气培农业（Skyscraper Roof-top Aeroponic Farming）
- 竞赛项目实例：S.A.L.T.

https://routledgetextbooks.com/textbooks/9781032231952/spanningssokarna-the-thrillseekers-contest.php

自主学习示例：背包环游世界

https://routledgetextbooks.com/textbooks/9781032231952/example-of-active-learning-backpacking-around-the-world.php

第5章

- 通用学习设计

https://routledgetextbooks.com/textbooks/9781032231952/universal-design-forlearning.php

- 多语言学习
- 多文化沉浸式学习

https://routledgetextbooks.com/textbooks/9781032231952/multilingual-learning.php

- 教育的认识论

https://routledgetextbooks.com/textbooks/9781032231952/the-epistemological-aspect.php

重新定义教育

为核心素养而教，为生存能力而学

ISBN：978-7-5153-6994-5
作者：[美] 托尼·瓦格纳
2023-09　定价：59.90元
上架建议：教育理论

内容简介： 没完没了的考试、成绩、成功、上名校压得学生和父母喘不过气来。今天的学校与真实世界之间仿佛隔着一道巨大的鸿沟，学校安排的教学和考试、学校对学生的期待，与这个社会对学生的要求，以及学生认可的激励方式有着天壤之别。

本书直击教育痛点，揭示了学校、教师、家长、学生直面未来的发展路径，为落实培养核心素养提供实用方案，让孩子为求学、就业、未来生存做好准备。各界领袖精准点评、教育界齐声称赞，北京第一实验学校校长李希贵、斯坦福大学教育学教授琳达·达林-哈蒙德等人倾情推荐。

阅读本书，你将跟随作者打开学校教育的黑匣子，为学生释放出7种决胜未来的生存力，洞察培养出有竞争力、具备解决实际问题的能力、充满好奇心与想象力、技能娴熟的人才的底层逻辑。你将了解深化教学改革的实践模式，如何围绕学生核心素养培养进行教学设计、考试命题与评价，以及如何重新定义教学中的“精准”。

★ 比尔·盖茨推荐
★ 入选得到听书“镇馆之宝”
★ 入选中国教育报“影响教师的100本书”
★ 豆瓣热门教育学图书No.1
★ 中国教育学会副会长李希贵特别推荐；新教育实验发起人朱永新作序推荐
★ 广受美国教育界专家学者好评：美国教师联盟主席兰迪·温加滕、美国核心知识基金会创始人E.D.赫希、《认知天性》合著者马克·麦克丹尼尔、美国第十任教育部部长小约翰·B.金联袂推荐

为什么学生不喜欢上学？

认知心理学家解开大脑学习的运作结构，如何更有效地学习与思考

ISBN：978-7-5153-6708-8
作者：[美] 丹尼尔·T. 威林厄姆
2023-01　定价：59.90元

内容简介：本书以“人类是如何思考和学习的”为线索，按章节依次阐述了大脑关于学习的10项基本运作原理，回答了诸如为何我们无须费力就能记住热播剧剧情却记不住知识等普遍学习困惑，揭示了故事、情感、记忆、背景知识、练习在构建知识和创造持久学习经验中的重要性，据此给出教育工作者提高学生的学习能力及精进教学技艺的方法建议。

作者的多个观点会颠覆你的固有认知，你将会重新认识并思考以下主题：“事实性知识优先于技能知识”“反复练习是精通任何脑力工作的开始”“因材施教是否有科学性证据支持”“智能可通过持续努力而改变”“对于学生不同的学习方式，我是否应该调整我的教学”“学生真能像科学家、数学家、史学家那样思考吗”“技术革新的速度再快，也没有改变人类的思考方式”等。

掌握10大认知原则，就能掌握有效学习的诀窍，不是你不喜欢学习，原来是大脑喜欢这样学！

作者简介：丹尼尔·T. 威林厄姆于杜克大学获得心理学本科学位；1990年，他获得哈佛大学认知心理学博士学位；从1992年至今，他在美国弗吉尼亚大学担任心理学教授。其研究主要关注以大脑为基础的学习和记忆，主要围绕认知心理学在基础教育方面的应用。

用心学习

教育大师托尼·瓦格纳的学习之道

ISBN：978-7-5153-6668-5
作者：[美] 托尼·瓦格纳
2023-01　定价：59.90元

★ 北京第一实验学校校长、中国教育学会副会长李希贵和清华大学附属小学校长窦桂梅特别推荐

★ 英美各界思想家强烈推荐本书，包括美国教育部助理部长戴安娜·拉维奇、美国教育部顾问/谷歌顾问/“硅谷教母”埃丝特·沃西基、“多元智能理论”之父霍华德·加德纳、著名未来学家丹尼尔·平克、美国麻省理工学院领导力中心执行主任赫尔·葛瑞格森、亲子教育专家玛德琳·莱文

★ 一部不平凡的自传式教育著作，在不确定的世界里追问教育与学习的意义，用心燃起对知识的渴慕

内容简介： 无论你多大年纪，也无论你正在经历什么，每个人都能从托尼·瓦格纳的故事中，读到那个叛逆、执着、热忱又无惧的自己。

追寻托尼·瓦格纳的成长轨迹，你将会了解到他如何从“问题学生”蜕变成教育思想领袖：一个热爱阅读和写作的任性男孩对世界保持好奇心。一个几度退学、被“恶语老师”贴上“废物”标签的学生，在成长的每一个失败时刻与这个宣判式的回声做抵抗。一个初入大学、带着急躁和冲劲的青年人，为接近生活的真相辍学，又为何重返大学？一个身处动荡时代的学习者，不断追问自我与周围的世界。一个毕业于哈佛大学的高才生教师，帮助学生设计充满挑战性的学习项目，发展学生的内在学习动机，和学生共同讨论未来的目标、道德困境和艰难选择。一个创新教育的推崇者，帮助教师开发有意义的新工具，探索课堂之外的学习机会……。

作者简介： 托尼·瓦格纳是公认的杰出教育家，现任学习策略研究所的资深研究员。托尼博士曾在哈佛大学任职20多年，是哈佛教育研究院“变革领导力”团队创办人兼联合主任，还曾在哈佛创新实验室担任常驻专家。托尼博士有丰富的教学经历，是社会责任教育者组织的创始执行董事等。

人工智能如何影响教学

从作业设计、个性化学习到创新评价方法

ISBN：978-7-5153-7012-5
作者：[美] 马特 · 米勒
2023-10　定价：49.00元

★ 教育技术教学倡导者新作，一本书讲透教师即将应对的人工智能时代
★ 现象级ChatGPT、AIGC产品问世，是将教育逼入角落，还是为教学打开天窗？
★ 本书旨在向教育领域传递正视AI重塑教学的可能性，为教学、教师和学生迎接智能时代做好准备，培养数字素养，媒介素养。讨论技术伦理，重新定义人工智能时代的作弊与抄袭，帮助学生合乎伦理的使用工具，培养数字素养、媒介素养。
★ 30个运用AIGC技巧丰富教学的实用技巧：助力个性化教学，提高教师的教学效率，丰富作业设计的形式，优化学生的评价方式，为教师积极稳妥地运用人工智能为教学赋能提供指导

内容简介： 面对以ChatGPT为代表的生成式人工智能技术的崛起，机器学习和人工智能的井喷式发展，教育界将面对何种挑战，又该如何应对？“教师会被ChatGPT取代吗？”“ChatGPT会导致学校里作弊盛行吗？”

本书合乎时宜，提供了30种运用生成式人工智能技术（比如ChatGPT等人工智能助手软件）灵活教学的实用技巧，讨论了教师正确看待学生使用ChatGPT完成个性化学习的可能性，帮助教育工作者重新思考传统的作业设计，还讨论了如何帮助学生以负责任、合乎伦理的方式适应未来的人工智能世界，如何将学生培养成具备媒体素养的合格的数字公民，教师如何借助新技术提高自己的教学效率……

作者简介： 马特 · 米勒，他在K-12教育领域广受欢迎，身为一名作家、教育演讲家、教育技术倡导者，他一直鼓励教师用创意解放教学，倡导在课堂中融入技术，致力于提高教育工作者的教学效率，为学生创造更多印象深刻的学习体验。著有《技术如何改变教学》。